Peter Pfrommer

ICH – WER IST DAS?

Eine Expedition zum Selbst

Peter Pfrommer

Ich – Wer ist das?

info@kamphausen.media | www.kamphausen.media

1. Auflage 2018

ISBN Printausgabe: 978-3-95883-278-7
ISBN E-Book: 978-3-95883-289-3

Lektorat _ Christian Salvesen
Gestaltung _ Kerstin Fiebig
Coverabbildung _ © liuzishan (adobe stock)
Autorenfoto _ © Christian Kruse
Abbildungen Innenteil _ Kerstin Fiebig
(auf den Seiten 12, 13, 14, 28, 41, 45, 71, 94, 99, 139, 143, 160
unter Verwendung der Illustrationen von © liuzishan)
Illustration S. 168: © Dittmar Kruse
(aus „Glück ohne Schmied", Kruse Verlag)
Druck & Verarbeitung _ CPI Books GmbH, Leck

CPI Mehr Bäume. Weniger CO_2.
www.cpibooks.de/klimaneutral

Bibliografische Information der Deutschen Nationalbibliothek
Die Deutsche Nationalbibliothek verzeichnet diese Publikation in der Deutschen Nationalbibliografie; detaillierte bibliografische Daten sind im Internet über http://dnb.d-nb.de abrufbar.

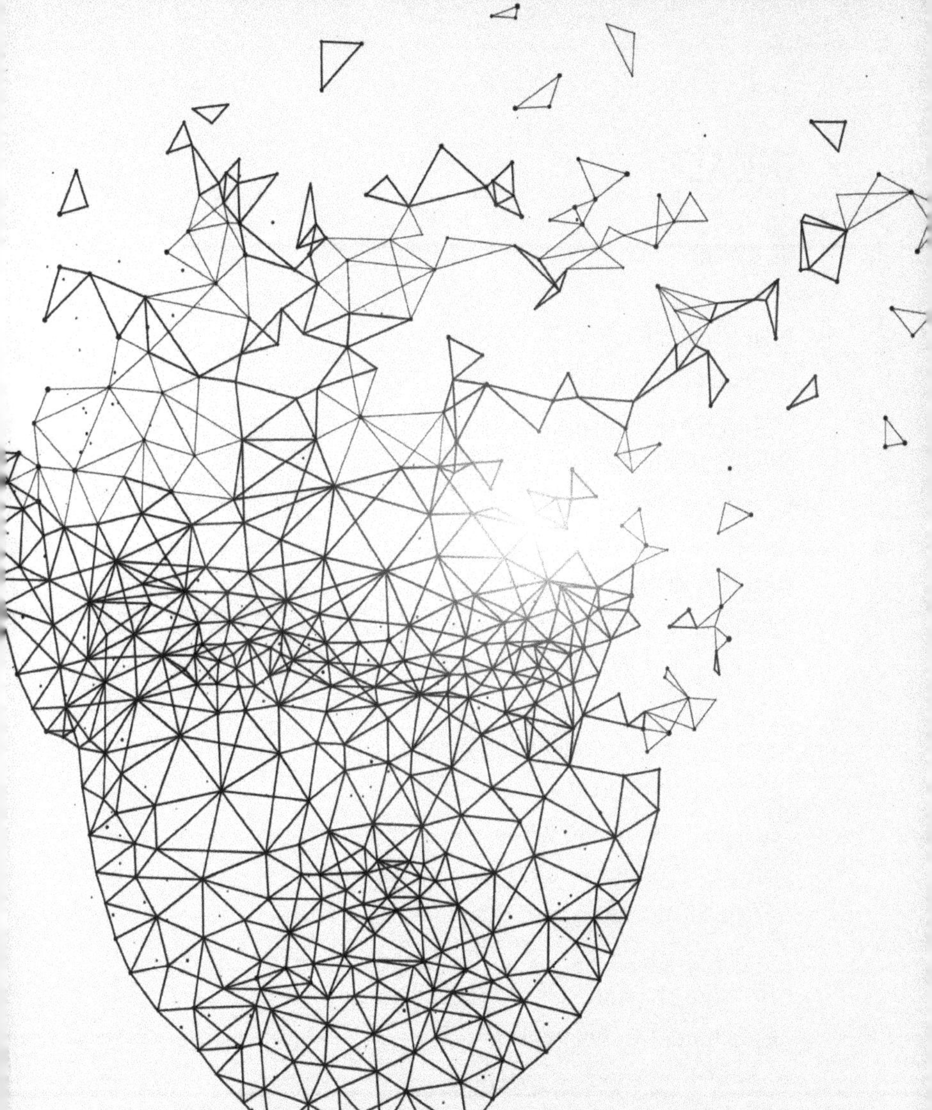

PETER PFROMMER

ICH – WER IST DAS?

EINE EXPEDITION ZUM SELBST

INHALT

VORWORT

Ich – wer ist das? Die Frage provoziert eine gegenständliche Antwort. Ich, ist das ein Ding, ein Objekt, dessen Beschaffenheit man beschreiben kann: groß gebaut, dunkelhaarig, tiefe Stimme. Und betrachten wir im Alltag ein Ich nicht genau so? Ist das nicht die Art und Weise, wie wir uns selbst in unzähligen Profilen der sozialen Media selbst charakterisieren? Wie ist sonst die Selfie-Sucht zu erklären, die unsere Umwelt mit den Fotos unserer selbst regelrecht flutet?

Doch wenn es um unser Selbstbild geht, müsste man dann nicht eigentlich fragen: Ich – was ist das? Dagegen werden Sie sich vermutlich wehren. Sie werden sagen: Wie bitte, ich bin doch keine Sache! Ich bin doch ein *Wer*. Natürlich, da haben Sie recht. Sie sind – genauer: Ich ist – definitionsgemäß ein Subjekt und kein Objekt. Aber wieso versuchen Sie dann, dieses Wer, dieses Subjekt, ständig wie einen begrenzten und isolierten Gegenstand zu behandeln? Wieso sehen Sie sich ständig von außen? Und wer ist dann eigentlich dasjenige, was sieht? Wer ist dort, an jener Stelle, wo Sie selbst nicht hinsehen können, von der aber Ihr Sehen, Ihr *Sein*, seinen Ausgang nimmt? Wer also *bin* Ich?

Gehen wir darum auf die Suche. Unternehmen wir eine kleine Expedition hin zu diesem seltsamen Ich, das anscheinend immer beschrieben werden will und sich in Wahrheit jeder Beschreibung so geschickt entzieht. Und schon haben wir ein neues Problem: Wohin sollen wir gehen? In einer Werbeanzeige habe ich gelesen: „Dein wahres Ich findest du in Peru. Komm und sieh selbst." Ist es so einfach? Gibt es tatsächlich einen Ort, wo das wahre Ich verborgen liegt? Ist es gar auf einer Landkarte eingezeichnet? Oder haben wir uns dort nur selbst irrtümlich verortet?

Wir werden uns trotz dieser Zweifel auf den Weg machen. Gemäß der ursprünglichen Frage „Ich – wer ist das?" werden wir zunächst unserem alltäglichen Selbstbild folgen. Wir werden also dasjenige, was wir für unser Ich halten, noch einmal ganz genau anschauen. Und wir können gespannt sein, was danach noch davon übrig bleibt. Die anschließenden 18 empirischen Experimente dienen der Erforschung unserer tatsächlichen Identität. Sie schimmert womöglich hinter den leidvollen Gefühlen der Trennung und Selbstbeschränkung, die durch das Alltags-Ich entstehen, ständig hindurch. Die Experimente erschließen demnach keine neue Identität. Sie wollen niemanden verändern, sie führen nirgendwohin. Sie versuchen nur zu zeigen, was ohnehin schon immer ist. Bestenfalls verschieben sie den Fokus vom „*Was*" zum „*Wer*", vom äußeren „*Ist*" zum inneren „*Bin*", damit wir am Ende aufhören zu fragen „Wer oder was ist Ich?". Stattdessen können wir verweilen, wo wir immer schon waren: In der gegenwärtigen Existenz des bewussten Erlebens, in der zeitlosen Totalität des ewigen Seins.

EINFÜHRUNG

Was bedeutet „Ich"?

Es ist unbestreitbar, dass das „Ich", was immer darunter verstanden wird, von unserer Gesellschaft wie eine Ikone vorausgetragen wird. Die Zeitung „Die Zeit" titelte in einem Artikel vom 22.05.2015: „Unterm Strich zähl Ich" und verweist damit auf die typischen ich-bezogenen Maßstäbe und Begrifflichkeiten unserer Gesellschaft wie Wettbewerb, Karriere, Wachstum, Produktivität, Leistung, Erfolg, Ansehen, Status, Schönheit, Gesundheit, Superstar, Supermodel etc. Wer an diesen Ich-Wettbewerben nicht teilnimmt oder nicht mehr teilnehmen kann, wer nicht nach dem eigenen Vorteil strebt, der wird in gewisser Weise als nicht gesellschaftsfähig oder gar als krank angesehen. Die meisten Therapien und Coachings zielen daher darauf ab, erschöpften Menschen wieder zu neuer Ich-Stärke zu verhelfen. Denn nur auf diese Weise, so ist die allgemeine Ansicht, kann man diesen Menschen zu persönlichem Glück verhelfen.

Im Mittelpunkt des gesellschaftlichen und persönlichen Lebens steht also etwas, das wir mit „Ich" bezeichnen und das gleichzeitig Ausgangspunkt und Ziel all unseres Handelns darstellt. Die Identität dieses Ich ist uns so selbstverständlich, seine Bedeutung so vertraut, dass wir nicht darüber nachdenken und es auch nicht in Zweifel ziehen. Aber was ist eigentlich dieses „Ich"? Natürlich ist der Begriff „Ich" zunächst rein formal die erste Person Singular unter den Personalpronomen. Fahndet man im Internet nach dem Begriff „Ich", so stößt man darüber hinaus auf zahlreiche Definitionen, die der folgenden ähneln: „Bezeichnung für die eigene separate individuelle Identität einer menschlichen Person".[1] Mit diesem Satz wird allerdings nicht wirklich etwas erklärt, sondern lediglich ein Begriff durch einen anderen ersetzt, nämlich „Ich" durch „Identität". Das ist so ähnlich, wie wenn man „Feuchtigkeit" durch die Eigenschaft „Nässe" zu erklären versucht. Dennoch verweist die Definition mit dem Begriff „separat" auf eine grundsätzliche Eigenschaft, ja sogar auf den Knackpunkt der Ich-Identität: Ich, das ist immer Trennung.

Weitere Nachforschungen fördern die Aussagen wichtiger Vertreter der Philosophie und der Psychologie zutage. So erklärt zum Beispiel Immanuel Kant, dass das Ich sich selbst durch den „inneren Sinn" als ein zeitliches Wesen wahrnimmt. Es hat somit durch die Abfolge von Gedanken und Gefühlen „seine eigene Geschichte". Der „äußerer Sinn" lässt die Dinge im Raum erscheinen, wozu der eigene Körper gehört. Das wahre Selbst – das „transzendentale Subjekt" – kann dagegen laut Kant und seiner „Kritik der Vernunft" nicht erfahren werden.
René Descartes wiederum führt mit seinem berühmten Satz „Ich denke, also bin ich" die Ich-Identität auf das menschliche

Denken zurück. Ich kann meine Existenz als Geist nicht leugnen. Doch mein Körper kann eine Illusion sein. Er begründet mit der Unterscheidung zwischen Geist und Körper einen Dualismus, der die abendländische Philosophie fortan geradezu penetrant begleitet.

Sigmund Freud schließlich sieht in seinem „Strukturmodell der Psyche" das Ich als Teil der Persönlichkeit, der zwischen Es, Über-Ich und der Umwelt vermittelt. Spätestens mit den Aussagen der modernen Gehirnforschung büßt das Ich endgültig seine Kontur ein und verliert sich in einer Vielfalt diverser Gehirnfunktionen. So unterscheidet der Verhaltensphysiologe Gerhard Roth[2] zahlreiche wechselnde Ich-Zustände wie das Körper-Ich, das Verortungs-Ich, das perspektivische Ich, das Erlebnis-Ich, das Kontroll-Ich, das autobiografische Ich, das selbstreflexive Ich, das sprachliche Ich sowie das ethische Ich und ordnet all diesen Ich-Zuständen die Aktivität bestimmter Gehirnregionen zu.

Mit den Bezeichnungen „Ich", „Selbst" und „Ego" sind für die menschliche Identität mehrere Worte gebräuchlich, deren Unterschied, falls vorhanden, nicht sofort offensichtlich wird. Während die Bezeichnung „Selbst" häufig im Zusammenhang mit den östlichen Philosophien und Weisheitslehren auftaucht und einen durchaus positiven Beiklang hat, bildet das Wort „Ego" den eher negativen Gegenpart und findet sich in Ausdrücken wie „Egoismus", „Egomanie" oder „Egozentrik". In diesem Text wird daher in der Regel die im Deutschen gebräuchlichste Form „Ich" verwendet, da mit ihr am wenigsten Bewertung mitschwingt und sie daher relativ neutral klingt.

In einem Artikel der Zeitung „Die Zeit" vom 14.08.14[3] wurden verschiedene Ich-Ansichten katalogisiert, die hier auszugsweise wiedergegeben werden:

- Francis Crick (Biochemiker): „Ihr Sinn für Ihre eigene Identität beruht auf dem Verhalten von Nervenzellen"
- Thomas Metzinger (Philosoph): „Das Selbst ist kein Ding, sondern ein Vorgang"
- Max Frisch (Schriftsteller): „Jeder Mensch erfindet sich eine Geschichte, die er für sein Leben hält"
- Martin Buber (Religionsphilosoph): „Der Mensch wird am Du zum Ich"
- René Descartes (Philosoph): „Cogito, ergo sum – ich denke, also bin ich"
- Arthur Rimbaud (Dichter): „Es ist falsch zu sagen: Ich denke. Es müsste heißen: Es denkt mich"
- Harald Schmidt (Entertainer): „Wer soll man denn sein? Wer ist denn schon wer?"

Die einzelnen Aussagen sollen hier nicht kommentiert werden. Aber es wird deutlich, dass unter der Bezeichnung „Ich" durchaus Unterschiedliches verstanden wird und teilweise gegensätzliche Interpretationsansätze vorhanden sind. Um mehr Klarheit zu schaffen, werden im Folgenden typische Gesichtspunkte unserer Ich-Auffassung diskutiert. Dadurch erhellen sich weit verbreitete Grundannahmen, die uns den Umgang mit den verschiedenen Ansichten erleichtern.

Das getrennte Ich

Es ist völlig unstrittig, dass jeder Mensch ein einzigartiges Individuum darstellt. Seine genetischen Dispositionen, körperlichen und geistigen Merkmale und Prägungen sind einmalig. Kein Mensch gleicht dem anderen in seinen Erfahrungen, Überzeugungen, Kenntnissen, Talenten, Ängsten etc. Häufig wird das Ich daher als die Summe dieser individuellen Eigenschaften aufgefasst. Es umfasst somit Geist (Gedanken, Gefühle und Empfindungen) und Körper. Diese Ich-Auffassung kennt ein

Innen, das ist der Bereich innerhalb des Körpers, wo auch der Geist verortet wird, und ein Außen, das für die gesamte Umwelt außerhalb des Körpers steht. Zwischen Ich und Nicht-Ich verläuft eine Grenze, die als Hautoberfläche sehr markant in Erscheinung tritt. Diese relativ organische bzw. anatomische Betrachtungsweise des Selbst könnte man auch als „Ich bin der Körper" zusammenfassen.

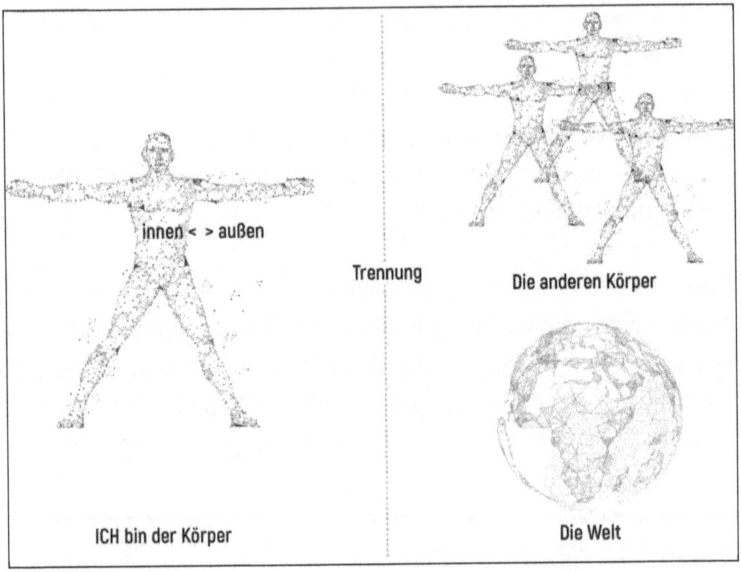

Oft wird jedoch eine weitere Grenze zwischen Geist und Körper gezogen, wobei das Ich im Kern nur dem geistigen Anteil zugeordnet wird. Diese Anschauung hat in der abendländischen Philosophie eine lange Tradition und wurde im 17. Jahrhundert von René Descartes mit seinem bereits oben erwähnten Satz „cogito ergo sum" (Ich denke, also bin ich) auf den Punkt gebracht. Auf Descartes geht auch die Bezeichnung „Leib-Seele-Dualismus" zurück, die seither für eine dualistische Weltanschauung der Subjekt-Objekt-Trennung steht. Dieser Dualismus bildet bis heute das philosophische Rückgrat vieler

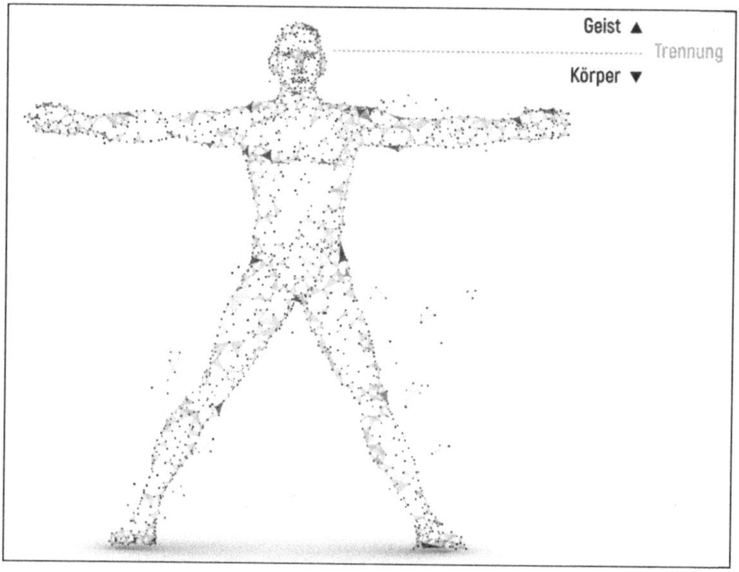

religiöser Anschauungen, die das Ich als unsterblichen Wesenskern (Seele) des Menschen deuten. Die meisten Menschen nehmen sich ja auch so wahr. Sie fühlen sich als eigenständiges (und hoffentlich unvergängliches) Ich.

Das Ich wird hierbei als eine Art Kontrolleur verstanden, der wie in einem Kommandostand im Kopf die Ereignisse überblickt und die Zügel des Handelns in der Hand hält. Dem Körper kommt hingegen die Rolle eines biomechanischen und sensorischen Apparates zu, der dem Ich dient und entsprechend funktional behandelt wird. In diesem Fall ist der Körper sozusagen das Eigentum des kommandierenden Ich, was sich auch in unserer Sprache ausdrückt. Wir sagen zum Beispiel: „Mein linker Fuß kitzelt". Wir sagen nicht: „Ich Fuß kitzele links". Dieser Umgang mit uns selbst ist im Allgemeinen so selbstverständlich, dass wir ihn im Alltag nicht in Frage stellen.

Während die Geisteswissenschaften auch heute noch manchmal an der Vorstellung eines feinstofflichen Ich-Kernes (Seele) im Menschen festhalten, interpretiert die moderne Gehirnforschung in der Tradition des Materialismus das Ich als reines Gehirnprodukt und damit als Ergebnis biophysikalischer bzw. materieller Vorgänge. Da sich die Wechselwirkungen materieller Vorgänge nicht auf einen bestimmten Ort eingrenzen lassen, lösen sich – bei genauer Betrachtung – im Materialismus die Grenzen zwischen Ich und Nicht-Ich auf. Dennoch wird auch von der Gehirnforschung nach wie vor das Gehirn als Träger der menschlichen Identität hervorgehoben. Der bekannte deutsche Gehirnforscher Martin Spitzer prägte in diesem Zusammenhang den Satz: „Sie sind Ihr Gehirn!".[4] Das Gehirn als Steuerorgan des Organismus wird auch als Sitz des Bewusstseins angesehen, obgleich es dort bisher noch nicht gefunden werden konnte.

Allen angesprochenen Ich-Auffassungen ist im Grunde gemeinsam, dass sie die menschliche Identität in irgendeiner Weise einzugrenzen versuchen. Das scheint zunächst selbstverständlich zu sein. Denn der Begriff „Identität" beinhaltet vom Grundverständnis her immer eine Unterscheidung, eine Abgrenzung von etwas, das dieser Identität nicht angehört. Der Begriff „Ich" als Kennzeichnung einer speziellen Person macht nur dann einen Sinn, wenn es auch jemanden „anderes" gibt. Die Entwicklung einer eigenen und einzigartigen Identität wird in unserer Gesellschaft normalerweise als etwas Positives gedeutet. Dass jede Festlegung auf eine bestimmte Identität gleichzeitig auch mit einer Beschränkung bzw. Einengung einhergeht, wird nicht so deutlich wahr- bzw. in Kauf genommen.

Eng mit dem Begriff der Identität ist der Vorgang der Identifizierung verbunden. Darunter versteht man, dass die Identität bzw. das Ich mit bestimmten Objekten oder Merkmalen der Umgebung gleichgesetzt bzw. als „identisch" angenommen wird. Wenn ich mich zum Beispiel mit einer speziellen Fußballmannschaft identifiziere, dann fühle, freue und leide ich mit der Mannschaft, als wäre sie ein Teil von mir. Durch Identifizierung kann sich das Ich ausweiten, vergrößern und dadurch verstärken. Menschen identifizieren sich zum Beispiel mit ihrer Familie, ihrer Heimat oder ihrem Land. Dadurch überträgt sich ein Teil der Macht des Objektes auf das eigene Ich-Gefühl. Doch jede Identifizierung stellt gleichzeitig immer auch eine Abgrenzung dar. Die Identifizierung mit einer bestimmten Fußballmannschaft macht nur dann einen Sinn, wenn es auch eine gegnerische Mannschaft gibt, von der man sich abheben möchte. Jede Identifizierung verstärkt daher die Trennung, die jeder Ich-Anspruch automatisch nach sich zieht.

Ein wichtiger Eckpfeiler unserer Identität ist also das Prinzip der Trennung. Allerdings wird unser Identitätsgefühl in der Selbstwahrnehmung im Wesentlichen auch von zwei weiteren Auffassungen gestützt, die im Folgenden kurz umrissen werden:

1. Wir stehen der Welt in der speziellen Erste-Person-Perspektive gegenüber. Darin sehen wir uns als Zentrum unserer Wahrnehmungen und die Welt erstreckt sich um uns herum. Wir befinden uns in deren räumlichem Mittelpunkt. Wer oder was sieht, hört, spürt diese Welt? Ich. Das Ich ist der Träger des Bewusstseins, es ist der individuelle Beobachter, der Zeuge der Welt. Dabei gilt auch hier das Prinzip der Trennung. Auf der einen Seite befindet sich das Ich mit seiner Fähigkeit, sinnliche Erfahrungen zu machen, auf der anderen Seite erstreckt sich eine von ihm getrennte Welt, von der die Reizung der Sinne auszugehen scheint. In diesem Fall wirkt die Welt als Sender, das Ich bildet den Empfänger. Umgekehrt erfahren wir uns als die Instanz, von der das Sehen, Hören etc. ausgeht, während die Welt Gegenstand dieser Wahrnehmung ist. Egal wie herum man es betrachtet, in beiden Fällen herrscht eine klare Subjekt-Objekt-Trennung.

2. Die Ich-Identität entsteht außerdem durch die Überzeugung, dass wir uns selbst gestalten, Gedanken erzeugen und frei auf die Welt einwirken können. Kaum ein Eindruck ist so identitätsstiftend und so hartnäckig wie unser Empfinden, einen freien Willen zu besitzen und nach eigenem Ermessen das Leben kontrollieren zu können. Das Ich ist immer auch der Entscheider in uns. Ein Ich ohne freien Willen würde uns seltsam erscheinen. Aber auch diese Fähigkeit ist nicht ohne Trennung zu haben. Um unabhängig zu sein, muss sich das Ich von seiner Umwelt lösen, es muss sich gleich einer Kompassnadel frei und ohne Widerstand bewegen können, was im Extremfall eine vollständige Isolation voraussetzt. Denn jede Verbindung und jeder Kontakt bedeutet gleichzeitig eine Beeinflussung, die die Freiheit des Ich einschränken würde.

Zusammenfassend könnte man das Ich mit einem König vergleichen, der in einem Wasserschloss residiert, umgeben von einem Wassergraben. Durch die Fenster des Schlosses blickt das Ich hinaus in die Welt jenseits des Grabens. Im Schloss führt es sein Eigenleben, aber es kann auch mithilfe der Zugbrücke Verbindung mit seiner Umwelt aufnehmen, Handlungen ausführen, Macht ausüben. Auf jeden Fall aber ist es vor seiner Umwelt geschützt, wobei der Wassergraben die fundamentale Trennung zwischen ihm und der Welt manifestiert. Unsere übliche Ich-Auffassung kommt ohne eine solche Trennung nicht aus. Unser Bild von einem eigenständigen und unabhängigen Selbst ist immer gleichzeitig ein Symbol der Begrenzung mit allen Konsequenzen, die Grenzen üblicherweise nach sich ziehen.

Gesellschaftliche Konsequenzen

Unsere Auffassung vom getrennten Ich ist die Voraussetzung für zahlreiche soziale Interaktionen, die einen breiten gesellschaftlichen Konsens darstellen. So ist unsere Auffassung von Verantwortung üblicherweise an die Vorstellung einer freien Ich-Entscheidung geknüpft. Viele Menschen rühmen sich ihres klugen und bedachten Handelns. Im positiven Fall lassen sich dadurch „eigene" Verdienste erzielen. Dies führt zu Empfindungen wie Stolz und jemand Besonderes zu sein. Im negativen Fall kann das Ich allerdings auch schuldig werden oder es wird zur Rechenschaft gezogen. In diesem Zusammenhang treten dann Gefühle auf wie Scham, Schande, Schmach bzw. Rache, Zorn und Groll anderen Ichs gegenüber. Auch diese Gefühle machen nur Sinn bei einem selbstverantwortlichen Ich. Was bliebe von diesen gesellschaftlichen Konventionen, wenn es kein selbstständiges Ich gäbe?

Die Auffassung vom getrennten Ich hat aber auch starke Auswirkungen auf die unterschiedlichsten religiösen Vorstellungen. Viele dieser Vorstellungen sind stark egozentriert. Die hinduistische Lehre von der Reinkarnation setzt ein getrenntes Ich voraus, das in einem neuen Körper wiedergeboren werden kann. Gemäß der buddhistischen Lehre vom Karma sammelt das Ich auf Basis von guten und schlechten Taten gutes oder schlechtes Karma für das nächste Leben. Und das christliche Jüngste Gericht entscheidet in ähnlicher Weise über den Platz des Ich im Jenseits. Auch wenn bei diesen Vorstellungen nie ganz klar ist, aus welcher Substanz das über den Tod hinaus verbleibende Ich, die sogenannte „Seele", sein soll und welche Ich-Beschaffenheit es mitnimmt bzw. überträgt, so kommt keine dieser Vorstellungen ohne eine klare Abgrenzung des Ich gegenüber seiner Umwelt aus.

Schließlich bildet unser Identitätsmodell die ökonomische und psychologische Grundlage für unsere gegenwärtige Gesellschaftsordnung, in welcher Leistung, Produktivität und Wachstum im Vordergrund stehen. Dabei identifiziert sich das Ich wahlweise zum Beispiel mit

- seiner persönlichen Leistung, was Erfolgsstreben, Leistungsdenken, aber auch Versagensängste nach sich zieht,
- mit seinen Kenntnissen, was nicht selten in Rechthaberei oder in einer ständigen Abwehrhaltung ausartet,
- mit dem eigenen Besitz, was mit Verlustängsten einhergeht,
- mit dem eigenen Status, der dauerhaft verteidigt werden muss,
- mit einer bestimmten Gruppe, die allerdings eine persönliche Angleichung (Uniformität) erfordert und neue Abgrenzungen (zur Outgroup) schafft,
- mit der eigenen Individualität, die im schlimmsten Fall in Isolation und Einsamkeit mündet.

Die gesellschaftlichen Konsequenzen unserer Ich-Auffassung liegen also auf der Hand. Sie werden im folgenden Kapitel „Das Ich-Konzept" weiter vertieft. Aber werden die bisher dargestellten Interpretationen, Ansätze und Definitionen im Kern unserem Ich-Verständnis gerecht? Haben Nervenzellen, Gedanken, Geschichten, Spiegelungen und Entscheidungen tatsächlich etwas mit dem zu tun, was wir als unsere Identität empfinden? Wenn es in uns einen von allem anderen getrennten Ich-Kern gibt, dann müsste er sich doch finden lassen! Wenn eine so offensichtliche Ich-Identität existiert, der sich alles unterordnet, dann müsste sie doch leicht zu isolieren und zu betrachten sein, oder nicht? In einem kleinen Gedankenexperiment begeben wir uns daher auf eine erste Suche nach diesem Ich-Kern.

Ein erstes Experiment

Stellen Sie sich vor, Sie werden von einem Mitmenschen beleidigt. Vergegenwärtigen Sie sich wenn möglich einen Fall, wo Sie sich gekränkt fühlten. Vielleicht hat Ihnen am Arbeitsplatz ein Kollege oder eine Kollegin oder gar eine vorgesetzte Person in grobem Tonfall Inkompetenz vorgehalten. Das wird Sie sicher nicht unberührt lassen. Vermutlich werden Sie in irgendeiner Weise auf die Attacke reagieren, egal wie. Die Beleidigung hat etwas in Ihnen getroffen. Man könnte auch sagen: Ihr „Ich" wurde gekränkt. Aber worin besteht in diesem Zusammenhang das gekränkte „Ich"? Was genau wurde in der Kränkung getroffen? Überprüfen Sie, ob die folgenden Ich-Ansichten der Kränkung tatsächlich gerecht werden:

- **„Ich bin der Körper."** Viele Menschen setzen sich selbst mit ihrem (einzigartigen) Körper gleich, der als biologisches bzw. physikalisches Objekt für sämtliche Lebensfunktionen verantwortlich ist und sich der Welt bzw. anderen Körpern als Gegenüber präsentiert. Aber kann man einen biologischen, also einen rein materiellen Vorgang tatsächlich beleidigen? Hat er tatsächlich eine Identität, die verteidigt werden müsste? Stellen Sie sich vor, Sie beleidigen eine Maschine. Sie werden wohl kaum eine Reaktion erwarten, es sei denn, die Maschine wäre entsprechend programmiert.

- **„Ich bin mein Denken/Gefühl."** Oft wird eine Grenze zwischen dem Körper und dem ihn steuernden Geist gezogen, wobei das Ich nur dem denkenden Teil zugeschrieben wird. In diesem Fall bin ich sozusagen der Ich-Geist mit seinen Gedanken und Gefühlen, der einen Körper „besitzt". Aber was ist eigentlich ein Gedanke? Bei genauerer Betrachtung erkennt man, dass es sich hierbei um eine geistige Gestalt handelt, die eine bestimmte Aussage oder eine Vorstellung vermittelt. Der Gedanke „Der Tag fängt ja schon wieder gut für mich an" ist zunächst einfach eine sprachliche Konstruktion, die als innere Stimme erscheinen mag und die eine Behauptung „über mich" aufstellt. Aber kann man eine sprachliche Konstruktion beleidigen? Haben Worte und Töne eine Identität? In gleicher Weise können wir eine persönliche Identität von Gefühlen in Frage stellen. Die Empfindung „Hitze in der Brust" kann sehr intensiv werden. Aber hat sie eine Identität?
- **„Ich bin die/der Wahrnehmende."** Es ist nicht zu leugnen, dass wir die Welt über unsere Sinne in Form von Sehen, Hören, Schmecken, Riechen und Spüren erfahren. Entsprechend könnten wir uns als den „Seher" oder die „Hörerin" definieren. Aber kann man hieraus wirklich eine Identität ableiten? Lassen sich die Feststellungen „Ich sehe rot", „Ich schmecke Süßes" oder „Ich rieche Rosenduft" beleidigen? Vermutlich nicht.
- **„Ich bin meine Geschichte."** Viele Menschen beziehen scheinbar ihre Identität aus ihrer persönlichen, einzigartigen Lebensgeschichte, die zweifellos aus unendlich vielen Einzelereignissen zusammengewebt ist und die bei jeder Gelegenheit für grenzenlosen Gesprächsstoff sorgt. Aber auch das

hilft uns nicht wirklich weiter. Die Tatsache eines bestimmten Geburtsdatums oder anderer lebensgeschichtlicher Fakten lässt sich wohl auch kaum kränken.

- **„Ich bin eine außergewöhnliche Person."** In diesem Fall identifizieren wir uns mit einer außergewöhnlichen Fähigkeit oder einem besonders attraktiven Körpermerkmal. Diese Einstellung ist daher nur ein Sonderfall der Annahmen „Ich bin der Körper" bzw. „Ich bin mein Denken", die bereits oben hinterfragt wurden.
- **„Ich bin der Entscheider."** Das ist eine besonders hartnäckige Form der Identifizierung. Sie zieht ihre Identität aus der scheinbaren Fähigkeit, eigene Gedanken zu erzeugen und damit freie Entscheidungen herbeizuführen. Viele Menschen empfinden sich als die Instanz, die ihr eigenes Leben kontrolliert, die also die Fäden des Handelns in der Hand hält. Aber selbst wenn es eine solche Instanz tatsächlich geben sollte, dann wäre zu begründen, wieso und inwieweit ein persönlicher Problemlösungs- oder Auswahlprozess beleidigt werden kann. Denken Sie darüber nach!

Möglicherweise fallen Ihnen noch weitere Ich-Identifikationen ein. Sie können das Experiment für sich gerne erweitern, indem Sie jedes Mal fragen, ob sich die jeweilige Identifikation beleidigen lässt. Sie werden vermutlich nie auf eine überzeugende Begründung einer solchen emotionalen Reaktion stoßen. Wir identifizieren uns mit den unterschiedlichsten Objekten, aber kein Objekt trägt wirklich eine Ich-Identität in sich, die sich beleidigen ließe. Jedes Mal, wenn wir glauben, eine treffende Beschreibung für unser Ich gefunden zu haben, dann gerinnt es zu einem Objekt, das sich jeglicher Personifizierung geschickt widersetzt. Beim Versuch, unser getrenntes Ich zu finden, laufen wir also wortwörtlich ins Leere. Kann es sein, dass es dieses getrennte Ich-Objekt überhaupt nicht gibt?

DAS ICH-KONZEPT

Entstehung des Ich-Konzeptes

Das vorangegangene kleine Experiment sät erste Zweifel an unserer alltäglichen Auffassung, ein getrenntes Ich zu sein. Doch diese Auffassung stellt eine unserer tiefsten und stärksten Konditionierungen dar, die auch durch handfeste Gegenbeweise nur schwer zu knacken ist. Entsprechende Erfahrungen werden wir in unseren weiteren Experimenten immer wieder unweigerlich machen müssen. Doch wie kommt es zu dieser hartnäckigen Konditionierung? Wie entsteht eigentlich die Auffassung, ein getrenntes Ich zu sein?

Um das zu verstehen, müssen wir weit zurückschauen und uns einfühlen in die ersten Ereignisse unseres noch ganz jungen Lebens. Als Neugeborene lebten wir vermutlich noch eng verflochten mit unserer Umgebung, die geprägt war von unseren elementaren Empfindungen wie Hunger, Freude, Müdigkeit etc. Wir fühlten uns noch nicht getrennt von der Mutter, wir waren ja auch lange genug eins mit ihr. Sinneswahrnehmungen, Körperempfindungen und Gefühle strömten ungefiltert auf uns ein. Es gab noch kein Außen und Innen, kein Mein und Dein, keine Trennung zwischen Körper und Welt. Alles geschah uns ohne die Idee eines persönlichen Zutuns.

Wir nehmen die Welt im Grunde noch immer genauso ganzheitlich wahr wie in dieser Zeit. An der ganzheitlichen Perspektive hat sich bis heute nichts geändert, wie wir noch sehen werden. Es ist lediglich etwas hinzugekommen, was zu einer anderen Interpretation geführt hat. Wann das geschehen ist, können wir nicht genau nachvollziehen. Aber relativ bald schon nach der Geburt konnten wir in unserer Umwelt verschiedene Objekte unterscheiden – und waren es auch nur die Farben der Rassel, die uns penetrant vor die Nase gehalten wurde. Die Welt zerfiel in verschiedene Teile, die sich auch außerhalb von uns zu befinden schienen, denn wir konnten sie nicht immer greifen. Durch das Erlernen von Begriffen und Sprache verstärkte sich der Eindruck einer fragmentierten Welt. Wir werden den Vorgang später in einem unserer Experimente ausführlich nachvollziehen.

Kaum war der Eindruck einer vielgliedrigen Welt da, entstand auch so etwas wie Vorliebe und Abneigung bestimmten Dingen gegenüber. Die erste noch nicht stark ausgeprägte Form von Wettbewerb begann. Schließlich nahmen wir unseren Körper selbst als so ein „Ding" wahr, das sich von anderen Dingen zu unterscheiden schien. Wir fanden heraus, dass wir offensichtlich ein Objekt waren unter vielen anderen, das schließlich auch einen Namen bekam. Das war nützlich, denn jetzt konnten wir unseren Bedürfnissen Nachdruck verleihen: „Peter Hunger hat".

Vom Namen zum Ich war es dann vermutlich kein weiter Weg mehr. Schließlich behandelten uns die Bezugspersonen so, als wären wir ein autonomes Selbst, das einen eigenen Willen und eine freie Wahl hat und das sich verantworten muss, wenn es Unfug treibt. Nach einer gewissen Zeit elterlicher Bearbeitung erfolgte dann zwangsläufig die Etikettierung des Selbst als „Ich" und wir begannen, von uns in der ersten Person zu sprechen. Die Trennung des scheinbar autonomen Ich von der Welt war perfekt.

Wenn man der Gehirnforschung[5] glauben darf, besitzen Kinder in den ersten Lebensjahren noch kein sogenanntes „episodisches" Gedächtnis. Das kindliche Gehirn kann zwar neue Denk- und Verhaltensweisen aufbauen, weiß aber später nicht mehr, woher der Anstoß dazu gekommen ist. Es nimmt das Gelernte sozusagen wie von Gott gegeben auf, ohne es jemals zu hinterfragen. Diese frühkindliche Gedächtnislücke könnte dafür verantwortlich sein, dass wir über unsere ersten Jahre so wenig wissen und weshalb uns unsere Ich-Erfahrung so selbstverständlich vorkommt. Die Trennung des scheinbar autonomen Ich von der Welt erschien uns aufgrund unserer frühkindlichen Amnesie als unumstößlich wahr, eben wie von Gott gegeben.

Aber die frühkindliche Separation bildete natürlich nur den Anfang des Dramas. Für die Kommunikation mit unseren Mitmenschen benötigen wir fortan ein Abbild von uns selbst, über das wir reden und uns austauschen können. Durch die Spiegelung des eigenen Verhaltens im Anderen entsteht ein „Selbstbild", das nicht das Subjekt, sondern ein Gegenstand der eigenen Anschauung darstellt. Das „Ich" wird also zum Objekt, über das man kommunizieren und dessen Wirkung auf die Umwelt man erproben kann. Ich habe einmal folgenden Spruch gehört: „Ich weiß, was du denkst, dass ich fühle, und darum tu ich so, als fühle ich anders, womit ich deine Gedanken über mich manipuliere ..." Die Erfindung des Ich-Objektes bzw. des Selbstbildes stellt offensichtlich eine wichtige Voraussetzung für eine komplexe soziale Interaktion dar. Man kann vermuten, dass der Mensch einen großen Teil seiner geistigen Ressourcen in derartige Überlegungen investiert.

Die Objekthaftigkeit der eigenen Ich-Anschauung wird schon in einfachen Aussagesätzen wie „Ich habe Hunger" deutlich, wobei das genannte Ich ein Objekt darstellt, über das eine Aussage gemacht wird. Noch klarer tritt das Ich-Objekt zutage in alltäglichen Sätzen wie „Ich möchte mich verändern", wobei sich das Ich in zwei Teile aufspaltet: In einen, welcher verändern will, und in einen anderen, welcher verändert werden soll. Im Laufe des Lebens reift das Ich-Objekt dann zu einen wahren Kunstwerk heran, das in Erzählungen ausgestaltet oder gar dramatisiert und durch unzählige Selbstbildnisse (früher Porträt, heute Selfie) in den sozialen Archiven für die Um- und Nachwelt archiviert wird. Das Ich-Objekt wird zum Ausdruck und Symbol für unsere Selbstauffassung als getrenntes Ich.

So attraktiv das Selbst der Umwelt gegenüber auch immer präsentiert wird, es beinhaltet im Kern auch immer negative Attribute, die nicht zuletzt auf frühkindliche Erfahrungen zurückgehen. Wir benötigen nicht viel Phantasie, um uns die Erfahrungen von Einsamkeit und Verlassenheit auszumalen, die durch die zwangsläufige Trennung von der Mutter entstehen. Hinzu kommt der schmerzhafte Eindruck der Bedürftigkeit und Hilflosigkeit, der wohl keinem Lebewesen erspart bleibt, das nicht das Glück hatte, ein bereits recht gut ausgerüsteter Nestflüchter zu sein statt ein nackter und blinder Nesthocker. Und schließlich müssen Menschenkinder unglücklicherweise fast alles erst lernen, was auch nicht gerade dazu beiträgt, dass sich das junge Wesen als komplett und mangelfrei erfährt.

Es ist sicher keine besonders neue psychologische Weisheit, dass Babys und Kleinkinder „echte" Zuwendung, Einfühlung und Bestätigung benötigen, um eine sichere Basis für ihre Entwicklung und Selbsterprobung zu haben. Die eigene Unvollkommenheit drückt weniger schwer, wenn man trotzdem und ohne Gegenleistung bedingungslos geliebt wird. Aber wo finden sich schon so ideale Verhältnisse? Sie mögen aus eigener Erfahrung selbst beurteilen, ob diese förderlichen Bedingungen häufig gegeben sind oder doch eher Ausnahmen darstellen.

Vermutlich ist Liebesmangel kein Phänomen bestimmter sozialer Gesellschaftsschichten. Er findet sich auch und vielleicht gerade in den ansonsten bestens versorgten Familien, wo Kinder zur elterlichen narzisstischen Selbstdarstellung missbraucht werden. Die Frühförderung von Kindern durch Sprachunterricht, Logopädie, Musik, Physiotherapie etc. hat heute ungeahnte Ausmaße angenommen. Im Fernsehen haben Kinder-Castingshows Konjunktur, und schon in der Babyzeit überbieten sich Eltern mit der Präsentation der herausragenden Sprach-, Ess- und Schlafgewohnheiten ihrer Kinder.

Neulich habe ich auf einem Spielplatz eine Mutter beobachtet, die mit abgewandtem Körper ihr schluchzendes Kind ausschimpfte, weil es sich ungeschickterweise beim Rutschen am Rand der Rutsche den Kopf angeschlagen hatte. Ich fürchte, dass dieses Reaktionsmuster kein Einzelfall darstellt. Die fatale Wirkung einer solchen Reaktion wird klar, wenn wir uns bewusst machen, dass das Kind sich selbst alleine die Schuld für seine Unvollkommenheit zuschreibt. Es macht sich selbst dafür verantwortlich, dass es die elterlichen Erwartungen nicht zu erfüllen vermag. Zu der Erfahrung der eigenen Unvollkommenheit gesellt sich auf diese Weise noch der Eindruck der Schuldhaftigkeit, was das persönliche Unglück komplettiert und die Selbstwahrnehmung als getrenntes Ich zementiert. Der

Eindruck, eine getrennte Person zu sein, verknüpft sich in engster Weise mit dem Gedanken „Ich bin nicht gut genug", der das ganze weitere Leben zutiefst prägen kann.

Natürlich beeinflusst die eigene Grundauffassung „Ich bin ein getrenntes und mangelhaftes Ich" auch den Umgang mit den eigenen Kindern, womit sich eine entsprechende Haltung in der Erziehung begründet und sich der Kreis aus Anklage und Mangelempfinden schließt. Die Weitergabe der sogenannten „narzisstischen Störung" von Generation zu Generation wird zum Beispiel in den Büchern von Alice Miller[6] anschaulich beschrieben, ist aber auch sonst ein weit verbreitetes Thema in der Psychologie (siehe zum Beispiel auch Hans-Joachim Maaz[7] „Die narzisstische Gesellschaft").

Das Grundempfinden des getrennten Ich

Wie bereits gesagt, begreift sich ein Kleinkind ab einem bestimmten Zeitpunkt als ein Objekt inmitten vieler anderer Objekte. Dadurch findet eine erste fundamentale Trennung statt. Empfand sich das Kind zuvor noch als Bestandteil der Umgebung, sieht es sich jetzt als ihr Gegenüber. Die damit einhergehende räumliche Aufteilung weist jedem Bestandteil selbstverständlich nur einen begrenzten Platz zu. Mit seiner Verdinglichung reduziert sich das Selbst zwangsläufig auf einen endlich großen Raum. Es verliert seine Vollständigkeit, seine Ganzheit.

Gleichzeitig mit der räumlichen Aufteilung dämmert es dem jungen Leben, dass auch seine Lebensspanne nicht unendlich, sondern zeitlich begrenzt ist. Ihm wird bewusst, dass es so etwas wie einen Tod gibt. Dieser unangenehme Gedanke bereitet die zuverlässige Grundlage für alle Arten von Ängsten, ja er stellt vermutlich die tiefe Ursache jeder Angst dar.

Und schließlich wird das sich entwickelnde Selbstbild relativ häufig durch diverse Erfahrungen von Hilflosigkeit, Verletzlichkeit, Unwürdigkeit und Erniedrigung geprägt. So färbt sich das Selbstbild quasi „negativ" ein und der Gedanke „Ich bin nicht gut genug" gräbt sich tief unter die Oberfläche ein. Schließlich ist zu bedenken, dass allein schon das Gefühl der Trennung ein Zustand des Mangels darstellt, da das „Ich" in der Trennung niemals vollständig sein kann. Insofern bleibt auch unter den besten Umständen, im behütetsten Elternhaus unter der Wirkung bedingungsloser Liebe, der Eindruck des Mangels nicht ganz aus.

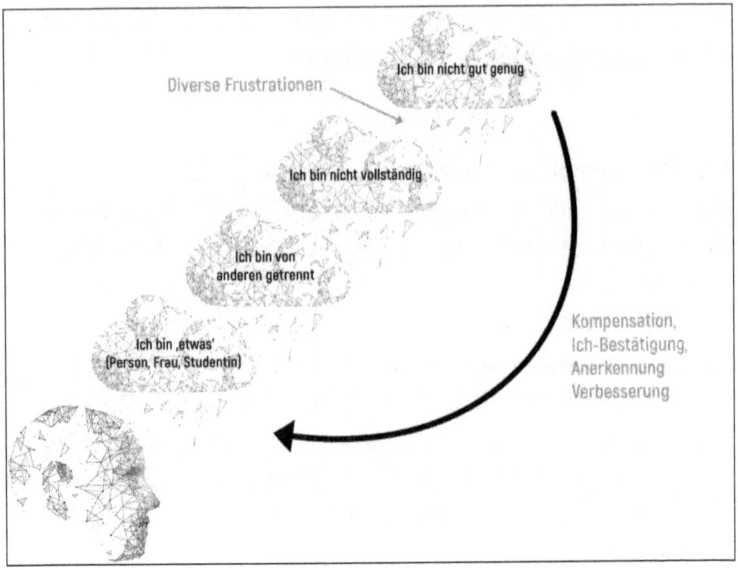

Hat man diese einfachen Mechanismen durchschaut, dann ist auch völlig klar, weshalb viele Menschen von einem fast manischen Drang nach Selbstbestätigung angetrieben werden. Ihr Leben versteht sich als ständige Beweisführung gegen ein mutmaßliches Manko, als Dauerkompensation eines Gefühls der Unvollkommenheit. So erklärt sich die lebenslange Suche nach der eigenen persönlichen Erweiterung und Verbesserung. Das getrennte Ich möchte auf diese Weise seine Ganzheit wiedererlangen, die es durch seine fragmentierte Weltsicht scheinbar verloren hat. Die damit einhergehende Ablenkung und Zerstreuung erscheint zudem als probates Mittel gegen die Angst vor der eigenen Endlichkeit. Der Wunsch nach persönlicher Erweiterung, Ablenkung und Selbstverbesserung ist daher die Antwort auf die fundamentale räumliche, zeitliche und psychische Trennung.

Nun lauert die Angst vor der eigenen Endlichkeit und Unvollkommenheit nicht irgendwo in der fernen Vergangenheit oder Zukunft, sondern sie wird als gegenwärtiges Unbehagen empfunden. Aufgrund unserer frühkindlichen Amnesie handelt es sich für uns um eine unumstößliche, existentielle Gewissheit, die immer dann verstärkt zutage tritt, wenn wir im gegenwärtigen Moment mit uns selbst konfrontiert werden. Das Grundempfinden im Zusammenhang mit dem Ich-Gedanken ist daher immer eine Unzufriedenheit, ein Widerwille gegen den Status quo, eine Allergie gegen den jetzigen Moment.

Wir leben immer im Aufbruch zu neuen Ufern, auf der Suche nach Glück, auf dem Weg zu einem „Dort" und „Dann", wo es uns mutmaßlich besser gehen wird. Man könnte daher das Grundempfinden des getrennten Ich vereinfacht durch einen Pfeil charakterisieren, der vom gegenwärtigen Moment, vom „Hier" und „Jetzt", weg weist zu einem „Dort" und „Dann". Oder verkürzt ausgedrückt: Das „Ich" will immer „wohin".

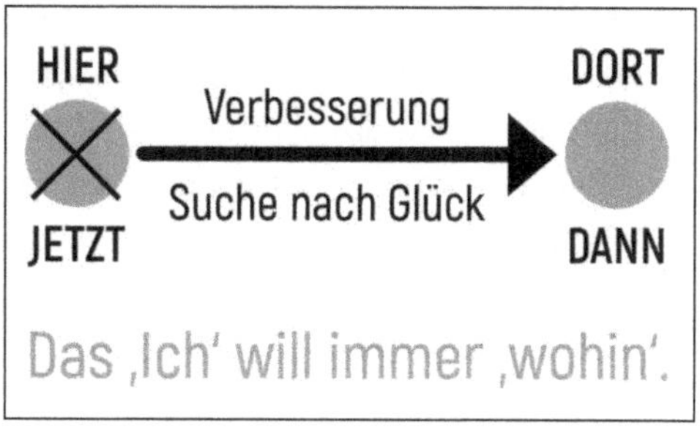

Wenn Ihnen die obige Analyse zu theoretisch oder zu drastisch erscheint, dann überprüfen Sie das Gesagte durch eine kurze Selbstreflexion. Hierzu könnten Sie sich zum Beispiel folgende Fragen stellen:

- Bin ich im Augenblick vollständig entspannt (beobachten Sie die verschiedenen Muskelspannungen im ganzen Körper!) oder lebe ich in der Erwartung des nächsten Augenblicks?
- Bin ich mit dem jetzigen Augenblick tatsächlich zufrieden oder schweifen meine Gedanken schnell ab und beschäftigen sich mit Zukünftigem/Vergangenem?
- Was stört mich am gegenwärtigen Moment?
- Welche Ziele verfolge ich gerade in meinem Leben? Was möchte ich erreichen? Worauf arbeite ich hin?
- Bereitet mir das Verfolgen dieser persönlichen Ziele Freude oder eher Mühe/Stress?
- Wird durch das Erreichen der Ziele tatsächlich ein dauerhafter Zustand von Zufriedenheit und Glück bewirkt?
- Kann durch (lebenslange) Ich-Bestätigungen ein persönliches Mangelgefühl tatsächlich ausgeglichen werden?
- Wann fühle ich mich wirklich glücklich?

Eigenschaften des Ich-Gedankens

Normalerweise halten wir unser mühsam zusammenkonstruiertes Selbstbild für unser „wahres Ich". Auf die Frage nach unserer Identität antworten wir in der Regel mit der Aufzählung diverser Attribute wie Geschlecht, Beruf, Alter etc. Wir behandeln also unser Ich wie ein Ding, das man definieren und beschreiben kann. Auch unsere Gedanken drehen sich fast ständig um unser Selbstbild, um dessen Aussehen, Status und Wohlbefinden. Dabei entgeht uns, dass das Selbstbild keine eigene Identität besitzt, sondern lediglich ein „Bild" darstellt.

Würden Sie alle Gedanken über Ihr Ich nach und nach loslassen, dann würde Ihr Selbstbild mit all seinen Eigenschaften sang- und klanglos im Nichts verschwinden. Aber keine Angst. Auch wenn das im Moment wie ein Widerspruch klingt, Sie selbst mitsamt Ihrem Identitätsgefühl würden dadurch natürlich nicht sterben, es würde nur eine Vorstellung wegfallen, der außerhalb ihrer imaginären Gestalt ohnehin keine eigene Realität zukommt.

Im Folgenden sind stichpunkthaft typische Eigenschaften zusammengestellt, die häufig mit dem „Ich" in Verbindung gebracht werden. Wie gesagt, es handelt sich hierbei nicht um Wahrheiten, sondern um Ansichten, Konzepte und um übliche Reaktionsmuster, die mit der Idee „Ich" zusammenhängen. Und da es hier zweifellos von Mensch zu Mensch Unterschiede gibt, dürfen Sie gerne für sich selbst nachspüren, ob die genannten Punkte auf Ihre Sichtweise zutreffen oder nicht.

Typische Eigenschaften des Ich-Gedankens:

- Das Ich ist der Kristallisationspunkt des Denkens. Das Denken kreist um das Ich, um dessen Wohlergehen und Verteidigung, um dessen Vergangenheit und Zukunft.
- Das Ich möchte immer etwas bekommen (Wunsch) oder etwas vermeiden (Angst), wobei jeder Wunsch auch eine Art der Vermeidung darstellt, nämlich der Vermeidung des vermeintlich unvollkommenen augenblicklichen Zustandes.
- Das Ich schließt aus, hält Distanz und grenzt sich von anderen ab. Es steht in dauerhaftem Wettbewerb und hält sich entweder für unter- oder für überlegen.
- Das Ich vergleicht sich ständig, da es durch Abgrenzung seine Identität erfährt. Selbst als „Opfer" fühlt es sich moralisch überlegen, was eine sehr starke psychische Kraft darstellt.
- Das Ich ist immer der Chef. Es ist der Besitzer von Dingen, des Körpers, der Gedanken, Gefühle und des freien Willens.

- Das Ich kann Verdienste und Ruhm erlangen, aber auch schuldig werden.
- Der Ich-Gedanke führt zu unterschiedlichen Identifizierungen, wodurch das Selbstwertgefühl potentiell steigt. Identifizierungen sind immer Beschränkungen und Abgrenzungen, die auf eine Hierarchie (Über- und Unterlegenheit) hindeuten. Beispiele wären: Ich bin diejenige/derjenige, die/der dies und das kann, so und so aussieht, dies und das besitzt, dies und das weiß, sich so und so verhält, so und so denkt etc.
- Das Ich identifiziert sich mit der „Person", die ein äußeres Bild darstellt, das wir von uns haben bzw. das wir der Welt von uns anbieten (personare [lat.]: durch eine Maske sprechen).
- Die Identifikation mit vergänglichen Merkmalen fördert das Ich-Gefühl der Unvollständigkeit, Bedürftigkeit und Sterblichkeit.
- Das Ich ist nur ein Bruchstück und ständig gefährdet. Dadurch wird die ursprüngliche Vorstellung der Mangelhaftigkeit ständig bestätigt und verstärkt. Das Ich ist eine ewige Baustelle.

Konsequenzen des Ich-Gedankens

Die Vorstellung vom getrennten Ich speist sich zumeist aus unangenehmen Gefühlen der Unvollständigkeit und Mangelhaftigkeit, die dem gegenwärtigen Moment, dem Hier und Jetzt, zugeschrieben werden. Die damit verbundenen Vermeidungsstrategien führen zu allen Arten von Anstrengungen, um dem zu entkommen, was man für unvollkommen und mangelhaft hält. Diese Vermeidungsstrategien sind so vielfältig, wie es Menschen gibt, aber sie haben alle gemeinsam, dass sie auf unterschiedliche Weise das angekratzte Ich-Gefühl aufzupolieren versuchen. Hierzu gehört die Lebensausrichtung auf Stärke und Macht genauso wie der Versuch, die eigene Person zu verbessern, in diversen Aktivitäten Lebensglück zu finden oder gar spirituelle Erleuchtung zu erlangen. Im Folgenden werden einige dieser Lebensstrategien als Konsequenz des Ich-Gedankens näher betrachtet, wobei insbesondere auch die damit verbundenen Schwierigkeiten und Paradoxien zum Vorschein treten.

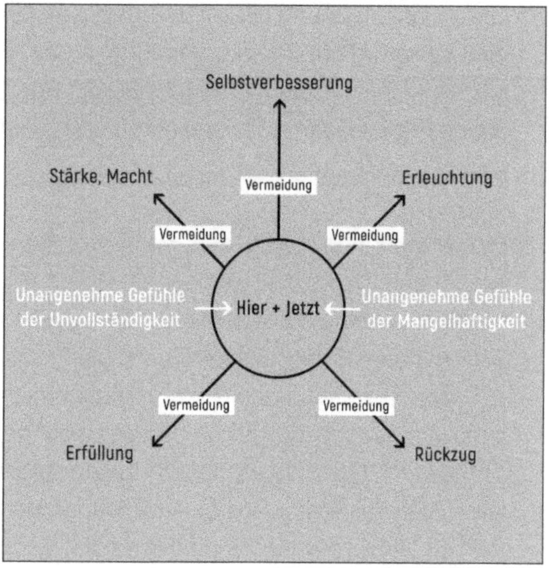

a) Streben nach Macht und Stärke

In unserer Gesellschaft fast allgegenwärtig ist das permanente Streben nach persönlicher Leistung, sei es in der Schule, im Beruf, Sport oder gar im zwischenmenschlichen Bereich. Der Wert einer Person wird im Wesentlichen über ihre Leistungsfähigkeit definiert. Und wenn jemand nicht mithält, dann wird seine Einstellung zum Erfolg kritisiert. Die Idee, dass Erfolg gar kein probates Lebensziel darstellen könnte, ist so abwegig, dass sie im Grunde niemals geäußert wird.

Wenn aber der eigene Selbstwert vom Erfolg abhängt, dann hat ein Misserfolg nicht nur die damit verbundenen unangenehmen materiellen oder sozialen Konsequenzen, sondern er greift auch gleichzeitig immer das eigene Ich an. In der Folge führt das Leistungsdenken sozusagen als Nebenwirkung fast unvermeidlich zu Versagensängsten, wobei jede Angst das Mangelgefühl tendenziell verstärkt, das ja ursprünglich durch die Leistung kompensiert werden sollte. So wird das ursprüngliche Gefühl der Trennung nicht gemindert, sondern es wird tendenziell stetig verschärft. Die Spirale aus Macht und Angst ist ja bekanntlich auch der Mechanismus, der totalitäre Herrscher an die eigene Gewalt bindet und somit erst die erhebliche Zerstörungskraft freisetzt, die totalitären Regimen so häufig eigen ist.

Ein weiteres Problem des Kompensationsversuchs durch Macht und Stärke besteht aber darin, dass auch der Erfolgsfall häufig gar keine zufriedenstellende Lösung darstellt. Belohnt wird mit dem Erfolg zwar eine ganz bestimmte Eigenschaft der Person, zum Beispiel ihre Sportlichkeit, aber eben nicht der „ganze" Mensch, der durch das persönliche Mangelgefühl in Frage steht. Ein schönes Beispiel bieten die zahlreichen Promis, die sich in Talkshows so gerne als Kinderbuchautoren oder Leiter von Hilfsprojekten präsentieren, um damit zu sagen: „Hey, ich bin und kann viel mehr als die ausgezeichnete Sportlerin oder die begnadete Schauspielerin, die ihr kennt."

Weitere Strategien im Streben nach Stärke und Macht sind zum Beispiel auch die Anhäufung von Besitz oder das Streben nach Status, Bewunderung und Ruhm, womit natürlich eine ständige Verlustangst einhergeht, und sei es die Angst vor dem Gesichtsverlust. Aber auch hier lindert der Erfolg selten das ursprüngliche Manko. Schließlich verstärkt großer Besitz oder Prominenz aufgrund der hohen Mauern, Sicherheitsvorkehrungen, Bodyguards, also durch den sogenannten goldenen Käfig, die Trennung zu den Mitmenschen, die ja ursprünglich überwunden werden sollte. Das Hilfsmittel erweist sich also als das eigentliche Gift. Und schließlich kann Besitz und Status schon vom Prinzip her keine Hilfe darstellen, da das ursprüngliche Gefühl der Unvollkommenheit selten etwas mit einem Mangel an Gütern oder Status zu tun hat. Hier liegt schlicht und einfach eine Verwechslung vor.

b) Gestörte Individuation

Es gibt zweifellos einen Trend hin zu Selbsterfahrung und Selbstverwirklichung. Die Regale der Buchhandlungen stehen voll mit entsprechenden Ratgebern. Extremsportarten haben Hochkonjunktur. Das muss hier nicht vertieft werden. Aber auch im Alltag müssen sich junge Menschen spätestens bei der Studien- oder Berufswahl mit sich selbst auseinandersetzen und herausfinden, welche Art der Tätigkeit, welcher „life style" ihnen liegt.

Die lebenslange Suche nach der eigenen Individualität wird in der Psychologie ausgehend von C.G. Jung auch als „Individuationsprozess" bezeichnet. Hinter dem Ausdruck verbirgt sich die Ansicht, dass jeder Mensch einzigartige Fähigkeiten, Anlagen und Möglichkeiten besitzt, die zunächst nicht ausgeschöpft werden. Durch die schrittweise Bewusstwerdung der eigenen Fähigkeiten erkennt sich der Mensch als etwas Eigenes und Einmaliges, was auch als Selbstverwirklichung oder Ich-Werdung verstanden wird. Da im Laufe des Prozesses auch neue, bisher unbekannte Wirkungs- und Erfahrungsbereiche erschlossen werden, komplettiert sich die Persönlichkeitsstruktur, was eine Zunahme von Selbstvertrauen und Selbstsicherheit zur Folge hat.

Der Individuationsprozess fragt im Grunde nach dem gegenwärtigen „Ist" des eigenen Wesens. Dabei geht es ihm jedoch nicht um dessen Substanz, sondern um dessen spezifische Ausprägung bzw. Ausformung. Auch wenn das häufig anders verstanden wird, so steht hier nicht die Frage „*Wer* bin ich?" im Mittelpunkt, sondern es geht um das „*Wie* bin ich?". Was kann ich besonders gut oder schlecht? Was gefällt mir und was nicht? Worin besteht meine Einzigartigkeit?

Die Individuation stellt zweifellos eine elementare Lebenserfahrung dar und soll hier nicht in Frage stehen. Allerdings kann festgestellt werden, dass dieser Individuationsvorgang häufig gestört ist. Wie sonst erklärt sich der gesellschaftliche Hang, eine persönliche Tatsache, nämlich die eigene Individualität, zu einer Ikone zu erheben, die durch besondere Leistungen wie das Besteigen des Mount Everest erst errungen werden muss?

Es ist zu vermuten, dass die Störung der Individuation durch zwei Fehlentwicklungen verursacht wird, die beide eine Konsequenz des Ich-Gedankens darstellen. Zum einen führt die Fremdbestimmung durch Bezugspersonen, heute wird auch gerne die sogenannte „peer group" genannt, zu einer spezifischen Rollenzuweisung, die wenig mit den eigenen Charakterzügen zu tun hat. Zum anderen erfolgt eine freiwillige Selbstbeschränkung, die zum Beispiel durch die Identifikation mit einem Teilaspekt der eigenen Persönlichkeit bewirkt wird. So bricht die Jugendgeneration zu allen Zeiten immer wieder mit der Tradition ihrer Eltern, um ihrer eigenen Identität Ausdruck zu verleihen, verfällt dann aber gleichzeitig in neue Rollen der „angesagten" Szene, wodurch die Individualität schon wieder verloren geht. Der Rapper, Rocker, Punker etc. wendet sich vordergründig von gesellschaftlichen Normen ab, gerät dann aber in ein neues Persönlichkeitsmuster nach den Maßstäben des Rap, Rock, Punk etc. Beim Ausbrechen aus einer Fremdbestimmung erfolgt so eine neue Selbstbeschränkung.

Fremd- und Selbstbeschränkung beruhen beide auf dem Leistungs- und Wettbewerbsgedanken, sind also eine Konsequenz des Ich-Gedankens. Insofern verbirgt sich die tiefe Ursache für die Störung der Individuation in der Selbstauffassung der Menschen als getrennte und mangelhafte Person. Dadurch wird ein Verbesserungsprozess ausgelöst, der immer in die *Zukunft* weist, wohingegen sich die Individuation naturgemäß auf dem gegenwärtigen Sein aufbaut. Kurz: die Individuation wird mit einer Verbesserung verwechselt.

Auch wenn es paradox klingt, der legitime Wunsch nach Individualität wird gerade dadurch in seiner Umsetzung gestört, dass Individualität immer als Eigenschaft einer getrennten Person angesehen wird. Dabei kann doch echte Individualität erst dann erblühen, wenn sie nicht in der Trennung, sondern in der Verbindung gesucht wird.

c) Hemmungen und Prüfungsangst

Wie bereits im Zusammenhang mit dem Leistungsdenken erwähnt, geht jeder Wunsch nach Erfolg mit entsprechenden Ängsten einher, dass sich der ersehnte Erfolg nicht einstellen könnte. Besonders paradox wird diese Situation, wenn diese Ängste den Erfolg sogar verhindern, wenn also der Ich-Gedanke dem Ich selbst im Weg steht.

Sie kennen vermutlich aus eigener Erfahrung die Anspannung in einer Vortragssituation, einer mündlichen Prüfung oder einem Vorstellungsgespräch, überall dort, wo eine gute spontane Selbstpräsentation wichtig erscheint und potentiell durch Beifall, Anerkennung und Bewunderung belohnt wird. Gerade dort bewirkt der Wunsch nach Erfolg oft genau das Gegenteil und hat Befangenheit, übermäßige Selbstkontrolle, Verkrampfungen und Unsicherheit zur Folge. Allein die geistige Nebenbeschäftigung mit dem „Mach ich alles richtig?" mindert die eigene Aufmerksamkeit. In der Folge fehlt es an Übersicht, Offenheit und Gelassenheit. Wer kennt es nicht: Auch im zwischenmenschlichen Bereich herrscht heute oft das Bedürfnis vor, besonders „cool" zu erscheinen, wobei der angestrengte Versuch, „cool" zu sein, selten in eine überzeugende Coolness mündet.

Generell gilt: Je ernster eine Aufgabe genommen wird, desto intensiver die Vorbereitung und desto größer die destruktive Angst vor einem Scheitern. Doch worin besteht die Lösung? Nun, man könnte versuchen, das Tor zum Erfolg zu öffnen, indem man den Wunsch nach Erfolg ablegt. Kann das funktionieren? Wohl eher nicht. Diese clevere Strategie ist natürlich ein Selbstbetrug, der dem Wunsch gleicht, das Wünschen aufzugeben bzw. den Versuch widerspiegelt, nichts mehr zu versuchen. Das kann nicht gelingen. Da der Wunsch nach Erfolg selbst eine Folge des Ich-Gedankens darstellt, kann sich das Ich nicht durchsetzen, indem es seinen eigenen Wunsch revidiert. Eine der Konsequenzen des Ich-Gedankens besteht also darin, dass bestimmte Ich-Ziele manchmal nicht zu erreichen sind.

d) Aus Traurigkeit wird Depression

Der amerikanische Arzt und Seelsorger Steven Levine[8] erzählt in einem seiner Bücher die Geschichte einer Frau, die an ihrem Krebsleiden verzweifelt, weil sie sich selbst dafür verantwortlich hält. Eine andere Frau nimmt sich nach der spontanen Heilung ihres Krebses durch einen Naturheiler das Leben, weil sie die offensichtlich einfache Heilung nicht hatte selbst vollbringen können. Auch wenn diese Fälle Extrembeispiele darstellen, symbolisieren sie doch die typische ich-bezogene Haltung, die das unbestreitbar vorhandene Leid stark verschärft.

Die Vorstellung, ein getrenntes Ich zu sein, geht immer mit der Idee einher, dass dieses Ich das Leben zumindest vom Grundsatz her kontrollieren kann. Das Ich beansprucht für sich, der

Herrscher über das eigene Schicksal zu sein. Nun bleiben im Leben Krankheiten, traurige Schicksalsschläge und Misserfolge niemals gänzlich aus. Unangenehme Gefühle wie Trauer, Frustration oder Eifersucht sind wohl kaum zu vermeiden. Richtig problematisch wird es allerdings erst, wenn ein Unglück zusätzlich als persönliches Versagen empfunden wird. Das Leid vergrößert sich, wenn man sich auch noch selbst dafür verantwortlich hält. Aus Traurigkeit wird Leid, aus Frustration wird Depression, wenn der eigene Ich-Anspruch hinzukommt, der im schlimmsten Fall in Schuldgefühle mündet.

Trauer und Frustration können starke Gefühle sein, die sicher auch im Tierreich anzutreffen sind. Diese Gefühle sind aber nicht zwingend mit einem dauerhaften Leiden verbunden. Leiden entwickelt sich dann, wenn der Begleitgedanke vom getrennten Ich, von der isolierten und einsamen Person hinzukommt, die von dem Unglück unverhältnismäßig stark betroffen zu sein scheint. Anders ausgedrückt: Es ist immer das getrennte Ich, das leidet. Depression ist sicher nicht immer, aber häufig ein Ich-Problem.

e) Versuch der kurzzeitigen Ich-Überwindung

Dass der Ich-Gedanke unangenehme Nebenwirkungen mit sich bringt, bleibt wohl auch dem hartnäckigsten Ego nicht verborgen. Aus diesem Grund gibt es zahlreiche Methoden, die zumindest kurzfristig von der Last des Selbstbezugs und der damit einhergehenden Isolierung befreien sollen.

- Im Alkohol- oder Drogenrausch scheinen sich Begrenzungen und Blockaden zu lockern, Begegnung und Verständigung werden erleichtert, das eigene Selbstwertgefühl bekommt einen Schub. Schon die alten Griechen feierten die Verbrüderung im Dionysos-Kult. Offensichtlich gibt es Rausch-Strategien in allen Völkern. Allerdings verzehren Alkohol und Drogen gleichzeitig die psychischen Abwehrkräfte des Menschen. In der Schwächephase nach dem Rausch tritt das persönliche Mangelgefühl umso stärker wieder in Erscheinung.

- Im Extremsport kommt es zum berühmten Kick, wenn an der Steilwand ohne Sicherung die Lebensgefahr und die damit verbundene Konzentration so groß werden, dass sämtliche Gedanken an das Ich wegfallen. Extremsportler berichten fast übereinstimmend von einer Phase, in der sie sich wie „eins" fühlen mit ihrer Umgebung, komplett, vollkommen und eingebettet in den gegenwärtigen Augenblick ohne eine lästige Reflexion über ihre Situation. Allerdings kehrt das Ich mit Zuverlässigkeit zurück, badet sich hinterher im Erfolg seiner eigenen Abwesenheit und drängt auf Wiederholung, wobei der Anspruch an die zu überwindende Gefahr von Mal zu Mal natürlich immer größer wird.

- In Massenveranstaltungen wie Rock-Konzerten und vielen anderen Formen der gemeinsamen Ekstase fügt sich der Einzelne in ein größeres Ganzes, in eine Gemeinschaft der Gleichgesinnten oder verströmt sich in Musik und Tanz. Dies stellt vermutlich die am wenigsten gesundheitsschädliche Form der kurzzeitigen Ich-Überwindung dar, wenn auch sie keine dauerhafte Erlösung bietet.

Sie kennen vielleicht weitere Strategien zur kurzzeitigen Ich-Überwindung. Es ist beachtlich, dass die Probleme des persönlichen Ich-Bezugs auch im Alltag so offenkundig werden, dass sie viele Menschen in eine Abwehrhaltung, zum Beispiel in Alkohol- und Drogenkonsum, drängt. Aber warum wird dieser Zusammenhang nur so selten artikuliert? Warum sucht man die Ursachen für Alkohol- und Drogenprobleme in unterschiedlichen Symptomen und nicht in ihrem wahren Grund?

f) Wunsch nach Selbstverbesserung

Wenn das Streben nach äußeren Dingen wie Ansehen oder Besitz nicht die ersehnte Erleichterung erbringt, dann liegt es nahe, das Lebensglück in einer grundlegenden Änderung der Lebenseinstellung zu suchen. Jetzt erfolgt die Kompensation des persönlichen Mangelgefühls durch eine Änderung des Verhaltens oder, wenn das nicht reicht oder klappt, durch eine Selbstoptimierung des Charakters bzw. der eigenen Persönlichkeit. Im ersten Fall handelt es sich im Grunde um die besonders zur Jahreswende geäußerten guten Vorsätze, das Rauchen zu beenden, sportlicher zu leben oder gesünder zu essen. Jeder kennt wohl aus eigener Erfahrung diese gutgemeinten Ziele. Ein ganzes Bataillon von Sportstudios und Lifestyle-Zeitschriften lebt von diesen mehr oder weniger konsequent umgesetzten Vorhaben.

Sie werden mir zustimmen, dass der zweite Ansatz sehr viel subtiler ist, weil viel weniger konkret. Die Selbstverbesserung

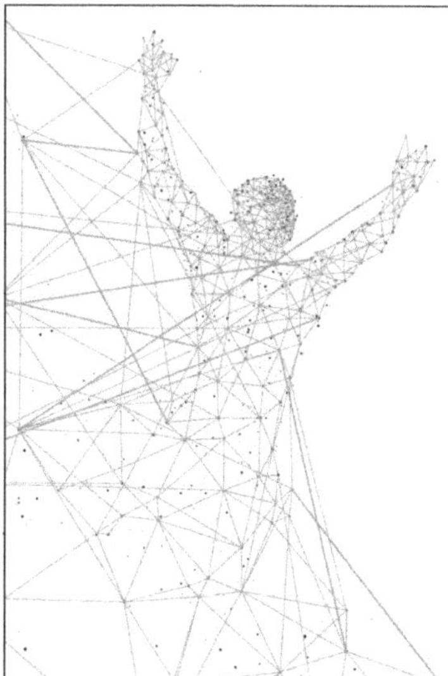

Kompensation des Mangelgefühls

1. durch Veränderung des Verhaltens

oder (wenn es nicht klappt)

2. durch Optimierung des Charakters bzw. der Persönlichkeit

erfordert hier eine Stärkung der persönlichen Disziplin, Zufriedenheit, Achtsamkeit, Offenheit etc. bzw. den Abbau von Schüchternheit, Selbstbezogenheit, Eifersucht, Ungeduld etc. Man hat begriffen, dass man nicht unzufrieden ist, weil man raucht, unsportlich ist oder sich ungesund ernährt, sondern man raucht, verhält sich unsportlich und ungesund, weil man unzufrieden ist.[9]

Leider stellen sich im Prozess der Selbstverbesserung einige kniffelige Fragen. Wie soll man zum Beispiel disziplinierter werden, wenn man es nicht ist? Wie wird man ein zufriedener Mensch, wenn man doch gerade unzufrieden ist? Wie legt man seine Ungeduld ab, wenn man doch gerade mit sich selbst ungeduldig ist? Wir werden auf diese Fragen gleich nochmal zurückkommen.

An dieser Stelle sei drauf hingewiesen, dass jede Selbstverbesserung die Aufspaltung des Ich in zwei Teile voraussetzt, nämlich in den einen Teil, der verbessert werden muss, und einen anderen Teil, der um die Verbesserung weiß und sie durchzusetzen versucht. Es handelt sich also um eine Art Selbstmanipulation, wobei sich das getrennte Ich immer weiter fragmentiert. Da der Fokus bei jeder Selbstverbesserung auf einen persönlichen Mangel gerichtet ist, tritt die Zerrissenheit und Unvollkommenheit des eigenen Wesens immer mehr ins Bewusstsein. In der Folge führt der Prozess der Selbstverbesserung selten zu einer Steigerung des persönlichen Wohlbefindens, sondern verstärkt das Leid, ein getrenntes und mangelhaftes Ich zu sein.

g) Spirituelles Wachstum

Eine weit verbreitete Variante der Selbstverbesserung ist der Versuch der Ich-Überwindung durch religiöse, spirituelle oder esoterische Praktiken wie zum Beispiel Yoga, Meditation oder Beichte. Auch in diesem Fall besteht das Ziel in der Milderung bzw. Aufhebung des Leides, das durch das Gefühl des Mangels oder der Trennung entsteht. Viele religiöse bzw. spirituelle Strömungen versuchen die „Ich-Bezogenheit" zu überwinden und damit die Lebenssituation der Menschen zu verbessern.

Statt nach persönlicher Leistung, Stärke, Besitz und Macht zu streben, werden jetzt andere Superlative wie Weisheit, Wahrheit, Heiligkeit, Ichlosigkeit, Erwachen, Aufstieg der Kundalini etc. anvisiert. Von der „Erleuchtung" wird ja gesagt, dass sich mit ihr jegliches Gefühl von Trennung und Unzufriedenheit erledigt und man sich von da an mit allem und jedem verbunden fühlt. Ist das nicht genau das, was uns allen fehlt?

Die Suche nach spiritueller Verbesserung macht natürlich nur dann einen Sinn, wenn der augenblickliche Zustand eines Menschen als unwürdig, fehlerhaft, leidvoll oder voller Sünde eingestuft wird. Die christliche Tradition ist da sehr konsequent: Sie bezeichnet alle Menschen von Grund auf als „arme Sünder", die nur durch eine Umkehr zu Gott errettet werden können. Auch der Buddhismus entlarvt mit seiner Grundaussage „Leben ist Leid" sein negatives Welt- und Menschenbild. Andere Religionen äußern sich vergleichbar, woran man zuverlässig den dahinterstehenden Ich-Gedanken erkennt. Denn wenn mit den Menschen alles in Ordnung wäre, dann bräuchte man ja nichts zu verbessern und die Religion würde ihre Daseinsberechtigung verlieren.

Stattdessen überbieten sich Religionen und spirituelle Lehren im Angebot adäquater Lösungswege. In diesen geht es je nach dem um Umkehr, Reinigungsriten, Beichten, Enthaltsamkeit, Fastenkuren, Selbstgeißelungen, Gedankenkontrolle und vieles andere. Allen Methoden ist im Grunde gemein, dass erst ein persönliches Opfer gebracht werden muss, eine Art Selbstbestrafung, bevor einem irgendeine Art von Belohnung zuteilwird. Das ist eine logische Konsequenz der Annahme, dass der Mensch von seinem Ursprung her fehlerhaft und unwürdig sei, worin sich die fundamentale Annahme des mangelhaften Selbst spiegelt.

Es muss betont werden, dass hier nicht gegen Religionen oder die Spiritualität an sich argumentiert oder für einen Atheismus oder Nihilismus die Lanze gebrochen werden soll. Die meisten religiösen und spirituellen Strömungen beziehen ihre Grundmotivation gerade aus der Kritik an dem menschlichen Ich-Konzept, das hier auch in Frage steht. Die Perversion erfolgt erst in der Ausgestaltung der religiösen Praktiken, in welcher die ursprüngliche klärende Ausrichtung durch einen machterhaltenden Ansatz ersetzt wird. Sie mögen selbst beurteilen, ob zum Beispiel in den heute weit verbreiteten Yoga-Kursen tatsächlich die menschliche Fehlauffassung vom getrennten Ich thematisiert oder durch Übungen zur Selbst- und Achtsamkeitskontrolle der Eindruck vom getrennten Ich eher gestärkt wird.

Paradoxien des Ich-Konzeptes

In den oben diskutierten Konsequenzen des Ich-Gedankens wurden bereits verschiedene Paradoxien deutlich, die mit der fundamentalen Fehlkonstruktion der menschlichen Grundanschauung, seiner Identitätsauffassung als getrenntes Ich zusammenhängen. Selbst im günstigen Fall, wenn sich als Kompensationsstrategie tatsächlich im Leben diverse Erfolge einstellen, bieten diese Erfolge paradoxerweise meistens keine echte Lösung für das ursprüngliche existentielle Problem, sondern erweisen sich häufig eher als dessen Verstärkung.

Noch deutlicher wird die paradoxe Situation, wenn als Lösungsstrategie die Ich-Überwindung durch Selbstverbesserung verfolgt wird. In diesem Fall versucht sich das Ich durch bestimmte Praktiken selbst aufzulösen. Ein solcher Versuch der Ich-Überwindung gleicht dem Kontrollblick in einen Spiegel, um nachzusehen, ob das „Ich" noch anwesend ist. Mit dem Blick in den Spiegel manifestiert sich allerdings das Vorhandensein des Ich immer wieder aufs Neue. Sobald man sich mit dem Ich beschäftigt, ist es da. Gerade im Bemühen, das Ich zu überwinden, wird das Ich erst so richtig präsent. Das Ich ist eben immer der Gedanke an das Ich. Je mehr wir uns mit unserem „Ich" befassen, desto stärker wird es bewusst, desto stärker macht es sich bemerkbar. Im Versuch der Ich-Überwindung versucht sich das Ich selbst um die Ecke zu bringen. Das kann nicht gelingen, oder?

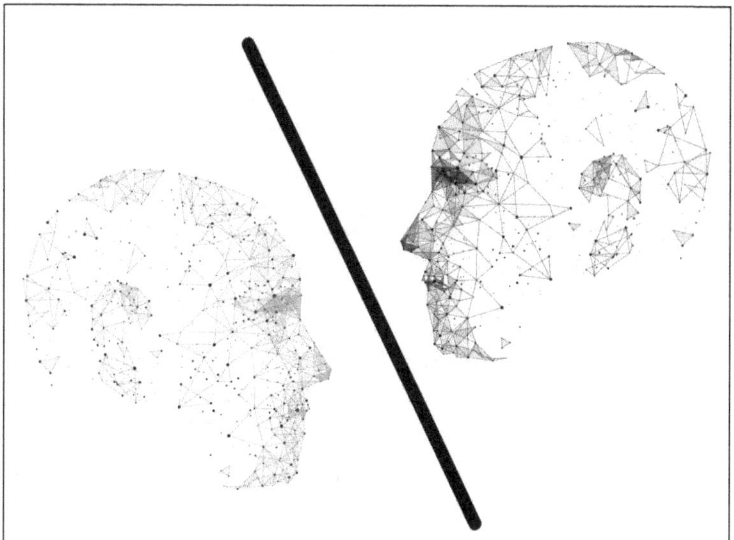

Ein schönes Beispiel für die paradoxe Situation der Ich-Überwindung ist die Meditation. Meditation ist von der Natur aus ein „absichtsloses Tun", ein Nicht-Handeln, ein gedankenfreies Ruhen in der Gegenwart. Wird Meditation allerdings praktiziert, um etwas zu erreichen, zum Beispiel Ichlosigkeit oder Erleuchtung, dann gleicht sie dem Versuch, das Versuchen loszulassen, Freisein zu erzwingen. Jedes Übungskonzept verfestigt den Gedanken, dass es etwas zu erlangen gibt und stärkt damit den Ich-Gedanken, den es eigentlich zu überwinden gilt.[10] [11] [12]

Eugen Herrigel beschreibt in seinem bekannten Buch „Zen in der Kunst des Bogenschießens"[13] eine vergleichbare paradoxe Situation, in welcher der Bogenschütze sein Ziel nur dann sicher zu treffen vermag, wenn er den Pfeil absichtslos, unschuldig bzw. mühelos abschießt, wenn er also von dem Gedanken loskommt, dass der Schuss unbedingt gelingen muss. Der kleinste Wunsch nach Erfolg erweist sich dagegen als ein verlässlicher Garant, die Zielscheibe zu verfehlen.

Aber auch das alltägliche Streben nach Selbstverbesserung gleicht einem Kampf mit uns selbst, wodurch häufig genau die Charaktereigenschaft gestärkt wird, die eigentlich bekämpft werden soll. Denken Sie sich nur eine Situation des persönlichen Ärgers, die zuverlässig dadurch intensiviert wird, dass Sie sich über den eigenen Ärger ärgern. Je mehr man sich also bemüht, die eigene Unzulänglichkeit zu überwinden, desto stärker kommt sie zum Vorschein.

Die Liste paradoxer Verbesserungsprojekte ist wohl nahezu unbegrenzt, hier einige Beispiele:

- „Ich werde Intoleranz nicht länger hinnehmen." Dagegen ist sicher nichts einzuwenden, aber Intoleranz gegenüber Intoleranz ist nun mal nicht sehr überzeugend.

- „Ich strebe die Hingabe an das Leben an." Hingabe steht für Gelassenheit und Loslassen vom kontrollierenden Ich, was allerdings kaum mit einem zielgerichteten Vorhaben zusammenpasst.
- „Ich bemühe mich darum, entspannter zu leben." Jede Mühe setzt bereits Spannung voraus, sonst wäre sie ja nicht erforderlich.
- „Ich möchte in Zukunft mehr im Jetzt leben." Eine Zukunftsplanung und die Ausrichtung auf die Gegenwart passen nicht zusammen.
- „Ich möchte innere Widerstände gegen das Leben abbauen." Dieses Tun bedeutet einen Widerstand gegen einen Widerstand.
- „Ich möchte in Zukunft disziplinierter sein." Um disziplinierter zu werden, ist bereits ein gewisses Maß an Disziplin nötig.

Keines der genannten Verbesserungsprojekte ist an sich falsch oder fragwürdig. Die angestrebten Ziele sind vernünftig und ehrenwert. Das Problem besteht einfach darin, dass sich diese sinnvollen Vorhaben nicht durch Selbstmanipulation erreichen lassen. Das kontrollierende Ich kann sie nicht herbeiführen, da es sich dabei selbst im Weg steht. All diese „Verbesserungen" können aber selbstverständlich eintreten, wenn die mit den Vorhaben verbundenen Mühen durchschaut werden oder wenn das Leben die Änderung selbst herbeiführt, wenn „es" also einfach geschieht. In keinem Fall wird sich das Ich für die Veränderung rühmen können.

Im Extremfall gipfelt die Bemühung um Selbstverbesserung in einem regelrechten Wettkampf. Ziel vieler spiritueller Übungen ist es ja, das eigene Ego zu überwinden, um einen höheren spirituellen Status zu erlangen. Dabei deutet die Hierarchie der erreichbaren Zustände bereits auf einen Wettbewerb hin, auf den Kampf um die größte Ichlosigkeit. Folgender kurioser Dialog illustriert die Ironie eines solchen Wettbewerbs in treffender Weise (in Anlehnung an Allan Watts[14]):

A: „Ich bin ein besonders spiritueller Mensch, mein Ego ist kleiner als deins!"
B: „Ja klar, ich bin allerdings einer, der es weniger darauf anlegt, die anderen zu übertreffen, als du!"
A: „Von wegen, mir ist deutlicher bewusst als dir, dass wir es mit allem, was wir tun, nur darauf anlegen, die anderen zu übertreffen!" etc.

Es wird deutlich, dass das Nicht-Ich-Spiel nur eine Variante des Ich-Spiels darstellt. Jede Selbstverbesserung ist eben trotz hehrer Ziele auch nur ein „besser werden wollen als andere" und damit nichts anderes als ein Ich-Konzept.

Befreiung vom Ich-Konzept

Möglicherweise hinterlassen die bisherigen Betrachtungen zum Ich-Konzept bei den Lesern eine gewisse Ratlosigkeit. Schließlich ist es mehr als deutlich geworden, dass der Ich-Gedanke zu diversen Schwierigkeiten führt und das Leben nicht gerade positiv beeinflusst. Letztendlich lässt sich unsere existentielle Situation als Mensch und unser stetes Bemühen um Erlösung vereinfacht in drei Punkten zusammenfassen:

1. Wir gehen davon aus, dass wir von der Welt getrennte Wesen sind und dass unser derzeitiger Zustand mangelhaft ist. Diese Annahme über unseren Zustand ist sehr wahrscheinlich falsch.

2. Wir versuchen, den Zustand durch diverse Ich-Konzepte zu verbessern, erreichen damit aber in der Regel eher das Gegenteil. Die Ich-Konzepte sind ungeeignete Mittel, um einen Zustand der Trennung aufzuheben.

3. Ziel aller Bemühungen ist es, die leidvolle Trennung und Mangelhaftigkeit wieder abzuschaffen. Das Ziel ist unsinnig, da es weder Trennung noch Mangelhaftigkeit je gegeben hat.

Etwas provokant könnte man schlussfolgern: Aufgrund einer falschen Annahme sind wir auf dem falschen Weg zu einem unnötigen Ziel. Und das erscheint nicht unbedingt eine optimale Lebensstrategie zu sein.

Spätestens mit dieser Analyse stellt sich aber natürlich die Frage nach einer geeigneten Gegentaktik. Welche Lösungsmethode ist richtig, wenn offensichtlich jedes zielgerichtete Handeln falsch ist? Hier tut sich ein regelrechtes Dilemma auf, an dem keine ernsthafte Lebensberatung, Religion oder spirituelle Weisheitslehre vorbeikommt.

Dabei ist die Lösung eigentlich recht einfach. Wenn das Problem in einer Fehlauffassung über uns selbst liegt, dann muss diese korrigiert werden. Begründet sich diese Fehlauffassung in der fälschlichen Annahme eines getrennten Ich, dann muss dieses getrennte Ich hinterfragt werden. Der Mensch muss seine fundamentale Einsicht in die Einheit allen Seins zurückgewinnen, um von dem Leid der Trennung und von den unsäglichen Kompensationsstrategien befreit zu werden. Ist das fundamentale Fehlurteil erst beseitigt, dann lösen sich die Knoten unserer Verwirrungen von alleine auf.

So sind sich nahezu alle östlichen Lehren darin einig, dass es nie ein getrenntes Ich gegeben hat, sondern lediglich eine falsche Vorstellung. Bei keiner spirituellen Übung geht es ursprünglich um eine Veränderung oder Verbesserung des Menschen, sondern um eine Rückbesinnung auf das, was ohnehin als Tatsache immer vorlag. Ziel jeglicher spiritueller Praxis ist lediglich die Aufhebung eines Irrtums. Nirgendwo liegt etwas verborgen, das wiedergefunden werden müsste. Nichts muss gesucht werden, weil niemals etwas verloren gegangen ist. Der Mensch war niemals getrennt von irgendetwas und muss demnach auch nicht wiedervereinigt werden.

Immer gab es nur Einheit und dieses Eine übersieht im Prozess der Selbstwahrnehmung seine Ganzheit. Dabei ist diese Ganzheit nicht versteckt, nicht schwer zu entdecken, sondern jederzeit deutlich und offen erkennbar. Ja, in gewisser Weise wird die Wahrheit nur durch die seltsame Vorstellung verschleiert, dass alles anders sei, als es erscheint.

Gemäß der Tradition des Advaita Vedanta[15] beruht der Grundirrtum im Wesentlichen darauf, dass die eigene „wahre" Identität, das „Ich bin"[16], auf die Vorstellung eines getrennten Ich projiziert wird. Insofern erscheint es nachvollziehbar, dass die Frage nach der eigenen wahren Identität den Fehler beheben kann. Im Advaita Vedanta verwendet man hierzu das Prinzip der „Selbsterforschung", wobei selbstreflektierende Fragen wie zum Beispiel „Wer bin ich?" so lange wiederholt werden, bis jegliche Identifizierungen abfallen und das eigene gegenwärtige Sein als Hintergrund und Grundlage aller Identifizierungen zum Vorschein kommt.

Auch wenn die spirituelle Selbsterforschung über ein rein intellektuelles Verstehen der eigenen Identität hinauszugehen versucht, verträgt sie sich vom Ansatz her relativ gut mit dem im Westen vorherrschenden wissenschaftlichen Weltbild, welches auch auf einer empirischen Überprüfung der Wirklichkeit beruht. Die Konvergenz von westlicher Wissenschaft und östlicher Philosophie wird auch im Westen immer häufiger anerkannt.[17] [18] Eine gewisse Konzession an die westliche, rationale Denkweise stellt dabei ein Ansatz dar, der manchmal auch als „direkter Weg"[19] (engl: direct path) bezeichnet wird. Er lehnt sich zum einen an das traditionelle Prinzip der Selbsterforschung an, verwendet dabei aber einen für den westlichen Menschen zugänglichen Erfahrungsraum, verzichtet auf jeglichen kulturellen Überbau und verhält sich weltanschaulich neutral. Sein experimenteller Zugang zielt direkt auf die menschliche Selbst- und Weltwahrnehmung, die von jedem Menschen unmittelbar und ohne Voraussetzungen nachvollzogen werden kann.

Die im Folgenden dargestellten Experimente dienen im Grunde einem ähnlichen Zweck der direkten Selbsterfahrung, wobei sie keinem bestimmten Prinzip oder bestehenden System streng nachfolgen. Sie dürfen keinesfalls als Heilsweg oder spirituelle Praxis missverstanden werden. Es handelt sich dabei vielmehr um an die Wissenschaft angelehnte Beobachtungen, die unsere gewohnte Weltsicht hinterfragen und auf unsere wahre Natur hinweisen wollen. Auch wenn sich im Verständnis der eigenen Identität vielleicht manche Verkrampfung auflöst, so handelt es sich bei dieser Art der Selbsterforschung ausdrücklich um keine Therapie.

Therapien zeichnen sich dadurch aus, dass sie eine bestimmte objektartige Vorstellung von uns selbst durch eine andere Vorstellung ersetzen. Wenn ich eine schlechte Meinung von mir selbst habe, indem ich mich zum Beispiel mit der Eigenschaft „Versager" identifiziere, dann vermag eine gute Therapie diese Identifizierung zu korrigieren und mich zu einer positiveren Selbsteinschätzung zu führen. Eine solche Korrektur ist sinnvoll und soll hier nicht in Frage gestellt werden. Doch auch diese positive Selbsteinschätzung stellt nach wie vor ein objektartiges Selbstbild der Form: „Ich bin dies oder das" dar. Sie beruht immer noch auf dem Prinzip der Trennung.

Mit den hier vorgestellten Experimenten wird jede Art von Selbstobjektivierung hinterfragt, damit unsere ureigene Perspektive, die sich hinter jeder objektartigen Vorstellung unserer Selbst verbirgt, wieder zum Vorschein tritt. Dadurch wird aber niemand verändert und kein persönliches Problem direkt gelöst. Die möglicherweise neu entdeckte Perspektive führt nirgendwo, zu keinem konkreten Ziel hin. Bestenfalls verschiebt sie den Fokus der gegenwärtigen Betrachtung, so dass gesehen wird, was immer schon war. Das aber kann eine große Befreiung sein.

EXPERIMENTE

Erläuterung

Ziel der Experimente

Üblicherweise nehmen wir die Welt so wahr, als sei sie aus einzelnen Objekten, Gegenständen und Lebewesen zusammengesetzt, denen eine individuelle Bedeutung zukommt. Zwischen den einzelnen Objekten gibt es klare Ränder, die das eine Objekt vom anderen abgrenzen. Vergleicht man die einzelnen Objekte miteinander, dann zerfällt die Welt in Relationen und Kontraste. Kaum etwas führt uns die Zerrissenheit der Welt mehr vor Augen als die allgegenwärtige Verschiedenheit der Dinge. Wie kann etwas zusammengehören, das sich bis ins Extreme voneinander unterscheidet?

In unserem Alltag differenzieren wir außerdem in der Regel streng zwischen den in der Welt vorhandenen Objekten wie Gegenständen, Pflanzen, Wasser, Luft etc. und dem bewussten Lebewesen, welches diese Dinge mit seinen Sinnen erlebt (sieht, hört, riecht etc.) und unter Umständen willentlich einen Einfluss darauf nehmen kann. Es besteht also eine fundamentale Trennung zwischen der Welt auf der einen Seite und dem diese Welt erfahrenden „Subjekt" auf der anderen Seite. Zwischen uns als bewussten Wesen und der von uns erfahrenen Welt scheint eine tiefe Kluft zu verlaufen. Es scheint ein Riss durch die Welt zu gehen, der uns von ihr trennt.

Diese Trennung spiegelt sich auch in unserer Sprache wider, die einen Satz üblicherweise in Subjekt und Objekt aufteilt. In der menschlichen Selbstbetrachtung wird das Subjekt bzw. die „erste Person" auch mit „Ich" bezeichnet. Dabei ist allerdings nicht ganz klar, welchen Teil des menschlichen Lebewesens dieses Ich umfasst und wo genau die Grenze zu dessen „Umgebung" bzw. zum „Nicht-Ich" verläuft. Aber unabhängig von dieser Unsicherheit stellt die Grundannahme, dass Welt und Ich getrennt sind, wohl eine der stärksten Konditionierungen dar, die unser Denken und Verhalten nachhaltig bestimmt.

Und doch ist die Dualität allen Seins und die Aufspaltung der Wirklichkeit in Welt und Ich eine Täuschung. Das wird im Folgenden anhand von zahlreichen Experimenten gezeigt, die zum Selbststudium und zum eigenen Ausprobieren bzw. Erforschen anregen sollen. Ziel der Experimente ist es, durch die unmittelbare Betrachtung unserer eigenen Natur herauszufinden, wer wir im Grunde sind. Da die Experimente aufeinander aufbauen, ist insbesondere die Reihenfolge der Experimente zu beachten.

Reihung und Aufbau der Experimente
Um den Einstieg zu erleichtern, beschränken sich die ersten drei Experimente auf die konventionelle, von den Naturwissenschaften geprägte Weltsicht. Im Fokus stehen dabei die Zustände und die Wechselwirkungen zwischen den einzelnen Objekten, Gegenständen bzw. Dingen der Welt und die Interaktionen zwischen uns als bewussten Lebewesen mit diesen Objekten.

Die Experimente 4 und 5 untersuchen zunächst den Vorgang des Denkens, wobei vor allem nach dem denkenden Ich gefahndet wird. Dies mündet schließlich in der Frage, wer oder was unsere Gedanken wahrnimmt bzw. bezeugt. Experiment 6 wendet sich daher dem bezeugenden Bewusstsein zu und klärt die Frage nach der Substanz des „Ich".

Obgleich alle Menschen wissen, dass sie bewusst sind, ist der Umgang mit Bewusstsein äußerst kniffelig und missverständlich. Die Experimente 7 bis 9 erforschen daher grundsätzliche Eigenschaften des Bewusstseins. Dazu gehören seine Fähigkeit zum Selbstgewahrsein, seine Unbegrenztheit und seine alle und alles miteinander verbindende Einheitlichkeit.

Selbst wenn die eigene Natur als Bewusstsein erkannt worden ist, verbleibt meist noch eine Spaltung zwischen dem bezeugenden Bewusstsein und der von ihm bezeugten Welt. Die Experimente 10 bis 12 beschäftigen sich daher mit der Bindung von Wahrgenommenem und Wahrnehmenden bzw. von Welt und Ich und zeigen, dass es auch diese Spaltung nicht gibt.

Mit der Realisation der eigenen Natur stellt sich die Frage, ob sich daraus praktische Konsequenzen für das tägliche Leben ableiten lassen. Die anschließenden Experimente beleuchten daher die existentielle Grundsituation des Menschen. Sie hinterfragen übliche Glaubens- und Handlungsansätze und diskutieren alternative Betrachtungsweisen, die stets auf die direkte Erfahrung verweisen. Da jede Handlung in der Regel in die Zukunft gerichtet ist, beginnt Experiment 13 mit einer grundsätzlichen Untersuchung zum Thema „Zeit". Anschließend werden in Experiment 14 die verschiedenen Vermeidungsstrategien erforscht, die dem zukunftsgerichteten Streben des Menschen zugrunde liegen. In Experiment 15 wird gezeigt, weshalb diese Strategien scheitern müssen.

Die letzten drei Experimente 16 bis 18 hinterfragen die Fehlauffassung von der persönlichen Unvollständigkeit und Mangelhaftigkeit. Sie setzen sich mit der Not auseinander, dass die eingeengte persönliche Weltsicht wider besseren Wissens nicht gänzlich verschwindet. Den Abschluss bilden Betrachtungen zum Thema Verantwortung und Schuld. „Wer ist Ich?", das ist am Ende natürlich auch eine ethische Frage.

Sämtliche Experimente starten mit einer kurzen Einführung in die jeweilige Thematik. Danach folgt das eigentliche Experiment, das sich wiederrum in drei bis vier Einzelexperimente oder Einzelbetrachtungen aufteilt. Die Ergebnisse des Experimentes werden im Anschluss in einer kurzen Schlussfolgerung zusammengefasst. Ein Kapitel „Reflexionen" rundet das Experiment ab, indem es die Bedeutung der Ergebnisse in einen größeren Kontext stellt bzw. Konsequenzen, Einschränkungen und Gegenargumente diskutiert.

Besondere Perspektive der Experimente

Die ersten Experimente beruhen im Wesentlichen auf empirisch nachvollziehbare bzw. davon logisch abgeleitete Zusammenhänge, wie sie in den Naturwissenschaften üblich sind. Dagegen konzentrieren sich die übrigen Experimente auf die Art und Weise, wie die Welt von uns erfahren wird. Diese sogenannten

„Bewusstseinsexperimente" basieren auf der Analyse unserer unmittelbaren Wahrnehmungen. Sie zielen in direkter Weise auf unser Wesen und versuchen die Frage zu beantworten, wer wir im Grunde sind.
Zum besseren Verständnis der speziellen Perspektive der Experimente seien hier noch ein paar kurze Überlegungen zum Thema „Wahrheit" vorangestellt, die allerdings nicht den Anspruch einer erkenntnisphilosophischen Abhandlung erheben. Vereinfacht könnte man den Wahrheitsgehalt von Aussagen in drei Kategorien einteilen. Den schwächsten Wahrheitsgehalt besitzen Aussagen der Kategorie „Eins". Dieser Kategorie werden alle Aussagen zugeordnet, die aufgrund ihrer spezifischen Formulierung niemals bewiesen werden können. Wenn zum Beispiel die Existenz eines Paralleluniversums behauptet wird, welches per Definition mit dem bekannten Universum nicht in Wechselwirkung treten kann, dann lässt sich der Wahrheitsgehalt, so plausibel er vielleicht erscheint, niemals empirisch untersuchen. Hinzurechnen könnte man auch alle zumindest theoretisch nachprüfbaren Behauptungen, deren Überprüfung aber aufgrund des unverhältnismäßig großen Aufwandes wohl niemals stattfinden wird. Bei diesen Behauptungen handelt es sich daher eher um Glaubenssätze als um nachprüfbare Wahrheiten. Ob bei Vollmond gebrautes Bier besonders gesund ist, lässt sich vielleicht tatsächlich untersuchen, bis dahin entbehrt die Behauptung allerdings einer gewissen Überzeugungskraft. Die Kategorie „Zwei" steht für die typischen naturwissenschaftlichen Aussagen, die sich in zahlreichen Experimenten durch verschiedene Menschen an unterschiedlichen Orten „intersubjektiv" als wahr bewiesen haben. Stellt man zum Beispiel fest, dass ein Apfel bei jeder Beobachtung vom Baum nach unten auf den Boden fällt, dann lässt sich daraus eine relativ sichere Gesetzmäßigkeit ableiten. Allerdings ist auch diese Gesetzmäßigkeit nicht absolut wahr. Schließlich kann nicht ausgeschlossen werden, dass irgendwann ein eigenwilliger Apfel das

Gesetz der Schwerkraft ignoriert und stattdessen nach oben in den Himmel steigt. Wissenschaftliche Gesetze haben daher immer nur einen vorläufigen Wahrheitscharakter. Die Wissenschaft lebt davon, dass Hypothesen „falsifiziert" (als falsch erkannt) und Gesetze durch neue, genauere Formulierungen ersetzt werden. Deshalb ist die Kategorie Zwei zwar eine sehr zuverlässige, aber nicht die höchste Wahrheitskategorie.

Es gibt nun aber auch Erkenntnisse, die ohne jede weitere Untersuchung aus der direkten Erfahrung heraus ohne jeden Zweifel als absolut wahr angenommen werden können. Für diese Wahrheiten ist die Kategorie „Drei" reserviert. Die Feststellungen „Ich bin" oder „Ich bin bewusst" stellen solche Aussagen dar. Sie können von jedem Menschen ohne jeden Zweifel bestätigt und niemals widerlegt werden. Der Umkehrschluss „Ich bin *nicht*" ist aus existentiellen Gründen nicht möglich, wie leicht eingesehen werden kann, wenn ich den Satz ausspreche. Obgleich Aussagen der Kategorie Drei die stärksten und tiefsten Wahrheiten erschließen, die wir haben können, werden sie häufig nicht als solche erkannt oder anerkannt. Der Verstand neigt dazu, theoretische Erwägungen und konditionierte Denkmuster über die gesicherten direkten Erfahrungen zu stellen, wodurch es zu einer Verzerrung und Fragmentierung der Weltsicht kommt.

Insbesondere die genannten Bewusstseinsexperimente berufen sich fast ausschließlich auf Wahrheiten der Kategorie Drei, wodurch die dadurch gewonnenen Erkenntnisse tendenziell eine universelle Gültigkeit besitzen. Mehr noch als die Ergebnisse der naturwissenschaftlich begründeten empirischen Experimente dürfen die Ergebnisse der Bewusstseinsexperimente als gesicherte Feststellungen angesehen werden. Die durch die Experimente gewonnenen Einsichten in die Untrennbarkeit von Welt und Ich stellen daher keine Behauptungen oder

Glaubenssätze dar, sie sind auch keine wissenschaftlichen Hypothesen, sondern sie können als Tatsachen behandelt werden, deren Wahrheitsgehalt kaum zu widerlegen ist. Dies sollte bei der persönlichen Reflexion der Konsequenzen immer beachtet werden.

Umgang mit unserem Intellekt

Bei der Auseinandersetzung mit den Inhalten der Experimente und insbesondere zu deren kritischer Reflexion ist unser Verstand mit seinen Fähigkeiten zur Abstraktion und zum Vergleich unerlässlich. Ein scharfer Intellekt hilft uns in vielfältiger Weise. Er besitzt die Fähigkeit, alles in Frage zu stellen, auch und gerade das Altbekannte. Er überschreitet, wenn man ihn lässt, schamlos die Grenzen dessen, was wir emotional als „richtig" und „gut" angelernt bekommen haben. Er ist ein Garant dafür, dass wir uns nicht durch Oberflächlichkeit und Aberglaube täuschen lassen.

Doch der denkende Verstand bringt auch Nachteile mit sich. Er kann sich mit allem beschäftigen, nur nicht mit dem, was gerade im Augenblick tatsächlich stattfindet. Der gegenwärtige Moment lässt sich gedanklich nicht fassen. Warum nicht? Weil ein Gedanke sich immer mit „etwas" auseinandersetzt, etwas in einen neuen, anderen Kontext stellt, sich um etwas bewegt, es hinterfragt, auseinandernimmt, neu zusammensetzt, in Beziehung bringt, seziert, leugnet, puscht, lobt, vergleicht, es also niemals als das nimmt, was es gerade hier und jetzt ist. Der Inhalt eines Gedankens ist nicht denkungsgleich mit der gegenwärtigen Erfahrung, auch wenn er sich darauf bezieht, und auch wenn der Gedanke selbst eine gegenwärtige Erfahrung darstellt. Gedanken sind von Natur aus ein Spiel um das gegenwärtige Sein wie ein Tanz um das Feuer, ein Ersatz, der die Mitte nie trifft und nie treffen will und kann.

Wenn wir wirklich wissen wollen, wer wir sind, müssen wir uns von diesen Gedankeninhalten lösen. Wir müssen genau hinschauen, was wir erfahren, sinnlich erfassen, was gerade ist. Wir dürfen uns nicht täuschen lassen, weder von Vorstellungen und Annahmen, noch von Analysen und Interpretationen. Denn wir wissen alle dass wir sind. Wir müssen also nur hinschauen und sehen, was wir sind. Dazu dienen die folgenden Experimente.

1. Kausalketten

Der einfachste und wohl plausibelste Einstieg in das Thema „Einheit der Welt" führt über die Betrachtung der Naturgesetzlichkeit bzw. Kausalität aller Weltvorgänge. Damit lässt sich die Verbindung allen Seins intellektuell leicht erfassen. Diese Einfachheit hat jedoch auch einen Nachteil. Sie kommt so unspektakulär selbstverständlich daher, dass sie erfahrungsgemäß eher ein müdes Schulterzucken hervorruft. Dennoch birgt die Betrachtung der Ursache-Wirkungs-Beziehungen sehr viel Sprengstoff. Werden ihre Konsequenzen in der Tiefe wirklich erfasst, dann werfen sie viele alltägliche Glaubenssätze über den Haufen. Die folgenden Experimente beschäftigen sich mit diesen Konsequenzen, indem sie scheinbar selbstverständliche Gegebenheiten in ein neues Licht rücken.

Der Zusammenhang von Ursache und Wirkung in drei Schritten
Wenn wir uns im Alltag mit Ursache-Wirkungs-Beziehungen auseinandersetzen, dann stellen wir uns meist einfache funktionale Zusammenhänge vor, wobei ein Ereignis genau mit einem anderen Ereignis verknüpft ist. Werfe ich ein Eurostück in den Automaten, dann erhalte ich einen lauwarmen Kaffee. Tippe ich eine Zahl und drücke die Funktionstaste eines Taschenrechners, dann zeigt das Display einen bestimmten Er-

gebniswert an. In der Schule haben wir alle gelernt, dass sich Naturvorgänge und technische Operationen als schlichte xy-Funktionen ausdrücken lassen. Diese eindimensionale Darstellung von Beziehungen hat sich tief in unsere Denkweise eingebrannt. Sie drückt sich auch in unserer Sprache aus, die grundsätzlich zwischen dem Subjekt, von dem in der Regel eine Handlung ausgeht, dem Prädikat, welches die Art der Handlung beschreibt, und dem Objekt, dem oder mit dem irgendetwas geschieht, unterscheidet. Als Beispiel sei der Satz „Herr Müller lenkt sein Auto in den Straßengraben" angeführt. Das Ursache-Wirkungs-Prinzip ist hier offensichtlich. Aber ist diese losgelöste Betrachtung des Vorgangs vollständig?

Nein, natürlich treten kausale Beziehungen niemals alleine auf, sondern sie bilden Kausalketten, wobei jede Wirkung zugleich die Ursache für ein nächstes Ereignis darstellt. Sie fragen sich zum Beispiel unwillkürlich, weshalb Herr Müller diese unheilvolle Lenkbewegung ausgeführt hat, oder? Was könnte wohl der Grund gewesen sein? Es fallen Ihnen bestimmt viele Möglichkeiten ein, die wiederrum auf weitere vorgelagerte Gründe verweisen. Kausalketten lassen sich leicht über eine Reihe fallender Dominosteine oder die sich gegenseitig stoßenden Kugeln eines Billardspieles veranschaulichen. Dieser mechanistische Ablauf von Vorgängen ist so naheliegend, dass er seit langer Zeit das Weltbild vieler Menschen prägt. Aber haben wir mit der Betrachtung von Kausalketten tatsächlich eine vollständige Beschreibung kausaler Vorgänge gefunden?

Wieder nein. Betrachten wir zunächst einen aus zahlreichen Spielzeugsteinen errichteten Turm. Wenn das Gebäude sicher steht, dann werden die Lasten der einzelnen Bausteine sicher in den Untergrund abgeführt. Dabei wird jedes Teil des Gebildes in ganz spezifischer Weise belastet, durch jedes Teil leitet sich also eine ganz bestimmte Kraft. Was passiert jetzt, wenn Sie aus dem Spielzeugturm einen Baustein entfernen? Logisch, je nach Bedeutung des entfernten Teilstückes in der Gesamtstatik bricht das Gebilde zusammen oder es bleibt stehen.

Nehmen wir an, der Turm fällt nicht zusammen. Hat sich in diesem Fall durch Ihren Eingriff an der Statik etwas verändert? Oder blieb Ihr Eingriff ohne Auswirkung? Man braucht keine besondere Kenntnis in Statik, um zu erkennen, dass sich durch die Entfernung eines Bauteiles der Kräfteverlauf in der Gesamtkonstruktion entscheidend verändert hat. Die Kräfte, die durch die einzelnen Steine führen, haben sich beträchtlich verschoben. Das wird an der veränderten Neigung der Teile oder an neuen aufklaffenden Fugen erkennbar. Eine kleine Veränderung an einer Stelle hat also nicht nur zu einer Verkettung einzelner Ursache-Wirkungs-Abläufe geführt, sondern sie hat in letzter Konsequenz die Gesamtsituation der gesamten Turmkonstruktion neu geordnet.

Betrachten wir noch eine andere Situation: Eine Person auf einem sich drehenden Karussell muss sich erfahrungsgemäß festhalten, damit sie nicht vom Karussell herunterfällt. Als außenstehende Beobachter ist uns klar, warum das so ist: Die Trägheit der Person wirkt der Drehbewegung entgegen, was sich in einer Fliehkraft nach außen äußert. Aus Sicht der Person ist die Situation aber weit weniger klar. Für die Person auf dem Karussell steht das Karussell still und die Welt dreht sich um sie herum. Was aber zieht die Person aus ihrer Sicht dann nach außen? Da physikalische Gesetze immer unabhängig vom Standpunkt des Betrachters ihre Gültigkeit haben, muss sich die Kraft zwingend auch aus Sicht der Person begründen lassen. Aber wie soll das gehen? Haben Sie eine Idee?
Wenn Sie nicht sofort auf die Lösung kommen, dann seien Sie beruhigt. Die besten Physiker inklusive Newton haben jahrhundertelang an dem Rätsel geknobelt. Dabei verhält es sich ei-

gentlich ganz einfach: Die Umgebung des Karussells (inklusive aller Zuschauer, Pommesbuden, Sterne und Galaxien, die sich aus Sicht der Person auf dem Karussell um einen Zenit drehen) übt auf die Person eine Massenanziehung aus, die genau der Fliehkraft entspricht. Oder anders ausgedrückt: Die Fliehkraft erklärt sich durch das Zusammenwirken des gesamten Universums.[20] Durch die Drehung des Karussells verändert sich permanent die Architektur der ganzen Welt, was sich in einer kontinuierlichen Kräfteverschiebung ausdrückt.

Beide Beispiele, Spielzeugturm und Karussell, sollen verdeutlichen, dass es physikalisch betrachtet nirgendwo losgelöste Ursache-Wirkungs-Ketten gibt. Stattdessen hängt zumindest materiell gesehen alles mit allem zusammen, alles Geschehen ist in einem gemeinsamen Hintergrund eingeflochten. Jedes kleinste Ereignis hat, wenn auch vielleicht unmerklich, eine Verschiebung der Gesamtarchitektur der Weltkonstellation zur Folge.

Der Schmetterling und der Tornado

Wie gesagt neigen wir dazu Ursache-Wirkungs-Beziehung wie fallende Dominosteine als einfache mechanische Kette von Einzelereignissen aufzufassen. Werden nun zwei Ereignisse gegenübergestellt, die auf den ersten Blick keine derartige Verknüpfung zulassen, dann halten wir beide Ereignisse für unabhängig und getrennt. Wir sagen dann, das eine hat mit dem anderen nichts zu tun, womit ein Trennungsriss durch unsere Weltauffassung geht. Aber gibt es eine solche Trennung tatsächlich? Kann es das geben, dass eine Sache nichts mit der anderen zu tun hat?

Betrachten wir zunächst eine berühmte Frage: „Kann der Flügelschlag eines Schmetterlings in Brasilien einen Tornado in Texas auslösen?" Mit dieser außergewöhnlichen Kombination von Ereignissen versuchte der Meteorologe Edward Lorenz 1972 zu veranschaulichen, dass bestimmte physikalische Systeme, in diesem Fall das Wetter, sehr empfindlich gegenüber winzigen Veränderungen sein können. Hier kann es im Einzelfall einen direkten Zusammenhang geben. Aber ist ein solcher direkter Zusammenhang Flügelschlag – Tornado wahrscheinlich? Was meinen Sie? Wohl eher nicht. Der texanische Wirbelsturm wird eher einem aufdringlichen Gewittertief geschuldet sein, welches vom Atlantik her das amerikanische Festland attackiert, als einem Schmetterling.

Aber wir sollten nicht voreilig urteilen. Das Problem an diesem Beispiel ist, dass wir gemäß unserer Gewohnheit zwei vermeintliche Einzelvorgänge, Flügelschlag und Wirbelsturm, gedanklich in ein Ursache-Wirkungs-Schema pressen wollen, welches offensichtlich so nicht sehr wahrscheinlich ist. Ohne dieses Schema ist nicht gesagt, dass die beiden Vorgänge tatsächlich unabhängig voneinander stattfinden. Wir müssen nur ein wenig Phantasie aufwenden, um uns in einem größeren Bezugsrahmen die Verkettung beider Ereignisse auszumalen.

Das Gewittertief existiert vielleicht nur deswegen, weil das globale Wettergeschehen im Bereich des Nordatlantiks für aufsteigende, in den Tropen für absinkende Luftbewegungen sorgt. In diesen Tropen befindet sich gerade unser armer Schmetterling. Da es seit Wochen nicht mehr geregnet hat, hebt der durstige Falter genau in dem Augenblick ab, als in Texas der Wirbelsturm tobt. Damit ist klar, Flügelschlag und Wirbelsturm sind zwar nicht direkt miteinander verbunden, aber eben nicht unabhängig!

Zur Übung denken Sie sich zwei beliebige Ereignisse aus, die auf den ersten Blick nichts miteinander zu tun haben können (zum Beispiel ein Vulkanausbruch auf Island und das Abbrechen einer Bleistiftspitze auf Ihrem Schreibtisch). Der Phantasie sind hier keinerlei Grenzen gesetzt. Je absurder die Konstellation, desto besser. In einem zweiten Schritt wenden Sie Ihre Phantasie dazu auf, ähnlich der Geschichte mit dem Schmetterling, einen zumindest ansatzweise vernünftigen Zusammenhang zu finden, der die indirekte Abhängigkeit beider Ereignisse in einem größeren Bezugsrahmen erklärt. Sie werden feststellen, dass dies immer möglich ist.

Die Subjekt-Objekt-Bindung in der Wissenschaft

In den vorherigen Experimenten konnte gezeigt werden, dass die Vorgänge in der Welt entgegen dem ersten Eindruck nicht aus getrennten Einzelereignissen zusammengesetzt sind, sondern eine kausale Einheit bilden. Aber selbst wenn wir diesen Zusammenhang verstanden haben, verbleibt dennoch eine fundamentale Trennung, die dem geschlossenen kausalen Netz scheinbar widerspricht. Es handelt sich hierbei um die allgegenwärtige Trennung zwischen der Welt auf der einen Seite und demjenigen, der die Welt mit seinen Sinnen wahrnimmt. Man nennt das auch die Subjekt-Objekt-Trennung. Auf der einen Seite befindet sich das Objekt der Betrachtung, auf der anderen Seite befindet sich der Betrachter, der gegenüber dem Objekt der Betrachtung einen scheinbar unabhängigen Standpunkt einnimmt.

Jedes wissenschaftliche Experiment zeichnet sich zum Beispiel dadurch aus, dass der Wissenschaftler durch seine Anwesenheit das Messergebnis nicht beeinflussen darf. Es muss eine klare Trennung gegeben sein zwischen der messenden Person, dem Subjekt, und dem Messgegenstand, dem Objekt. Diese Voraussetzung erscheint uns zunächst als nichts Besonders, da wir auch im Alltag streng zwischen Subjekt und Objekt unterscheiden und in der Regel den Eindruck haben, dass wir unserer Umwelt gegenüber einen objektiven Standpunkt einnehmen. Wenn wir zum Beispiel eine Blume betrachten, dann werden wir kaum realisieren, dass wir durch unsere Anwesenheit und Beobachtung den Zustand der Blume – wenn auch vielleicht nur geringfügig – mit beeinflussen. Aber genau das ist der Fall, was durch das folgende kleine Experiment verdeutlicht werden soll.

In diesem Experiment verwenden Sie Ihre Hand als Messinstrument. Legen Sie eine Hand flach auf die Tischplatte, die bevorzugt aus Kunststoff oder Holz bestehen sollte, und konzentrieren Sie sich auf das Temperaturempfinden. Versuchen Sie sich den Temperatureindruck unter Ihrer Handfläche zu merken. Lösen Sie dann die Handfläche und greifen um einen metallischen Gegenstand im selben Raum, zum Beispiel um das Tisch- oder Stuhlbein. Fühlen Sie wieder die Temperatur und fragen Sie sich, welcher Gegenstand sich wärmer anfühlt, die Tisch- oder die Metallfläche. Im Zweifelsfall wiederholen Sie die jeweilige Berührung.

Erfahrungsgemäß ist das Ergebnis aber eindeutig. Sie werden die Tischfläche als wärmer, die Metallfläche als kälter einschätzen. Aber ist das Ergebnis plausibel? Warum sollte in ein und demselben Raum die Metallfläche kälter sein als die Tischfläche? Es gibt keinen Grund. Sie können ziemlich sicher sein, dass die Temperatur der Tischfläche und der Metallfläche sehr ähnlich ist. Aber woher kommt dann der sehr unterschiedliche Temperatureindruck? Ist unsere Temperaturwahrnehmung fehlerhaft? Nein, Sie können auch als gegeben annehmen, dass Sie die Temperaturen zumindest prinzipiell richtig einschätzen. Was läuft dann aber falsch? Woher kommt das widersprüchliche Ergebnis? Lassen Sie sich mit der Beantwortung Zeit. Bedenken Sie in Ruhe alle Möglichkeiten. Es wäre von Vorteil, wenn Sie den Knackpunkt selbst herausfinden.

Der Grund für die widersprüchliche Temperaturmessung ist leicht zu verstehen. Durch die Berührung der Tisch- oder Metallfläche mit ihrer relativ dazu wärmeren Hand ändern Sie im Augenblick der Berührung deren Temperatur. Sie messen daher gar nicht die Oberflächentemperatur der jeweiligen Fläche, sondern die Kontakttemperatur, die sich bei der Berührung mit Ihrer Hand erst einstellt. Da Metall Wärme besser leitet als Kunststoff oder Holz, entzieht das Metall der Handfläche mehr Wärme als der Tisch, so dass sich eine entsprechend niedrigere Kontakttemperatur ergibt. Durch die Messung haben Sie selbst die Beschaffenheit der Oberfläche bzw. des Messobjektes verändert. Als Ergebnis erhielten Sie keine objektive Aussage über eine unabhängige Eigenschaft der berührten Fläche, sondern eine Spiegelung Ihrer Interaktion mit der Fläche. Sie bekamen daher keine Information darüber, wie die Temperaturen ohne Sie gewesen wären, sondern nur eine Aussage darüber, wie sie in Wechselwirkungen mit Ihnen als messendem Subjekt in Erscheinung traten.

Das Ergebnis des Experimentes lässt sich verallgemeinern. Eine Messung ohne Beeinflussung des Messgegenstandes durch die Messung ist grundsätzlich nicht möglich. Der Beobachter und sein Messobjekt sind niemals getrennt voneinander vorhanden, sondern beeinflussen sich immer gegenseitig. Weil die dadurch hervorgerufenen Störeffekte im Einzelfall klein gehalten werden können, ist wissenschaftliches Arbeiten zwar grundsätzlich möglich, es unterliegt aber dieser prinzipiellen Einschränkung.

Mit dem folgenden kleinen Spielchen können Sie sich das prinzipielle Dilemma einer jeden Messung nochmal abschließend veranschaulichen: Stellen Sie sich einen Billardtisch vor und Ihre Aufgabe sei es, mit verbundenen Augen mit Hilfe von Queues und weißer Kugel, die genaue Position einer anderen, sagen wir mal der schwarzen Kugel zu bestimmen. Ziel ist es, die Position der schwarzen Kugel so genau zu identifizieren, dass Sie blind danach greifen können. Sie stoßen daher die weiße Kugel so lange in eine beliebige Richtung, bis die schwarze Kugel getroffen wird. Aus Stoßrichtung und Laufzeit können Sie zumindest grob auf die Richtung und Entfernung der schwarzen Kugel schließen.

Das funktioniert vermutlich ganz gut, birgt aber ein Problem. Durch die Kollision wird die schwarze Kugel aus ihrer ursprünglichen Lage abgelenkt und befindet sich nun an einem neuen Ort. Und diesen neuen Ort kennen Sie nicht, denn sie sind ja blind. Sie haben also im Grunde gar nichts erreicht. Auch eine Wiederholung des Spielchens wird Ihnen wenig bringen, da sich die schwarze Kugel stets eine neue unbekannte Position suchen wird.[21]

Im übertragenen Sinne ist das Kugelproblem vergleichbar mit der scheinbar trivialen Frage nach der „eigenen" Farbe eines Spiegels. Wie sieht ein Spiegel aus, wenn er nicht spiegelt? Ein Spiegel nimmt für den Beobachter immer die Farbe des reflektierten Gegenstandes an. Ein Spiegel „an sich" ohne Beeinflussung durch die Umgebung lässt sich nie beobachten, es „gibt" ihn nicht. Entsprechend kann man sagen, dass wir als Beobachter ebenfalls immer in das kausale Netz der Welt eingeflochten sind. Auch wenn wir oft das Gegenteil glauben: Eine Welt ohne uns gibt es nicht.

Schlussfolgerung

Die genaue Betrachtung der Ursache-Wirkungs-Beziehung bzw. der Kausalität führt zu der Erkenntnis, dass jeder Bestandteil und jedes Ereignis auf der Welt mit allen anderen verbunden ist. Nichts geschieht unabhängig vom anderen. Entgegen unserer intuitiven Auffassung enthält die Welt keine Trennungen, sondern sie stellt trotz aller unterschiedenen Erscheinungsformen eine prozesshafte Einheit dar.

Diese Einheit schließt auch den Beobachter ein, der sich üblicherweise für unabhängig von der ihn umgebenden Welt hält. Wir bekommen daher niemals Informationen darüber, wie die Welt ohne uns wäre, sondern nur, wie sie sich in Wechselwirkung mit uns zeigt. Egal wie wir uns drehen und wenden, was wir auch immer unternehmen, wir können nie einen Blick auf die Welt werfen, „so wie sie ist", sondern wir sehen immer nur den Zustand, der sich im kausalen Zusammenspiel mit uns als Beobachter präsentiert. Wir sind also niemals nur Zuschauer, sondern immer Teilnehmer. Einen rein objektiven Standpunkt gibt es demnach nicht.

Reflexion

Der strenge Determinismus[22] besagt, dass jede Wirkung eine Ursache hat, dass nichts unbegründet geschieht. Die Abläufe der Welt folgen Regelmäßigkeiten, die man zumindest theoretisch in Form von Naturgesetzen erfassen kann. In den kausalen Abläufen gibt es an keiner Stelle eine Erstursache, also einen unbegründeten Startpunkt, der selbst nicht verursacht worden ist.

Der Determinismus wird häufig falsch verstanden. Die kausale Kette wird dabei in mechanistischer Weise interpretiert, wobei die Einzelereignisse wie Billardkugeln betrachtet werden, die einen Impuls gezielt an eine andere Kugel weitergeben. Oder man vergleicht das Ursache-Wirkungs-Prinzip mit einer Kette fallender Dominosteine. In beiden Fällen wird übersehen, dass Wechselwirkungen nie isoliert auftreten. Es ist schlichtweg unmöglich, einzelne Systeme oder Ereignisse so abzusondern, dass keinerlei Verbindungen mit der Umgebung auftreten. Statt sich wie in einem Uhrwerk eindimensionale kausale Ketten vorzustellen, wäre es daher besser, von einem Netz aus Abhängigkeiten und Wechselwirkungen auszugehen, in und durch das alles mit allem verbunden ist.

Auch wenn es nicht unserer Intuition entspricht, ist es dennoch so, dass auch das kleinste Ereignis, und sei es das Verschieben des Bleistiftes auf dem Schreibtisch, die Konstellation des gesamten Universums verändert. Physikalisch betrachtet steht jeder Körper, jedes Teilchen über die verschiedenen Grundkräfte, zum Beispiel die Massenanziehung, miteinander in Verbindung. Selbst die in der klassischen Physik als grundsätzlich unabhängige Erscheinungen festzementierten Bezugsgrößen „Raum" und „Zeit" werden spätestens seit Einstein als einheitliches raumzeitliches Phänomen behandelt. Nirgendwo in der Physik sind absolute bzw. voneinander getrennte Zustände auffindbar. Stattdessen ist jeder Zustand nur im Vergleich mit anderen Zuständen definierbar. Die moderne Physik geht seit Einstein von einer Einheit des Universums aus, was sich in der immerwährenden Suche nach der sogenannten Weltformel ausdrückt.

Doch selbst wenn die Verbundenheit sämtlicher Dinge erkannt bzw. anerkannt ist, dann halten viele Menschen die Welt doch häufig immer noch für eine Vielheit von „Einzel"-Dingen, die in Wechselwirkung stehen. Man denkt sich zwar, dass „alles" irgendwie zusammengehört, sieht aber dennoch das einzelne Objekt als ein „Teil des Ganzen" und nicht als „das Ganze". Darin spiegelt sich die klassische mechanistische Betrachtung, welche die Welt als eine aus Einzelrädchen zusammengesetzte riesige Maschine begreift. Bei genauer Betrachtung wird man jedoch nie eine Grenze zwischen einem Rädchen und einem anderen Rädchen finden. Das Netz aus Abhängigkeiten versteht sich somit nicht als ein Geflecht aus Fäden zwischen benennbaren Einzelteilen, sondern es handelt sich vielmehr um eine Art elastisches Kontinuum, das sich freilich schwer vorstellen lässt.

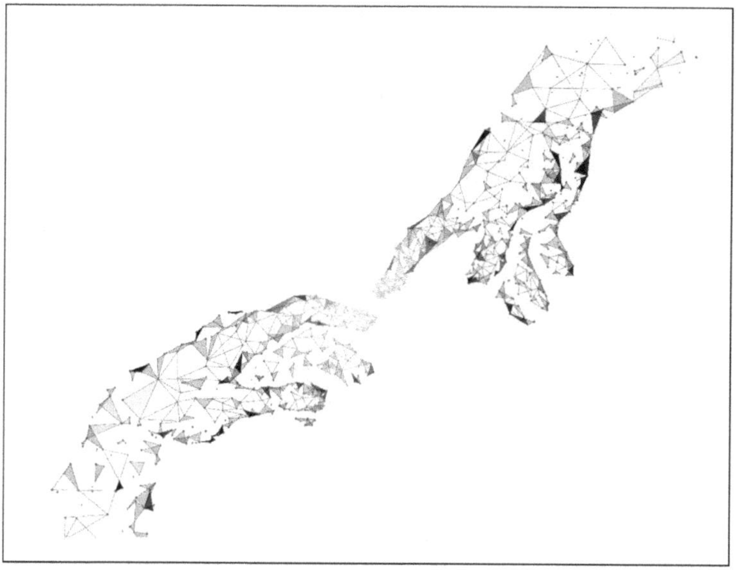

Wenn erkannt wird, dass das Kausalgesetz lediglich ein anderer Ausdruck für den einheitlichen Weltkörper darstellt, dann erübrigt sich auch die Befürchtung, dass mit ihm eine Art Vorbestimmung des persönlichen Schicksals verbunden wäre. Denn wenn alles mit allem verbunden ist, dann bestimmt immer das Ganze, was geschieht, und nicht irgendein Teil oder Ausschnitt davon. Kann aber das „Ganze", was auch immer es ist, vorbestimmt sein? Von was sollte es bestimmt sein, wenn es doch nur das „Ganze" gibt?

Die Überlegungen zum Zusammenhang von Subjekt und Objekt münden zudem in die Frage, ob es eine Welt ohne einen Beobachter tatsächlich gibt. Theoretisch, also in Gedanken, können wir uns eine solche Welt vorstellen. Für uns erscheint es selbstverständlich, dass die Welt auch ohne uns existiert. Wir halten uns für ein relativ unbedeutendes Beiwerk, für ein ganz kleines Rädchen im Getriebe des Seins, auf welches die Welt wohl auch verzichten könnte. Wenn wir zum Beispiel in einer Schule sitzen, dann ist es für uns klar, dass der Unterricht auch ohne uns stattfinden würde, ja dass die Schule auch mit einem Schüler weniger gut auskommen könnte. Und für das Universum (im größeren Maßstab) ist wohl die Existenz der kleinen Erdkugel und der winzigen Wesen darauf kaum von Bedeutung.

Gedanken dieser Art sind Ihnen sicher nicht unbekannt. Aber sie sind falsch! Niemals wird es den besagten Unterricht ohne Sie geben, die Schule hört ohne Sie schlichtweg auf zu existieren und ein Universum ohne Erde ist eine ziemlich dumme Vorstellung, zumal es ja ein Wesen auf der Erdkugel ist, das diesen dummen Gedanken hat. Alles, was passiert, passiert, unwiderruflich, einmalig. Alles, was existiert, ist gültig, vom kleinsten Dreckfussel auf dem Boden bis zur Lagebesprechung im Oval Office. Und nichts geschieht ohne Sie! Es gibt nur diese eine Welt, in der wir uns selbst auch befinden. Eine andere Welt, in der wir nicht vorkommen, ist dagegen eine Fiktion.

2. Die Sprache teilt die Welt

Selbst wenn wir begriffen haben, dass die von uns erfahrene Welt in vielfältiger Weise und in unendlichen gegenseitigen Wechselwirkungen zusammenhängt und dass eine Isolation bzw. Trennung von Phänomenen nicht auftreten kann, so sehen wir diese Welt immer noch aus einzelnen Objekten, Gegenständen und Lebewesen zusammengesetzt, denen eine individuelle Bedeutung zukommt. Auch wenn wir die Vision eines

Gesamtbildes entwickeln, erfahren wir immer noch einzelne Puzzlestücke, aus denen sich das Gesamtbild zusammensetzt. Widerspricht nicht das allgegenwärtige Vorhandensein einzelner Objekte unserer These von der Einheit aller Dinge? Sind ein Baum und ein Tisch tatsächlich eins? Die folgenden Betrachtungen sollen verdeutlichen, dass der Widerspruch auf einer Fehlinterpretation beruht und dass sich auch hinter den vielfältigen Erscheinungen der Welt eine Einheit verbirgt.

Die Welt im Zeitraffer

Sie kennen vermutlich Zeitrafferaufnahmen von Vorgängen, die in der Natur sehr langsam ablaufen und im Film mit großer Geschwindigkeit wiedergegeben werden. Sehr eindrücklich sind zum Beispiel Zeitrafferaufnahmen von Pflanzen, deren zarte Stängel die Erdoberfläche durchbrechen und dann rasch nach oben wachsen. Schnell schieben sich diverse Blätter aus dem Stängel. Dazwischen entwickelt sich eine Blütenknospe, die unmittelbar darauf aufbricht und sich geschwind zu einer Blüte entfaltet. Kaum erstrahlt die Blüte in voller Stärke werden auch schon die äußeren Blütenblätter schlaff, fallen ab und die Blüte löst sich von außen nach innen auf. Schließlich neigt sich der Stängel und wölbt sich in einem immer steiler werdenden Bogen nach unten, bis er abknickt und am Ende flach auf der Erde liegt. Suchen Sie sich einen entsprechenden Film im Internet. Das Angebot ist groß.

Beim Betrachten der Zeitrafferaufnahmen wird einem unmittelbar bewusst, was man im Buddhismus unter „Werden und Vergehen" versteht. Alles scheint einem solchen Werden und Vergehen unterworfen zu sein. Die Blume wächst empor, weitet sich und vergeht. Die Blüte öffnet sich, erstrahlt und löst sich auf. Natürlich dauern die Vorgänge in der Natur viel länger als im Film, was aber nichts an der Tatsache zu ändern scheint.

Und doch ist diese Interpretation des Verstandes falsch. Versuchen Sie zu ergründen, was an dieser Interpretation unpassend sein könnte!

Überlegen Sie: Was ist das, was hier „wird und vergeht"? Sie werden vielleicht antworten: die Blume oder die Blüte. Das stimmt natürlich. Aber was ist eine Blüte? Sie sagen vielleicht: Das ist der Moment, an dem die Knospe sich ganz geöffnet hat, an dem alle Blütenblätter voll entwickelt sind. Das nennt man Blüte, womit Sie natürlich recht haben. Aber ist es nicht so, dass die Blüte lediglich ein Begriff darstellt, der für eine bestimmte Vorstellung steht? Ist der Begriff Blüte nicht einfach nur eine Kategorie des Verstandes, an dem wir jetzt den Zustand des betrachteten Naturvorgangs messen? Nur weil uns die geöffneten Blütenblätter aus welchem Grund auch immer besonders gefallen, halten wir diese für besonders wertvoll und wir versuchen den Zustand als Begriff „Blüte" zu konservieren. Damit machen Sie die Blüte zu einem scheinbar dauerhaften Objekt, dessen unglückliches „Vergehen" tragisch ist und betrauert werden muss.

Wir könnten für jeden beliebigen Zustand im Gesamtvorgang der Entwicklung einen Begriff erfinden und dann den Zustand davor als „werden" und den Zustand danach als „vergehen" bezeichnen. Legen Sie einen beliebigen Zustand fest, zum Beispiel den Moment, kurz bevor die ersten Blätter aus dem Stängel hervortreten, und nennen ihn „zarte Nacktheit". Machen Sie sich dann bewusst, wie mit dem ersten Blätterspross diese zarte Nacktheit verdeckt wird und somit vergeht. Erfinden Sie weitere Begriffe für bestimmte Entwicklungsphasen einer Blüte und wiederholen Sie die Übung. Irgendwann wird Ihnen bewusst werden, dass Sie völlig willkürlich für jeden Zeitpunkt ein „Werden und Vergehen" festlegen können und es sind immer Sie mit ihrem Begriff, der dieses „Werden und Vergehen" verursacht. Das „Werden und Vergehen" ist somit keine Eigenschaft der Blume, wobei auch der Begriff „Blume" eine begriffliche Einschränkung darstellt, sondern Ihrer persönlichen Betrachtungsweise. Ohne Sprache und ohne Begrifflichkeit gibt es nur das, was Sie sehen: Einen natürlichen Vorgang in ständiger Umwandlung, der keinen einzigen bleibenden Moment kennt. Es gibt nur Bewegung, Lebendigkeit, Übergang. Wo es aber keinen bleibenden Moment gibt, wo keine fertige Form entsteht, macht eine Definition von „Werden und Vergehen" schlichtweg keinen Sinn.

Als Kind haben Sie bestimmt irgendwann ein kleines Kaleidoskop besessen. Das ist eine Art Schauglas mit Prisma, das man vor ein Auge hält und das im Licht betrachtet verschiedene Farbmuster erzeugt. Oft befindet sich hinter dem Prisma eine drehbare Glasperle oder Glasscherben, durch die sich das Licht bricht, womit man wechselnde Farbmuster erzeugen kann. Kein Muster gleicht dem anderen. Für diese Muster gibt es keine Namen und Bezeichnungen. Sie befinden sich im ständigen Wandlungsprozess, entfalten sich immerzu neu und fließen ineinander über. Versuchen Sie sich zu erinnern. Haben Sie als Kind beim Betrachten der Muster nicht eine gewisse Faszination empfunden? Jedenfalls haben Sie sicher nicht an „Werden und Vergehen" gedacht und einem Muster nachgetrauert. Wenn Sie im Vergleich dazu nochmal (im Geist) den Zeitrafferfilm betrachten und alle inhaltlichen Bedeutungen dabei ausblenden, dann werden Sie keine Blume mehr sehen, die wächst und verwelkt, sondern Sie werden ein Muster aus Farben und Formen wahrnehmen, das sich streckt, ausbreitet, wölbt und dabei die Erscheinung ändert. Ohne das begriffliche Einfrieren von Zuständen erscheinen alle Naturvorgänge wie die Muster in einem Kaleidoskop.

Eine Nacht am Bahnhof

Die optischen Eindrücke in einem Kaleidoskop könnte man mit den rhythmischen Tonfolgen eines Musikstückes vergleichen. In der Regel dringt bei der Musik kein Einzelton in unser Bewusstsein, sondern wir lauschen dem Zusammenklang. Auch wenn wir einer fremden Sprache zuhören, dann klingt sie für uns wie eine zusammenhängende Melodie, wie eine Abfolge ineinanderfließender Sprachmuster. Erst wenn wir die Sprache verstehen, zerbricht die Harmonie des Zusammenklangs in Fragmente, mit deren Bedeutung wir uns auseinandersetzen.

Folgende kleine Betrachtung kann den Effekt veranschaulichen: Stellen Sie sich vor, Sie nächtigen in einem Bahnhofshotel und hören zwangsläufig die ganze Nacht die Bahnsteigansagen. In Deutschland klingt das vielleicht so: „Achtung an Gleis Eins, der Intercityexpress aus Bremen mit Weiterfahrt nach Köln ..." Sie werden jedes Wort verstehen und Sie werden es nicht verhindern können, obwohl die Ansagen für Sie völlig bedeutungslos sind. So etwas ist sehr störend und kann Ihnen durchaus den Schlaf rauben. Wenn Sie stattdessen im Bahnhofshotel in Schanghai nächtigen, werden Sie das letztere Problem nicht haben. Die Bahnhofsdurchsage wird Ihnen eher wie eine fremdartige Melodie vorkommen, die möglicherweise einschläfernde Wirkung zeigt. Natürlich hat es viele Vorteile, eine fremde Sprache zu verstehen, dazu ist Sprache ja da. Aber ist es nicht auch so, dass mit dem intellektuellen Verstehen der Sprache ein Verlust an ganzheitlichem Verständnis einhergeht?

Von Pferden im Schnee

Setzen wir uns nochmal mit visuellen Mustern auseinander. Sie kennen vermutlich die Suchbilder in Kinderzeitschriften, wo in den Formen der Zweige eines Baumes verschiedene Köpfe versteckt sind, die man dann zählen soll. Hat man einmal die versteckten Köpfe entdeckt, dann kann man in dem Bild kaum noch einen realistischen Baum erkennen, sondern man sieht eine Ansammlung von Köpfen mit Stamm.

Sehr bekannt ist auch das Bild einer dunklen Felslandschaft mit weißen Schneeflecken, in deren Muster sich die dreidimensionale Gestalt verschiedener schwarz-weiß gefleckter Pferde verbirgt. Am Anfang ist es recht schwer, die Pferde zu finden. Hat man allerdings einmal die Pferde aus dem Bild herausgedeutet, dann lässt sich das Bild kaum mehr als verschneite Felslandschaft erkennen. Selbst wenn man das Bild nach langer Zeit wiedersieht, sieht man sofort die Pferde.

Aus der Gehirnforschung ist bekannt, dass das Gehirn große geistige Ressourcen aufwenden muss, um Muster zu erkennen. Es ist daher klar, dass erkannte Muster nicht schnell wieder gelöscht werden, sondern oftmals für immer im Gedächtnis gespeichert werden. Die Suchbilder veranschaulichen diesen Vorgang in nachdrücklicher Weise.

An dieser Stelle können Sie sich nochmals fragen, ob mit der Mustererkennung nicht auch ein Teil des Weltverständnisses verloren geht. Schließlich verschwinden die Gesamteindrücke Baum und Felslandschaft, die ursprünglich als „direkte" Erfahrung der wahrgenommenen Welt vorlagen. Wenn Sie darüber nachdenken, werden Ihnen vielleicht noch andere Situationen einfallen, in denen das intellektuelle Verstehen eines Musters (zum Beispiel auch durch die Lesekompetenz) dessen ganzheitliche Gestalt und Harmonie überdeckt.

Schlussfolgerung

Vordergründig scheint die Welt aus einzelnen abgegrenzten Objekten zu bestehen. Betrachtet man jedoch diese Objekte näher, dann erkennt man, dass diese Abgrenzungen keine Eigenschaft der Welt, sondern eine Folge der Interpretation durch den Verstand sind. Jede begriffliche Kategorie ist ein Ausdruck des Denkens und nicht der erfahrenen Welt. In unserer direkten Erfahrung ohne Einfluss des Denkens erscheint die Welt so, wie sie ist, aus einem fließenden Zusammenspiel von Mustern, die keine statischen Kategorien aufweisen.

Reflexion

Im Wahrnehmungsprozess versucht das Gehirn, die eingehenden Sinnesreize zu filtern, in Einzelaspekte aufzugliedern und Begriffen zuzuordnen. Die Sprache wirkt dabei wie ein Messer. Sie grenzt die Welt in Kategorien ab, wodurch eine Orientierung möglich wird. So zeichnet das analytische Denken, das im Gehirn eng mit dem Sprachzentrum gekoppelt ist, eine Landkarte der Wirklichkeit, die bestimmte markante Formen und Ereignisse hervorhebt. Dabei werden die einzelnen begrifflichen Kategorien in die mentale Karte fest eingebrannt, ein Vorgang, der in der Regel nicht mehr rückgängig gemacht werden kann. Wir sehen in einem Baum immer einen Baum, einen Tisch immer als Tisch, auch wenn sich jeder sogenannte Baum und jeder sogenannte Tisch vom anderen unterscheidet und in einem anderen räumlichen Kontext eingebettet ist.

Mehr noch, durch das Setzen eines Begriffes, durch die Benennung bzw. durch eine Definition wird automatisch auch immer dessen Gegenteil erschaffen. Wir sehen einen Baum immer als Baum, weil wir eine Vorstellung davon haben, was „kein" Baum ist. Etwas wird zu „etwas", weil wir es von etwas anderem abgrenzen. So erschafft der denkende Geist eine Welt aus scheinbaren Gegensätzen und Dualismen, die sich bei näherer Betrachtung stets auflösen. Denn die Grenze, die der Verstand zieht, ist immer eine künstliche, die wie eine Landesgrenze ohne

Zaun in der Realität nicht auffindbar ist. Wo endet ein Baum genau? An der Rinde, an den Blattoberflächen? Demnach wäre ein Baum ohne Rinde oder ohne Blätter kein Baum mehr, eine Schlussfolgerung, die uns zu Recht nicht sinnvoll erscheint.

Diese Einteilung der Welt in und durch Kategorien bzw. die mentale Karte existiert zu dem Zweck, die Welt abzubilden und zu beschreiben. Das ist sinnvoll und gerechtfertigt. Mit der Zergliederung entsteht allerdings der Eindruck einer tatsächlichen Trennung, die zwar auf der mentalen Karte, nicht aber in Wirklichkeit vorhanden ist. Im Wahrnehmungsprozess gehen daher sowohl die Detailaspekte als auch der Gesamtzusammenhang verloren. Das Gehirn ist ein Meister der Abstraktion. Was in intellektueller Hinsicht von Vorteil ist, führt zu einer existentiellen Fehlinterpretation. Der Gewinn an Orientierung geht mit einem Verlust an Ganzheitlichkeit bzw. Vollständigkeit einher.[23]

In gewisser Weise formt unsere Sprache unsere Weltauffassung. Die Sprache verknüpft zum Beispiel Dinge und Handlungen. Wenn wir sagen „Eine Wolke zieht über den Himmel", dann entsteht der Eindruck, dass die Wolke eine entsprechende Handlung ausführt. Die Wolke tut aber nichts. Sie ist nur eine Form oder Gestalt, die sich in ständiger Umwandlung befindet. Unter Berücksichtigung unserer Überlegungen mit Hilfe der Zeitrafferaufnahmen könnte man auch sagen, dass es überhaupt keine Objekte gibt, sondern nur fortlaufende Handlungen oder Bewegungen, ein ständiger Prozess der Veränderung. Entsprechend bestände die Möglichkeit, sämtliche „harten" Substantive aus unserer Sprache zu verbannen und stattdessen nur noch Verben bzw. substantivierte Verben zu verwenden. „Ein weiß Auftürmendes zieht über das blau Leuchtende." Eine solche Sprache wäre sehr viel anschaulicher und poetischer und man würde manche Doppelung wie in dem Satz „Ein Blitz zuckt" vermeiden. Es soll Indianerstämme geben, die eine derartige Sprache praktizieren.

Ohne Substantive wird die Sprache lebendig. Es wird deutlich, dass die Welt „Lebendigkeit" ist. Durch Substantive und Objekte dagegen wird die Sprache statisch und leblos.

3. Es gibt keine Dualität

Die Welt zerfällt in Relationen und Unterschiede. Nichts existiert ohne sein Gegenteil oder zumindest ohne einen Kontrast, von dem es sich abhebt: groß/klein, hell/dunkel, warm/kalt. Unser Werte- und Bewertungssystem ist voller Dualismen: gut/schlecht, mein/dein, schön/hässlich. Zeugen all diese Differenzen und Vergleiche nicht von einer fundamentalen Trennung in der Welt? Wie kann etwas zusammengehören, das sich bis ins Extreme voneinander entfernt? Ist die Zweiteilung, die Dualität allen Seins nicht eine unumstößliche Tatsache? So scheint es tatsächlich zu sein. Kaum etwas führt uns die Zerrissenheit der Welt mehr vor Augen als die allgegenwärtige Verschiedenheit der Dinge. Und doch ist die Dualität allen Seins eine Täuschung. Das soll im Folgenden gezeigt werden.

Die Rubin'sche Vase
Sie kennen vermutlich die zweifarbige grafische Darstellung der sogenannten Rubin'schen Vase. Was sehen Sie auf diesem Bild? Je nachdem auf was Sie schauen, erkennen Sie entweder eine barocke Vase mit ausladender Öffnung oder Sie sehen mit invertierter Farbe zwei Gesichter, die sich gegenseitig anstarren. Die Konturlinie einer Vasenseite ist gleichzeitig die Konturlinie eines Gesichts. Haben Sie beide Betrachtungsweisen einmal entdeckt, dann können Sie gedanklich zwischen beiden Interpretationen hin und her wechseln. Es gibt sozusagen zwei gleichwertige Lösungen für ein und dieselbe Sehaufgabe.

Sie können aber niemals beides, Vase und Gesichter, gleichzeitig erkennen. Wenn Sie den Vorgang ihrer Wahrnehmung des Bildes genau beobachten, dann bemerken Sie, wie jeweils ein Aspekt, Vase oder Gesichter, in den Vordergrund springt. Der jeweils beachtete Aspekt scheint sich merklich aus der Bildfläche hervorzuheben und physikalisch vom Hintergrund abzulösen. Versuchen Sie den optischen Effekt dieser Hervorhebung nachzuvollziehen!

Sie können den Effekt noch verstärken, wenn Sie die schwarz-weiße Abbildung der Rubin'schen Vase in eine größere weiße oder schwarze Fläche einbetten. Wenn zum Beispiel die schwarze Vase auf einem großen weißen Papier abgebildet ist, dann lässt sich die schwarze Vase leichter erkennen als die Gesichter. Wenn das Papier im Hintergrund schwarz gefärbt ist wie die Vase, dann heben sich die beiden weißen Gesichtshälften leichter hervor. Aber wie ist dieser Effekt zu verstehen? Wie kommt es zu dieser Verstärkung des vordergründigen Bildes?

Üblicherweise wird in einem Bild der Vordergrund mehr beachtet als der Hintergrund. Dadurch wird der schon oben bemerkte Effekt, dass sich der Vordergrund vom Hintergrund zu lösen scheint, noch vergrößert. Im Alltag nehmen wir daher Objekte in der Regel relativ unabhängig von ihrer Umgebung wahr. Wir erkennen einen Baum als Baum unabhängig davon, ob er auf einer Wiese oder in einem Garten steht. Wir erkennen eine Vase als Vase, gleichgültig ob sie sich in einem Zimmer oder auf der Terrasse befindet. Aber sind die Gestalt des Baumes oder die Form der Vase tatsächlich von ihrer Umgebung getrennt?

Natürlich nicht. Am Bild der Rubin'schen Vase lässt sich zwar der Effekt der Isolierung des Vordergrundes gut studieren, aber es lässt sich genauso gut erkennen, dass der Vordergrund selbstverständlich ohne den Hintergrund nicht existieren kann. Fragen Sie sich, wie die Vase wohl ohne kontrastierenden Hintergrund aussehen würde. Die Frage lässt sich ganz offensichtlich nicht beantworten.

Auch wenn es oft übersehen wird, ein Objekt ist nur aus dem Kontrast heraus wahrnehmbar. Vordergrund und Hintergrund treten nie getrennt auf, sondern sie bilden immer eine Vordergrund-Hintergrund-Relation. Zwischen Vorder- und Hintergrund existiert zwar eine optische Grenze, aber diese Grenze kann auch als Verbindung aufgefasst werden. Wir erfahren immer ein nahtloses Ganzes, auch wenn dieses Ganze aus Kontrasten besteht.

Die Figur-Hintergrund-Relation

Für das eben Gesagte lassen sich viele Beispiele finden. Einige davon sollen in der folgenden Betrachtung näher untersucht werden. Fragen Sie sich jeweils, ob das beschriebene Objekt ohne seinen unmittelbaren Kontrast, seinen Hintergrund bzw. seine Umgebung existieren kann.

- Ein farbiger Punkt auf einer andersfarbigen Leinwand.
- Eine unendlich große einfarbige Leinwand mit einem andersfarbigen Punkt.
- Materieteilchen und der geometrische Raum darum herum.
- Ein mehrdimensionaler Raum und die enthaltenen Materieteilchen.
- Die Buchstaben eines Textes auf einem Papier.
- Ein Berg nebst einem Tal bzw. ein Tal nebst einem Berg.
- Ein bewegter Körper und ein relativ dazu ruhender Hintergrund.
- Eine sich fortbewegende Amöbe im Wasser.
- Ein Mensch und seine Umwelt.

Je komplexer und vielfältiger die betrachteten Objekte, desto schwieriger ist es, die gegenseitigen Abhängigkeiten und Verbindungen zu erkennen. Besonders bei Lebewesen sehen wir die Körperoberfläche bzw. die Haut als eine klare Begrenzung an. Aber auch die Haut kann man als eine Verbindung auffassen. Ohne die vielfältigen Wechselwirkungen der Haut mit der Umgebung ist kein Organismus überlebensfähig. Auch ein Organismus stellt einen Prozess dar, der sich nur durch seine Umgebung vollständig verstehen lässt. Organismus und Umgebung bilden ein sogenanntes Organismus-Umgebungs-Feld, wobei die Umgebung nach außen hin nicht begrenzt ist.

Unsere Umwelt besteht aus lauter Kontrasten und Relationen. Gerade die Relativität von Erscheinungsformen scheint diesen eine Eigenständigkeit zukommen zu lassen. Aber ist das wirklich so? Können Relationen bzw. Relativitäten getrennt voneinander auftreten? Kann ein Berg getrennt von einem Tal existieren? Ist eine Bewegung ohne Hintergrund sicht- und definierbar? Denken Sie zum Beispiel an die Raumkapsel in der Schwärze des Alls. Oder hängt nicht eben doch alles zusammen?

Ein beliebter Einwand gegen die Überlegung besteht darin, dass ein und dieselbe Sache nicht das eine und gleichzeitig dessen Gegenteil sein kann. Wenn etwas klein ist, dann kann es nicht gleichzeitig groß sein. Wenn etwas rot ist, kann es nicht gleichzeitig blau sein. Ihnen fallen bestimmt weitere Eigenschaften einer Sache oder einer Person ein, die auf den ersten Blick eine eindeutige Abgrenzung bedeuten. Machen Sie sich dann jeweils klar, dass die genannten Eigenschaften kein absolutes Attribut einer Sache oder einer Person darstellen, sondern immer nur im Vergleich einen Sinn machen. Je nach Kontrast kann etwas groß oder klein erscheinen. Auch Farben erscheinen uns nur im Zusammenspiel mit der Farbe der Umgebung in einem bestimmten Ton. Es existieren interessante Bildkollagen, die die Relativität des Farbempfindens bzw. die optischen Täuschungen in diesem Zusammenhang mehr als verdeutlichen.

Tagtäglich erleben wir eine große Vielfalt von Erscheinungsformen. Aber bezeugt die Vielfalt tatsächlich eine Trennung oder ist nicht vielmehr das Gegenteil der Fall? Bedenken Sie: Wenn Gegensätze bzw. Verschiedenheiten sich einander bedingen, dann sind Eigenständigkeit und Isolation nicht möglich. Wir verwechseln also Gegensätze und Verschiedenheiten mit Trennung. Gegensätze und Verschiedenheiten sind reale Erfahrungen, echte Trennung ist eine Illusion des Verstandes.

Dualistische Paarbildungen

Wird Gegensätzliches nicht als zusammenhängendes Wechselspiel erkannt, dann werden daraus Dualismen, die sich scheinbar bekämpfen. Unser Leben wird von solchen Dualismen bzw. Polaritäten bestimmt. Einige davon sollen im Folgenden näher betrachtet werden. Fragen Sie sich jeweils, ob ein Pol der beschriebenen Dualität ohne seinen gegnerischen Pol existieren kann. Fragen Sie sich, was passieren würde, wenn einer der beiden Pole gegen den anderen endgültig obsiegen würde. Kann es einen solchen endgültigen Sieger geben?

- Gut und Böse
- Ingroup und Outgroup
- Sieger und Verlierer
- Glück und Unglück
- Leben und Tod

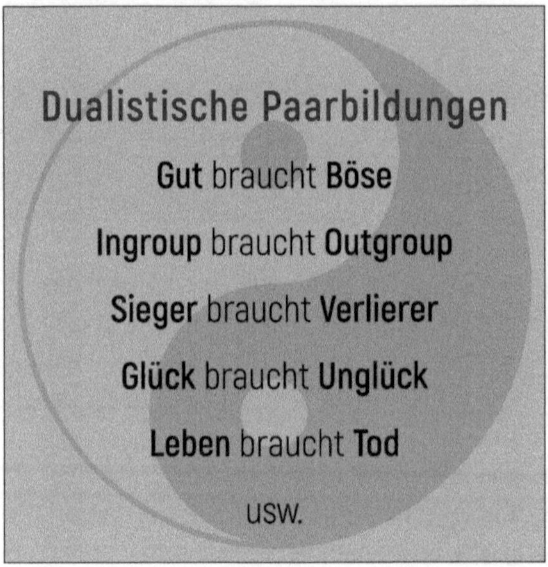

Vom Geschmack einer einheitlichen Welt
Auch wenn wir begriffen haben, dass die Welt eine Einheit darstellt, kann es uns im Alltag doch große Schwierigkeiten bereiten, diese als solche zu erkennen. Es gibt jedoch Wahrnehmungs-Experimente, die einen Geschmack dieser Einheitlichkeit vermitteln. Ein solches Experiment soll am Schluss noch kurz aufgezeigt werden.

Schauen Sie sich um und suchen Sie eine Blickrichtung, in der Sie möglichst bunte Objekte erblicken. Das können zum Beispiel die farbigen Buchrücken auf einem Bücherregal sein. Halten Sie dann die Blickrichtung entspannt bei und konzentrieren Sie sich zunächst auf alle roten Objekte in ihrer Blickrichtung. Die Form der Objekte ist dabei völlig beliebig. Achten Sie zunächst auf die einzelnen Rottöne, indem Sie diese in den Vergleich setzen. Welches Rot gefällt Ihnen am besten? Gibt es zwei Rottöne, die Sie nicht auseinanderhalten können? Welches Rot strahlt am meisten heraus?

Suchen Sie nach weiteren roten Farbflecken, die Sie zunächst übersehen haben. Nach einiger Zeit versuchen Sie, sämtliche roten Flächen in dem Blickfeld gemeinsam wahrzunehmen. Halten Sie die Konzentration so lange, bis Sie feststellen, dass sich der gegenständliche Bildeindruck tendenziell in Farbflächen auflöst, wobei natürlich die roten Flächen hervorgehoben sind. Das visuelle Bild erinnert dann entfernt an ein impressionistisches Gemälde, wobei die Objekte ihre dinghafte Bedeutung verlieren und sich in einen ineinander verwobenen Farbteppich verwandeln. Es eröffnet sich ein einheitliches Bild der Welt aus farblichen Mustern, in denen es zwar Kontraste, aber keine echten Trennungen und Abgrenzungen gibt.

Das Experiment lässt sich selbstverständlich mit allen Farben ausführen. Statt Farben können auch geometrische Figuren wie Quadrate, Dreiecke, Kreise etc. betrachtet werden, was ein an den Kubismus erinnerndes abstraktes Formenmuster hervorrufen kann. Sehr eindrücklich ist es auch, wenn Sie sich im Freien anstatt auf Farben und Formen auf die (kleinsten) Bewegungen und Vibrationen in der Umgebung konzentrieren. Als Ergebnis erhält man einen dynamischen Welteindruck, der die Unstetigkeit und die ständigen Wandlungen vor Augen führt. Ähnliche Experimente sind natürlich auch mit den anderen

Sinneswahrnehmungen wie Hören und Tasten möglich. Wichtig ist jeweils eine meditative Ruhe. Die Betrachtungen erfordern daher Zeit und Gelassenheit.

Durch die Betrachtungen lässt sich der Eindruck der Welt als loses Stückwerk von isolierten Einzelteilen zurückdrängen, wodurch die Verbindung der Einzelteile in den Vordergrund rückt. Kurzzeitig kann also der „Geschmack" einer einheitlichen Welt aufscheinen. Dabei geht es nicht um eine dauerhafte Wahrnehmungsverschiebung. Das analytische und intellektuelle Weltverständnis soll nicht angegriffen werden. Stattdessen kann durch die Betrachtungen eine tiefe Ahnung aufkeimen, was mit einer einheitlichen Welt tatsächlich gemeint ist.

Schlussfolgerung

In der direkten Wahrnehmung gibt es zwar Kontraste und Verschiedenheiten, aber keine Trennungen. Die Vielfalt bezeugt nicht die Trennung, sondern die Einheit. Die scheinbar getrennten Dualitäten der Welt sind eine Täuschung. Sie entstehen erst durch die gedankliche Interpretation der Kontraste als unabhängige Einzelerscheinungen.

Reflexion

Wie bereits festgestellt, besteht die wahrgenommene Welt aus Kontrasten und Verschiedenheiten. Dies ist zwangsläufig so. Eine Welt ohne Kontraste wäre nicht wahrnehmbar. Dies lässt sich an einem einfachen Beispiel verdeutlichen: Wenn Sie aus einer kühlen Umgebung in eine Badewanne mit warmen Wasser steigen, dann überkommt Sie zunächst ein wohliges Gefühl. Aus dem Kontrast heraus empfinden Sie das Wasser als angenehm warm. Nach einiger Zeit aber lässt die warme Empfindung nach. Sie haben sich dann an die Temperatur des

Wassers gewöhnt. Um noch einmal in den Genuss des wohligen Wärmegefühls zu kommen, müssen Sie heißes Wasser nachfüllen, an das Sie sich abermals nach wenigen Minuten gewöhnen. Sie können diesen Vorgang nun so lange wiederholen, bis die Temperatur des Wassers gesundheitsschädlich wird. Manchmal wird behauptet, dass man einen Hummer kochen kann, ohne dass er es merkt, wenn man die Temperatur im Topf nur langsam genug erhöht. Auch wenn das wohl nur ein Gerücht ist, suggeriert es doch den gleichen Effekt.

Es ist daher zunächst völlig in Ordnung, dass die Welt aus Gegensätzen besteht. Wie gesagt, es ist gar keine andere Welt denkbar. Problematisch wird es dann, wenn man sich mit einem Pol der Gegensätze identifiziert. Wenn Sie sich zum Beispiel für einen Ausdruck des „Guten" halten und das „Böse" bekämpfen, dann werden Sie als Sieger Ihre herausragende Stellung als das „Gute" verlieren. Denn ohne Böses sind Sie auch nicht mehr „gut". Das musste die Weltmacht USA erfahren, als ihr in den 90er Jahren der Feind UDSSR abhandenkam. Doch fand sich ja mit dem „internationalen Terrorismus" sehr schnell ein Ersatz.

Jede Ingroup definiert sich über die Outgroup. Nur durch die Outgroup erhält die Ingroup ihre Existenzberechtigung. Jeder Fanclub einer Fußballmannschaft definiert sich über die Rivalität zum gegnerischen Block. Würde eine Fußballmannschaft dauerhaft siegen und würden die Gegner reihenweise wegfallen, dann wäre das Spiel zu Ende und der Fanclub würde die Daseinsberechtigung verlieren. Und so ist es mit allen Dingen. Es gibt unendlich viele Bücher zum Thema „Glück". In kaum einem dieser Bücher steht, dass es Glück als mentalen Zustand, als „erreichbares Lebensobjekt" nur im Kontrast zu Unglück geben kann. Das ewige Paradies bestehend aus den Segnungen, die unsere Welt zu bieten hat, ist eine Qual aufgrund seiner Limitierung.

Und was ist mit Leben und Tod, dem ultimativen Gegensatz, dem Hardcore-Dualismus, dem sich alles andere unterordnet? Gibt es den Gegensatz tatsächlich? Mit der Definition „Leben" haben wir zwangsläufig auch den Tod erschaffen. Der Begriff „Leben" macht keinen Sinn, ohne dass wir eine Vorstellung davon haben, was „kein Leben" sein soll. Aber was ist Leben genau? Kann man eine Grenze zwischen Leben und Nicht-Leben finden? Sind ein Pilz, eine Pflanze, ein Einzeller Leben? Wann wird aus einem Zellhaufen im Mutterleib Leben? Wann stirbt das Leben? Welche Prozesse müssen enden, damit ein Organismus tot ist?

Die materielle Substanz eines menschlichen Körpers tauscht sich in bestimmten Zeitabständen vollständig aus. Stirbt dazwischen der Mensch und wird dann neugeboren? Oder bilden unsere Erinnerungen ein Kontinuum, das das persönliche Leben begleitet? Wohl kaum. Wir können uns nicht einmal an unsere Gedanken von vor drei Minuten richtig erinnern. Unsere Gedanken sind noch flüchtiger als die unzuverlässige Substanz unseres Körpers. Was also ist Leben? Das ist ein unlösbares Rätsel, das wir durch unsere Definition selbst erschaffen haben. Mehr noch, durch unsere Identifikation mit einem der dualistischen Pole. Durch unsere Identifikation mit dem Pol „Leben" haben wir uns selbst sterblich gemacht, haben wir Trennung erschaffen, haben wir uns selbst in Gedanken losgelöst von unserem Heil, von der „Heiligkeit" und Ganzheit unseres Seins.

Der Buddhismus lehrt, dass Leid entsteht, wenn man sich mit einem der dualistischen Pole im Leben identifiziert. Da die Pole zwangsläufig wechseln, werden wir immer irgendwann das verlieren, mit dem wir uns identifizieren. Die Folge sind Traurigkeit und Leid.

In der taoistischen Philosophie existiert das Symbol Yin und Yang. Eine weiße Fläche wölbt sich in immer stärkerem Ausmaß über eine schwarze Fläche, bevor sie in sich zusammenbricht und der schwarzen Fläche den Anfang bietet, die sich dann ihrerseits unter die weiße Fläche ausbreitet, bis sie durch deren Anfang aufgehalten wird. Weiß und schwarz, die größtmöglichen farblichen Gegensätze, können nur zusammen existieren. Mal scheint das eine gegenüber dem anderen zu überwiegen, doch damit ist schon das Ende dieser Vorherrschaft eingeleitet. Die Waagschale wippt zur anderen Seite. Alles geht vorüber: Glück und Leid, Hoffnung und Verzweiflung, Sieg und Niederlage. Nur die Unbeständigkeit ist beständig, da es Beständigkeit nicht gibt. Beständigkeit in den Dingen, Objekten und Zuständen der Welt ist eine Illusion des Verstandes (siehe Experiment 2). Indem wir aber erkennen, dass das Spiel der Gegensätze lediglich ein Ausdruck eines untrennbaren Ganzen darstellt, erahnen wir seinen Tanz, seine Lebendigkeit, seine Phantasie, und wir begreifen, dass es niemals anders sein kann als so.

Bedeutet diese Unbeständigkeit aber nicht auch, dass es kein dauerhaftes absolutes Glück geben kann? Das ist ein Irrtum. Absolutes Glück ist nichts, was man erreichen oder herbeiführen könnte. Alles Erreichbare ist unbeständig und daher niemals absolut. Wenn es also absolutes Glück gibt, dann muss es schon da sein. Vielleicht haben wir es nur noch nicht entdeckt? In Experiment 6 werden wir nach dem Beständigen suchen, das uns trotz all der erfahrenen Unbeständigkeit ständig begleitet. Wir werden sehen, dass es das gibt. Mehr noch, wir werden es erkennen als unser eigenes Selbst. Wir sind selbst die Beständigkeit im Unbeständigen. Wir sind selbst das Glück, nach dem wir suchen.

4. Der unendliche Regress des Denkers

Gemäß einer einfachen und weit verbreiteten Auffassung beinhaltet das „Ich" sowohl den Körper als auch den denkenden Geist des Menschen. Der Mensch definiert sich also über seinen Leib und seine psychische Verfassung inklusive seiner Fähigkeit, die Welt um sich herum bewusst wahrzunehmen. Häufig wird jedoch auch noch zwischen Geist und Körper bzw. Leib und Seele unterschieden, wobei das „Ich" nur dem geistigen Anteil zugeschrieben wird. Diese Anschauung hat in der abendländischen Philosophie eine lange Tradition und wurde im 17. Jahrhundert von René Descartes mit seinem berühmten Satz „cogito ergo sum" (Ich denke, also bin ich) auf den Punkt gebracht.

Die Identifizierung der Menschen mit ihrem Denken ist extrem stark. Für viele von uns manifestiert sich das „Ich" im Denken. Es gibt mich als getrenntes Ich, weil ich feststelle, dass ich denke. Selbst wenn die äußeren Zwänge durchschaut werden, denen ein Mensch im Leben ständig unterworfen ist, dann bleibt doch scheinbar die Freiheit des Denkens. Was aber sind eigentlich Gedanken?

Gedanken und Gefühle bzw. Emotionen stellen ein „inneres" Erleben dar und sind uns sehr nah. Sie sind persönlich, da sie nur von uns selbst wahrgenommen werden können. Gedanken bestehen in der Regel aus Worten, Tönen und Bildern. Sie ähneln den mit den Sinnen wahrgenommenen Objekten, sind also eine geistige Spiegelung der Welt, wobei die Gedankenformen den Wahrnehmungsformen der Sinne entsprechen. Emotionen sind im Grunde eine Kombination aus Körperempfindungen in der Sinnesmodalität „Spüren" und Gedanken. Sie sind unmittelbarer und mächtiger als reine Gedanken und scheinen den ganzen Körper auszufüllen.

In den folgenden Experimenten wird dem Denken nachgespürt, wobei es im Wesentlichen auch um die Frage geht, ob sich das „Ich" tatsächlich als „der Denker in uns" definieren lässt oder ob wir uns dadurch nicht voreilig einschränken.

Der Klang der inneren Stimme

Eine besonders ausgeprägte Gedankenform stellt unsere sogenannte „innere Stimme" dar. Sie begleitet uns als ständiger Kommentator, bereitet unsere gesprochenen Sätze vor, reflektiert unsere Worte, mault, lobt, provoziert, ermahnt, was auch immer, und ist selten still. Die innere Stimme ist wohl eine spezifisch menschliche Erscheinung, da sie nur in Kombination mit Sprache auftreten kann. Tiere besitzen vermutlich keine ausgeprägte innere Stimme. In diesem Experiment wollen wir die innere Stimme beobachten.

Konzentrieren Sie sich auf Ihre innere Stimme. Fragen Sie sich zunächst, wie diese innere Stimme für Sie klingt. Wie hört sich diese Stimme an? Versuchen Sie nacheinander folgende Fragen zu beantworten:

- Wer spricht da? Ist das Ihre Sprechstimme oder die von jemand anderem?
- Klingt die Stimme schnell oder langsam, hoch oder tief?
- Wie laut spricht die Stimme? Ändert sich die Lautstärke?
- Wie weit ist die Stimme entfernt?
- Wo befindet sich die Stimme? Im Kopf, Mund, Hals, Nacken, Brust oder außerhalb des Körpers?
- Klingt die Stimme gereizt, freundlich, angespannt oder ruhig?

Die Antworten fallen sicher unterschiedlich aus. Es geht darum, sich der inneren Stimme bewusst zu werden und sich klarzumachen, dass es ein Bezeugen dieser inneren Stimme gibt.

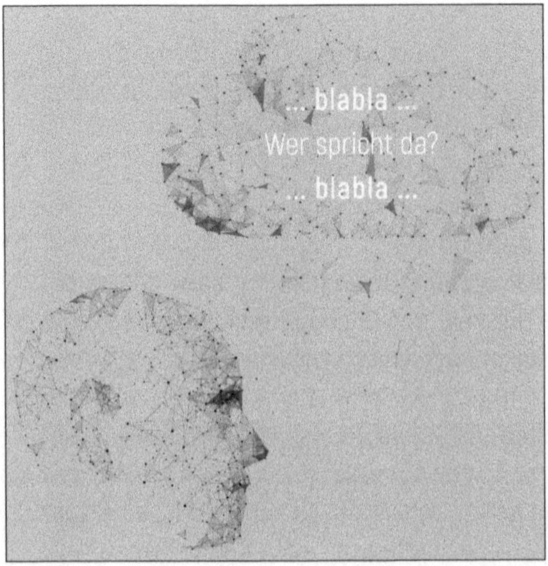

Wenn Sie Schwierigkeiten damit haben, die innere Stimme zu beobachten, dann versuchen Sie doch mal, in Gedanken zu schreien, zu flüstern oder unbekümmert vor sich hin zu singen. Erfahrungsgemäß lässt sich dadurch die innere Stimme als Gedankenprodukt sehr leicht erleben.

Sie hören die Gedanken in ähnlicher Weise, wie Sie auch reale Geräusche, Stimmen oder Musik hören. Dasselbe gilt natürlich auch für geistige Bilder, visuelle Vorstellungen, die Sie entsprechend realen Bildern im Geist „sehen". Wer hört oder sieht die Gedanken? Natürlich Sie. Sie „sind" also dieses Bezeugen der Gedanken. Aber sind Sie auch der Erzeuger bzw. die Erzeugerin dieser Gedanken? Damit beschäftigt sich das folgende Experiment.

Den Denker finden

In diesem Experiment versuchen wir den Erzeuger der Gedanken zu finden. Beobachten Sie hierzu die Gedankenketten, die in Ihrem Geist erscheinen. Vielleicht sagen Sie sich gerade „Diese Übung ist langweilig", gefolgt von „Ich koche mir besser einen Kaffee" oder stattdessen „Ich gehe besser in die Kneipe". Zwischen Gedanken 1 „Diese Übung ist langweilig" und dem nächsten Gedanken 2 müsste es jemanden geben, der zwischen den beiden Möglichkeiten für Gedanken 2 (Kaffee oder Kneipe) auswählt. Können Sie diesen jemand finden? Versuchen Sie in den Gedankenketten denjenigen zu entdecken, der die Gedanken vorbereitet, der entscheidet, was als Nächstes gedacht wird. Verfolgen Sie Ihre Gedanken entsprechend zurück. Mit etwas Konzentration ist das möglich. Finden Sie in den Lücken zwischen den Gedanken den Entscheider der Gedanken?

Vermutlich werden Sie ihn nicht finden. Die Gedanken scheinen entweder aus dem Nichts oder als Folge des vorherigen Gedankens aufzutauchen, oder nicht? Wir erleben also fertige Gedanken, die sich zwar zurückverfolgen lassen und die nicht beliebig erscheinen, aber deren direkte Herkunft uns verborgen bleibt.

Irgendwann überkommt Sie vielleicht ein Gedanke wie „Ich habe mich entschieden, erst mal in die Kneipe zu gehen". Nennen wir ihn mal „Gedanke Nummer 5". Versuchen Sie, einen solchen Gedanken aufzuspüren, der in der Rückschau das „Ich" mit einer „Entscheidung" koppelt. Die Art der Entscheidung ist dabei völlig egal. Der Gedanke vermittelt den Eindruck, dass Sie tatsächlich zwischen Gedanken 1 und Gedanken 2 eine Entscheidung getroffen hätten. Er scheint nachträglich Sie persönlich als den Erzeuger von Gedanken 2 zu bestätigen. Aber ist mit dem Gedanken tatsächlich der Erzeuger der Gedanken gefunden worden? Handelt es sich hierbei nicht um eine bloße Behauptung, nur um einen Kommentar, um eine Interpretation der vorausgegangenen Gedanken? Enthält der Gedanke Nummer 5 irgendeinen Beweis?

Ist es nicht vielmehr so: Erst kommen die Gedanken und dann erscheint hinterher ein weiterer Gedanke „Ich habe diesen Gedanken erzeugt", der das „Ich" als den „Denker" interpretiert. In Wirklichkeit ist aber auch dieser nachgeordnete Gedanke Nummer 5 einfach ein weiterer Gedanke, der von Ihnen bezeugt wird. Warum sollte auch etwas überwacht (gehört, gesehen etc.) werden, was vorher selbst generiert wurde? Wozu sollte das gut sein?

Im Augenblick des Geschehens ist häufig überhaupt keine gedankliche Selbstreflexion vorhanden. Wenn Ihnen im Straßenverkehr plötzlich ein Auto entgegenkommt, dann werden Sie unwillkürlich ausweichen, ohne lange darüber nachzudenken. Hinterher sagen Sie vielleicht: „Die Situation habe ich gerade nochmal gerettet" und reklamieren damit die Tat für sich, obwohl Ihr „Ich" zum Zeitpunkt des Geschehens gar nicht gegenwärtig war. Auch in diesem Zusammenhang wird deutlich, dass das „Ich" nur eine nachgeordnete Zuschreibung darstellt, ein bloßer Gedanke ohne realen Hintergrund.

Die Motive hinter einer Entscheidung

Sie haben in Ihrem Leben sicher schon viele weitreichende Entscheidungen getroffen. Versuchen Sie sich jetzt an eine bedeutende Entscheidung zu erinnern und versuchen Sie, diese Entscheidung Ihnen selbst oder einem anderen gegenüber zu rechtfertigen. Was hat Sie bewogen, eine bestimmte Sache nach längerer Überlegung am Ende so und nicht anders zu machen? Betrachten Sie nochmal die wesentlichen Gesichtspunkte, die Sie im Entscheidungsprozess hin und her gewälzt haben. Welcher Aspekt hat am Ende für Sie den Ausschlag gegeben und warum? Am besten nehmen Sie ein Blatt Papier und einen Stift zur Hand und schreiben auf, um welche Entscheidung es geht. Was waren die Gründe für oder gegen die Entscheidung?

Diese Betrachtung soll Ihnen bewusst machen, dass sich nicht willkürlich getroffene Entscheidungen immer begründen lassen. Die Entscheidung ist daher durch diese Gründe festgelegt. Ein Wille lässt sich immer hinsichtlich seiner Motive hinterfragen. Diese müssen nicht rational sein. Die Motive können einfach den Neigungen, Vorlieben, Erfahrungen, Ängsten etc. entsprechen. Sie könnten zum Beispiel argumentieren: „Intuitiv habe ich mich für folgendes Vorgehen entschieden". Dann begründen Sie die Entscheidung über Ihre Intuition. Tatsache ist aber, alle beliebigen Motive können zumindest theoretisch benannt werden und seien es „Bauchgründe". Wie sollte auch eine wirklich eigenständige Beurteilungsgrundlage entstehen und aussehen? Woher sollte eine Weisheit stammen, wenn nicht angelernt, antrainiert, abgeschaut? Welchen Wert hätte eine Klugheit, die sich auf nichts berufen kann? Wenn es keine Maßstäbe für eine Entscheidung gäbe, wäre das Ergebnis dann nicht reiner Zufall, Willkür?

Schlussfolgerung
Gedanken lassen sich gezielt beobachten und sind daher nicht „unser" Erzeugnis, sondern Gegenstand unserer Wahrnehmung. Nirgendwo in unseren Gedankenketten lässt sich ein Kommandeur finden, der entscheidet, was als Nächstes gedacht wird. Statt eines Denkers findet man nur einen Gedankenstrom. Nicht das individuelle „Ich" kontrolliert das Denken, sondern der „Ich-Denker" ist ein Gegenstand des Denkens. Die Reduktion des Ich auf den Denker der Gedanken entsteht also durch eine gedankliche Interpretation.

In jedem persönlichen Entscheidungsprozess kann beobachtet werden, dass nicht ein individueller und unabhängiger „Ich-Denker", sondern rationale Gründe oder persönliche Motive für das Ergebnis maßgeblich sind. Jede Entscheidung setzt entsprechende vorausgehende Prozesse voraus.

Reflexion

Wenn wir tatsächlich unsere Gedanken erzeugen würden, dann bräuchte es einen Entscheidungsgedanken, der entscheidet, was gedacht wird. Und dieser Entscheidungsgedanke bräuchte wieder einen Entscheidungsgedanken, der zwischen verschiedenen Entscheidungsgedanken auswählt etc. Jede Entscheidung verweist somit auf eine noch höhere Ebene der Entscheidung, wobei nie ein Ende gefunden werden kann.[24] Logischerweise lässt sich nirgendwo in der Kette ein unabhängiger Ich-Entscheider finden. Ein Erzeugen der Gedanken aus dem Nichts (als Erstursache) würde der Naturgesetzlichkeit der Welt widersprechen, die für jedes Ereignis einen Grund einfordert.

Die dargestellte Entscheidungskette kann auch als unendlicher Gedankenregress ausgedrückt werden: In uns entstehen fortwährend Gedanken. Wir haben den Eindruck, dass in unserem Kopf ein unabhängiger Denker (Ich!) existiert, der diese Gedanken erzeugt.[25] Gäbe es jedoch einen solchen Denker im Kopf, dann bräuchte dieser wieder einen Kopf (Gehirn, Denker), mit dem er entscheidet, was gedacht wird. Und dieser Metadenker bräuchte wieder eine denkende Instanz, was zu einem unendlichen Regress von ineinander gebauten Denkern führt, der an die ineinandergesteckten russischen Matroschkapuppen erinnert. Aus dieser Überlegung kann man folgern, dass es keinen unabhängigen Gedankenerzeuger geben kann.

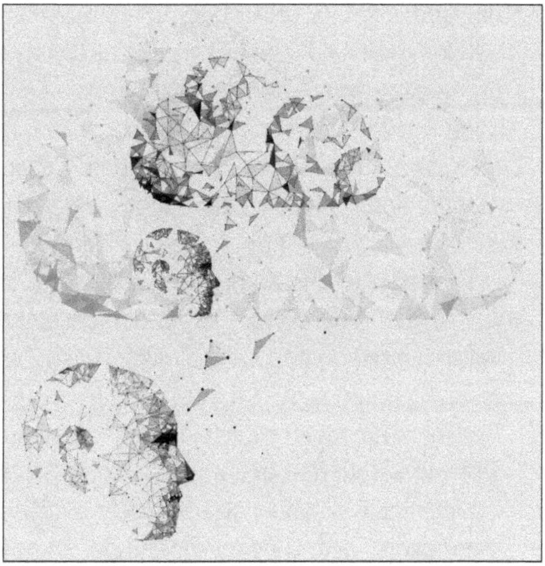

Um unabhängig zu sein, müsste ein von der Welt separiertes Ich auch fähig sein, sich selbst zu gestalten. Es müsste sich schließlich frei entscheiden, wie es sich selbst verhält. Doch dazu sind mindestens zwei Ich erforderlich, eines, das gestaltet, und eines, das gestaltet wird, eines, das weiß, was richtig ist, und ein anderes, das noch dazu gebracht werden muss. Aber warum weiß das eine Ich etwas, was das andere nicht weiß? Und woher nimmt dieses klügere Ich seine Weisheit? Auch dieser Erklärungsansatz mündet in eine unendliche Kette von Verweisen, die sich nicht auflösen lässt und die das eigene Ich bzw. die Person in Stücke zerreißt.

Normalerweise wird an dieser Stelle eingewendet, dass die Argumentation den freien Willen des Menschen untergräbt. Und das ist etwas, was in der Regel schwer akzeptiert wird. Das Ich wehrt sich mit allen Mitteln gegen diese Entmündigung. Für ein Ich, das sich als unabhängiger Denker begreift, bedeutet es sogar den Untergang. Da Sie mit der Feststellung, nicht Urheber der Gedanken zu sein, aber nicht sterben und nichts an Ihrer Lebendigkeit und Urteilskraft einbüßen, scheint das Ich nicht unmittelbar von Gedanken abzuhängen. Es gibt Sie schließlich auch, wenn Sie gerade mal nicht denken. Ihr Ich-Empfinden steht sozusagen „über" dem Denken, was in weiteren Experimenten noch genauer untersucht werden wird.

Die angeführten Experimente sagen nichts über den „freien Willen" an sich aus, sondern über denjenigen, der einen solchen Willen haben könnte. Und dieser kann kein von der Welt getrenntes Individuum sein. Auf individueller Ebene lassen sich keine Gedanken erzeugen, da es diese individuelle Ebene einfach nicht gibt. Als separiertes, getrenntes Ich sind Sie tatsächlich machtlos. Wenn Sie sich aber stattdessen als Ausdruck eines zusammengehörenden Ganzen verstehen, dann ändert sich Ihre Situation grundlegend. Denn dann kann es auch keine Gedanken geben, die von Ihnen separiert wären. Sie und Ihre Gedanken können niemals getrennt sein. In dieser Hinsicht „sind" Sie tatsächlich ihre Gedanken. Gedanken und Sie als Zeuge der Gedanken existieren immer gleichzeitig, sie bilden eine unlösbare Einheit. Sie sind diese Einheit. Die Deutung des Ich als getrennter Ich-Denker ist dagegen eine extreme Einschränkung, die der Bedeutung des „Ich" in keiner Weise gerecht wird.

Abschließend sei noch angemerkt, dass wir häufig Willens- und Handlungsfreiheit verwechseln. Im Leben geht es fast ausschließlich um Handlungsfreiheit, also um die persönliche Freiheit vor zum Beispiel politischen oder gesellschaftlichen Einschränkungen. Wenn wir uns „selbst befreien" wollen, dann versuchen wir uns von diversen Fesseln zu lösen und damit unseren Handlungsspielraum zu erweitern. Das ist möglich und wünschenswert. Aber diese Art der „relativen Freiheit", der Freiheit *von* etwas, hat nichts mit den obigen Überlegungen zur Gedankenfreiheit zu tun. Sie bleibt unbenommen bestehen, ob wir nun wirklich frei entscheiden oder nicht. Im Leben spielt die Gedankenfreiheit im Grunde überhaupt keine Rolle. Für die Frage, „wer wir sind", ist sie allerdings von fundamentaler Bedeutung.

5. Über das Denken der Gedanken

Im Zusammenhang mit der Frage, wer wir wirklich sind, ist das Thema „Gedanken" sehr ergiebig. Im vorangegangenen Experiment sind wir das Thema recht analytisch angegangen, wobei wir den Vorgang des Denkens selbst unter die Lupe genommen haben. Das erschien im Einzelnen vielleicht ein wenig theoretisch und lebensfern. Deshalb sollen in den folgenden Experimenten noch ein paar Betrachtungen angeschlossen werden, die mehr den alltäglichen Umgang mit Gedanken und deren Konsequenzen im Fokus haben. Auch diesmal geht es nicht darum, eine Lanze für oder gegen die Gedanken- bzw. Willensfreiheit zu brechen, sondern die Beschäftigung mit Gedanken dient einzig und allein dazu, die Zusammengehörigkeit bzw. Untrennbarkeit allen Seins erlebbar zu machen. Es geht nicht darum, das „Ich" an sich in Frage zu stellen (was unsinnig wäre), sondern die Betrachtungen zielen darauf ab zu zeigen, dass dieses „Ich" kein unabhängiges bzw. individuelles Phänomen sein kann.

An einen rosaroten Elefanten denken

Die erste Betrachtung ist im wahrsten Sinne des Wortes denkbar einfach. Stellen Sie sich folgende Aufforderung vor: „Denken Sie jetzt nicht an einen rosaroten Elefanten!" Wie reagieren Sie auf diese Aufforderung? Ist es Ihnen möglich, nicht an einen rosaroten Elefanten zu denken? Vielleicht können Sie tatsächlich vermeiden, sich diesen Elefanten visuell vorzustellen. Mit etwas Achtsamkeit kann man sich entsprechend ablenken. Trotzdem werden Sie sich auch dann mit dem Phänomen „rosaroter Elefant" auseinandergesetzt haben. Unwillkürlich haben Sie so etwas gedacht wie: „Rosarote Elefanten gibt es nicht", oder „Der will mich mit dem rosaroten Elefanten reinlegen". Auf jeden Fall können Sie nicht verhindern, dass Sie in dem Moment, in dem Sie die Worte „rosaroter Elefant" lesen oder hören, sich geistig damit befassen.

Und so geht es Ihnen nicht nur bei diesem etwas exklusiven Beispiel. Wenn Sie zum Beispiel an einer Werbetafel vorbeilaufen und einen Blick darauf werfen, dann werden Sie die Werbebotschaft in Gedanken lesen, zumindest wenn Sie des Lesens mächtig sind. Das lässt sich kaum verhindern. Im Grunde werden Ihre Gedanken ständig ferngesteuert. Auch wenn Sie diesen Text lesen oder wenn jemand mit Ihnen spricht, dann werden Sie der Information in Gedanken folgen (müssen). Oder lassen Sie einfach mal den Blick über Ihre Umgebung schweifen und beobachten Sie in aller Ruhe Ihre Gedanken. Sie können feststellen, dass Sie unwillkürlich die gesehenen Objekte etikettieren: „Brillenetui", „Spiegel", „Zeitung" etc. Vielleicht sprechen Sie nicht tatsächlich in Gedanken die jeweiligen Begriffe nach, aber Sie nehmen dennoch die verschiedenen Bedeutungen wahr, was auch einen geistigen Vorgang darstellt. Können Sie sich dagegen wehren? Können Sie sich tatsächlich gedanklich völlig von Ihrer Umwelt lösen? Oder sind Sie nicht vielmehr auch gedanklich an Ihre Umwelt gebunden?

Sei unabhängig

Überlegen Sie im folgenden Experiment zunächst, wie Sie mit persönlicher Autonomie, also mit der größten möglichen Freiheit auf die folgenden sprachlichen Aufforderungen reagieren würden. Woran liegt es jeweils, dass dies nicht möglich ist?

- Seien Sie spontan!
- Ich möchte, dass Sie jetzt selbstständig, also aus eigenem Antrieb, die Übung erledigen!
- Lassen Sie sich durch mich nicht beeinflussen!
- Ich möchte, dass Du selbst auf die Idee kommst, mir Blumen zu schenken!
- Seien Sie keiner der Menschen mehr, die sich mit anderen Menschen vergleichen!

Das Grundproblem der Aufforderungen wird sicher schnell deutlich. Wenn wir gehorchen, handeln wir nicht mehr entsprechend der Anweisung. Gehorchen wir nicht, dann wird die Anweisung natürlich auch nicht befolgt. Wie wir es auch machen, es ist immer falsch. Man nennt solche Sätze auch Double-bind-Aussagen, die sich, so wie sie formuliert sind, selbst ausschließen und dem Angesprochenen keinen Handlungsspielraum lassen.[26]

Das Grundparadox besteht darin, dass wir zwar an die Wirksamkeit von Botschaften glauben, sonst macht eine Aufforderung ja keinen Sinn, auf der anderen Seite aber ein autonomes „Ich" voraussetzen, das frei und unabhängig denken und agieren kann. Jede dieser Paradoxien ist eine Variante der Forderung „Sei (denke) unabhängig!", die die Vorstellung der Unabhängigkeit der Gedanken ad absurdum führt. Man kann nicht „frei sein müssen".

Über die Gedankenkontrolle

Einige buddhistische Weisheitslehren, die sogenannte positive Psychologie und unzählige Lebensratgeber befassen sich mit der Kontrolle der eigenen Gedanken. Demnach sind Emotionen und Gedanken „eigene" Reaktionen auf die Welt. Statt die Welt zu ändern, sei es im Zweifelsfall einfacher, die „eigenen" ggf.

unangenehmen Gedanken zu verändern. Durch eine entsprechend positive Einstellung ließen sich Zufriedenheit, Glück und Freude realisieren. Aber ist eine solche Gedankenkontrolle tatsächlich realistisch?

Stellen Sie sich eine sehr unglückliche Situation in Ihrem Leben vor. Das dürfte nicht so schwer sein, denn jeder war schon einmal in einer sehr frustrierenden Lage. Ihr Lebenspartner hat Sie gerade mit Ihrem besten Freund bzw. Ihrer besten Freundin betrogen, Ihr Job wurde gekündigt und Ihr Arzt hat Ihnen eine bedrohliche Krankheit diagnostiziert, alles auf einmal und noch viel Schlimmeres. Versuchen Sie jetzt in diesem Kontext glücklich zu sein und genießen Sie die damit verbundene Freude. Das kommt Ihnen lächerlich vor? Da haben Sie Recht. Es sollte Ihnen aber möglich sein, wenn Sie tatsächlich die volle Kontrolle über Ihre Gedanken und Emotionen hätten.

Wenden Sie sich jetzt einer tiefen persönlichen Überzeugung zu. Vielleicht gehören Sie zu den engagierten Tierschützern und ernähren sich vegetarisch oder Sie setzen sich für benachteiligte Menschen ein und verabscheuen die Todesstrafe. Ändern Sie nun diese Überzeugung und vertreten Sie in Gedanken das genaue Gegenteil. Sie sind jetzt für die maschinelle Nutzung und Schlachtung von Tieren und vertreten autoritär ein möglichst hartes Strafmaß. Das will Ihnen nicht überzeugend gelingen? Das ist normal. Es sollte Ihnen aber möglich sein, wenn Sie tatsächlich die volle Kontrolle über Ihre Gedanken und Emotionen hätten.

Zum Schluss denken Sie an das Gericht, das Sie am wenigsten mögen. Als Steigerung dürfen Sie sich gerne auch Mehlwürmer, Fischaugen oder Ekelhafteres vorstellen. Ändern Sie dann Ihre gedankliche Einstellung gegenüber diesen Speisen und haben Sie ab jetzt starken Appetit darauf. Wenn es Ihnen gelingt, sind

Sie der ideale Kandidat für manch ein hochmodernes Fernsehformat. Wenn nicht, dann wissen Sie wenigstens, dass Sie nicht die volle Kontrolle über Ihre Gedanken und Emotionen haben können.

Wenn wir unsere Gedanken tatsächlich manipulieren könnten, dann ließen sich unsere Sorgen und Probleme mit einem Schlag vertreiben. Wir könnten uns jederzeit glücklich denken und alles wäre paletti, zumindest für uns. Das funktioniert nicht? Dann müssen wir uns wenigstens keine Sorgen mehr machen, wenn uns das positive Denken nicht so recht gelingen will. Es gibt nicht wenige Menschen, denen es zusätzlichen Stress bereitet, dass sie ihrem eigenen Anspruch auf eine positive Lebenseinstellung nicht gerecht werden. Schließlich ist es immer der Ich-Gedanke, der aus einem unvermeidlichen Unglück ein persönliches Versagen zimmert. So spüren diese Menschen doppelten Druck: durch die unglückliche Situation an sich und die Frustration, dass sie ihr Leben vermeintlich nicht im Griff haben.

Nicht Denken

Die ultimative Bestätigung des zweiten Experiments ergibt sich durch den simplen Versuch, das Denken zu beenden, also durch die Aufforderung an sich selbst, *nicht* zu denken. Es sollte Ihnen möglich sein, wenn Sie tatsächlich die volle Kontrolle über Ihre Gedanken haben. Versuchen Sie also jetzt für einige Zeit das Denken zu stoppen! Überprüfen Sie dabei, ob die innere Stimme tatsächlich schweigt und auch sonst keine anderen Gedankenformen auftauchen. Seien Sie aufmerksam. Wenn Sie zum Beispiel den Eindruck haben, dass es Ihnen gelingt, versuchen Sie den Gedanken zu erhaschen, der Ihnen genau das sagt. Der Gedanke „Herrlich diese Gedankenruhe" wäre ein solches berühmtes Beispiel.

Sie werden feststellen, dass das Stoppen der Gedanken alles andere als einfach ist. Als Folge einer Aufforderung gelingt es in der Regel nur unter großer Anstrengung und auch dann nur für sehr kurze Zeit. Das zeigt deutlich, dass das Denken das Denken nicht kontrollieren kann. Denn auch die Absicht, die Gedanken zu beenden, ist ein Gedanke und jede weitere Feststellung im Verlauf des Experiments ist das Ergebnis weiterer Gedanken. Es gibt also nur Gedanken, aber niemand, der sie steuern oder beenden könnte.

Das heißt allerdings nicht, dass sich das Gedankenkarussell nicht beruhigen und der Geist nicht zur Ruhe kommen kann. In der Meditation wird dies regelmäßig erfahren. Paradoxerweise wird aber in der Meditation gerade nicht versucht, die Gedanken anzuhalten, sondern es wird der freie Fluss der Gedanken gezielt beobachtet. Dadurch löst sich langsam die Identifikation mit den Gedanken und in Folge davon kann sich der Geist beruhigen. Es ist also gerade die Erkenntnis der Unfreiheit, die zur Befreiung führt.

Schlussfolgerung

Unsere Umwelt und deren gedankliche Bewertung, unsere persönliche Disposition und die geistige Reflexion bilden eine untrennbare Einheit. Wir können uns nicht davon lösen, indem wir den Anspruch erheben, einen Ausschnitt dieser Einheit unabhängig zu kontrollieren. Wir können nicht gegen das Sein der Welt und nicht gegen unser eigenes Sein ankämpfen, weil wir ein Ausdruck von beidem sind. Ein solcher Kampf wäre auch völlig unsinnig, da er keiner Situation gerecht werden würde. Dagegen verstärkt der Anspruch auf Gedankenkontrolle den Eindruck, ein getrenntes Ich zu sein, das sich selbst für jedes Schlammassel verantwortlich macht und damit das Unglücksgefühl verschlimmert.

Reflexion
Viele Menschen leiden unter ihren Grübeleien, wobei sich die Gedanken meistens um das Selbstbild als eigenständige und separate Person drehen. Die Gedanken erschaffen dabei die Vorstellung eines getrennten Ich, was weitere Gedanken zur Folge hat, die sich um diese Vorstellung herum anordnen und darum kreisen. Die Fixierung auf eine vermeintliche Gedankenkontrolle ist da wenig hilfreich, da sie das ursprüngliche Problem tendenziell verschärft. Dagegen lockert das Gespür der Verbundenheit mit dem eigenen Sein und der Welt die Identifizierung mit den Gedanken. Sie schafft Distanz und gestattet damit eine kritische Selbstreflexion, die die eigenen konditionierten Denkmuster mit einschließt.

Die hier aufgezeigte Relativierung der Gedankenfreiheit wird durchaus kritisch gesehen. Häufig wird dagegen eingewandt, dass sie die Eigenverantwortung des Menschen unterminiere. Hierzu muss angemerkt werden, dass die Rückführung von Verantwortung auf eine vermeintlich freie Willensentscheidung bzw. Gedankenkontrolle eine irrationale Vorstellung mit großem Willkürpotential darstellt. Sie scheint auch nicht zu funktionieren, wie man durch Betrachtung des Weltgeschehens sehr leicht belegen kann. Die Erfahrung zeigt, dass Verantwortung meist nur unter Zwang (Strafandrohung, moralische Dogmen) oder gefördert durch Belohnungen, aber selten freiwillig übernommen wird.

Dagegen zeigt sich immer wieder, dass verantwortliches Verhalten dann spontan entsteht, wenn ein Gefühl der Zusammengehörigkeit mit dem Gegenstand der Verantwortung vorhanden ist. Wir verhalten uns dann zuverlässig verantwortlich, wenn wir uns mit etwas verbunden fühlen. Verantwortung ist Verbundenheit. Die in diesen Betrachtungen festgestellte Untrennbarkeit von Welt und Denken unterminiert somit nicht die

Eigenverantwortlichkeit, sondern sie ist deren unabdingbare Voraussetzung. Wir werden das Thema in Experiment 18 noch einmal ausführlich aufgreifen.

Zusammenfassend kann gesagt werden, dass getrennte Individuen keine Gedanken produzieren oder manipulieren können, weil es diese getrennten Individuen nicht gibt. Trotzdem ist nicht von der Hand zu weisen, dass es uns gibt. Und es gibt uns auch, wenn wir nicht denken. Wir sind also nicht die Denkerin bzw. der Denker! Unsere Identität ist nicht an das Denken gebunden. Sie entsteht nicht mit dem Denken und sie verschwindet nicht mit dem Denken. Stattdessen ist die Identifizierung mit dem Denken vergleichbar mit einer Art Mauer, die zuverlässig verhindert, dass wir dahinter unsere wahre Identität erkennen.

Sobald das Denken transzendiert wird, öffnet sich eine neue Dimension der Bewusstheit, die sehr viel umfassender, ja in gewisser Weise allumfassend ist. Es gibt eine Seinsebene jenseits des Denkens, welche das Denken registriert und auf unsere wahre Identität verweist. Mit dieser Identität im Bewusstsein befassen sich die folgenden Bewusstseinsexperimente.

6. Die Substanz des Ich

Wie wir bereits an anderer Stelle behandelt haben, identifizieren sich die meisten Menschen mit ihrem Körper. Wenn wir einem Objekt gegenüberstehen, denken wir im Allgemeinen: „Ich, der Körper, stehe diesem Objekt gegenüber". In diesem Fall halten wir unser Ich für ein materielles Objekt. Andererseits identifizieren wir uns mit unseren Gedanken, die wir für unser geistiges Erzeugnis halten. Wir denken zum Beispiel: „Ich, der Denker, hatte einen guten Einfall". In diesem Fall halten wir uns für ein geistiges Objekt. Oder wir sagen „Ich bin besonders schön" oder „Ich bin besonders klug". In diesem Zusammenhang identifizieren wir uns mit Attributen, die alle Kennzeichen des Körpers und/oder des Geistes darstellen. Die Substanz des Ich scheint daher materieller oder geistiger Art zu sein. Die vorausgehenden Experimente haben allerdings schon Zweifel daran aufkommen lassen, dass diese alltäglichen Zuschreibungen richtig sein können. Die folgenden Experimente versuchen nun zu ergründen, was es tatsächlich ist, das unserem Leben ein Gefühl von Dauerhaftigkeit verleiht. Was ist die tatsächliche Substanz von dem, was wir üblicherweise mit „Ich" bezeichnen?

Vorbetrachtung
Erinnern Sie sich an eine Situation aus Ihrer Kindheit oder aus einer Zeit, die zumindest länger zurückliegt, und lassen Sie die Situation noch einmal auf sich wirken. Das genaue Geschehen, an das Sie sich erinnern, ist völlig irrelevant. Egal, an was Sie sich erinnern, Sie waren damals in einer völlig anderen Lebenssituation, Ihre Einstellungen, Wünsche, Interessen unterschieden sich gänzlich von Ihren heutigen. Die Gefühle und Gedanken von damals haben rein gar nichts zu tun mit denen, die Sie heute beschäftigen. Und auch Ihr Körper sah damals vermutlich deutlich anders aus. Und doch gab es da etwas, das Ihr damaliges Erleben mit dem verbindet, was Sie jetzt in diesem Augenblick zu sein glauben. Wie gesagt, es geht nicht um Ihr konkretes Gefühl, das Sie in der damaligen Situation vielleicht hatten. Aber hinter jedem Eindruck, hinter jedem Gefühl gibt es noch eine Erfahrung, die sich auf Sie selbst bezieht. Was ist das genau für eine Erfahrung, die unmittelbar mit Ihnen selbst verbunden ist?

Erleben Sie nicht alles unter dem Eindruck, dass Sie anwesend sind, dass es Sie in diesem Augenblick gibt, dass Sie als „Ich" da sind? Haben Sie nicht den eindeutigen Eindruck, dass Sie damals genauso präsent waren wie heute? War bzw. ist es nicht dasselbe „Ich", das die damalige und heutige Situation erlebt? Sie werden zustimmen, dass diese Erfahrung nicht geleugnet werden kann. Nennen wir dieses Selbstgefühl, das sich so schwer fassen lässt, vorläufig einfach „Ich-Gewissheit".

Können Sie sich an diese Ich-Gewissheit in der Vergangenheit erinnern? Ich glaube schon. Vergleichen Sie diese „vergangene" Ich-Gewissheit mit der Ich-Gewissheit, die Sie in diesem Augenblick erleben. War die Ich-Gewissheit vor 10 Jahren eine andere als jetzt? Hat die Ich-Gewissheit ein Alter? Fühlen Sie sich als Ich tatsächlich jetzt älter als vor 10, 15 oder 20 Jahren? Oder erfuhren Sie nicht immer dieselbe Ich-Gewissheit unabhängig vom Alter? Ich könnte mir vorstellen, dass sich an Ihrer Erfahrung, „als Ich hier zu sein", nie etwas verändert hat. Sie fühlen sich immer noch als der gleiche Mensch, als das gleiche Ich. Was aber ist es dann, das sich als Ihre „Ich-Gewissheit" in der langen Zeit nicht verändert hat? Was ist das für eine dauerhafte Konstante in Ihrem Leben, die Sie mit „Ich" bezeichnen und die jeder Veränderung zu trotzen scheint? Ist das tatsächlich Ihr Körper? Ist das tatsächlich Ihre Fähigkeit zu denken, bzw. das, was wir üblicherweise als Geist bezeichnen?

Befriedigende Antworten auf diese Fragen können wir nur durch die aufmerksame Betrachtung unserer eigenen direkten Wahrnehmungen finden. Die folgenden Untersuchungen und auch einzelne Betrachtungen der anschließenden Experimente 7 und 8 orientieren sich hierzu methodisch an vergleichbaren Darstellungen von Rupert Spira[27], in denen er mittels einfacher Fragen die Substanz des Ich eindrücklich auf den Punkt zu bringen vermag.

Gedanken

Wir beginnen mit der Erkundung der geistigen Vorgänge. Im Experiment 4 haben wir uns bereits mit dem Umstand vertraut gemacht, dass Gedanken Gegenstände unserer Beobachtung darstellen. Das wollen wir jetzt nochmals genauer untersuchen. Richten Sie dazu Ihre Aufmerksamkeit zunächst auf einen Gedanken oder eine Serie von Gedanken, die gerade auftauchen. Das kann zum Beispiel das Gerede der inneren Stimme sein oder eine visuelle Vorstellung. Es spielt keine Rolle, was die Gedanken behandeln. Stellen Sie fest, dass ein Gedanke immer bezeugt wird. Wir sind uns unserer Gedanken immer gewahr. Ein Gedanke erscheint uns wie ein geistiges Objekt, welches wir zur Kenntnis nehmen. Fragen Sie sich, wer oder was die Gedanken wahrnimmt. Beantworten Sie die Frage nur durch Ihre direkte gegenwärtige Erfahrung, lassen Sie konventionelle theoretische Konzepte außer Acht. Was hört oder sieht die geistigen Inhalte? Wir wissen nicht genau, was es ist, aber nennen wir es nicht normalerweise „Ich"? Sind es nicht Sie, die oder der die geistigen Inhalte erfährt? Zeichnet es nicht gerade Ihre gegenwärtige Ich-Anwesenheit aus, dass Sie die Gedanken erleben? Sie sind das „Wissen", das „Erfahren" Ihrer Gedanken. Wer, außer Ihnen, sollte sonst von den Gedanken Kenntnis haben?

Fragen Sie sich nun, wie lange ein Gedanke dauert. Eine Minute? Wenige Sekunden? Bruchteile von Sekunden? Wie lange er auch dauert, ein Gedanke ist nicht beständig, sondern endlich, oder? Der Gedanke, den Sie jetzt erfahren, ist nicht derselbe, den Sie heute Morgen, vor einer Stunde oder vor einer Minute erfahren haben.

Überlegen Sie, was passiert, wenn die Gedanken wechseln. Verschwindet mit einem Gedanken ein Teil von Ihrem Ich, also ein Teil von Ihnen? Taucht mit dem neuen Gedanken ein neuer Teil von Ihnen auf? Wechselt Ihr Ich-Gefühl mit den Gedanken?

Wenn der Gedanke ein Teil von Ihnen wäre, dann würde er einen Teil von Ihnen mitnehmen. Aber das entspricht nicht unserer Erfahrung, oder? Seit der letzten viertel Stunde sind Ihnen Dutzende von Gedanken erschienen und jeder einzelne Gedanke wurde von Ihnen bzw. von dem, was Sie als Ich bezeichnen, bezeugt. Jeder einzelne Gedanke ist bereits wieder verschwunden, aber Ihr Ich ist nicht mit den Gedanken verschwunden.

Was ist das für ein stetiger gegenwärtiger Hintergrund, der die Gedanken bezeugt? Was immer es ist, es ist offensichtlich nicht selbst aus Gedanken gemacht, oder? Ihr Ich, Ihre gegenwärtige Anwesenheit, ist das, was um die Gedanken weiß, es ist selbst aber kein Gedanke. (Mit „Wissen" ist hier und im weiteren Textverlauf nicht das intellektuelle Wissen gemeint, welches den Gedanken bewertet bzw. ihm eine Bedeutung zuordnet, sondern es geht hier um das unmittelbare Wissen, dass in diesem Augenblick ein Gedanke vorhanden ist.)

Empfindungen

Als Zweites wenden wir uns den Körperempfindungen zu. Darunter versteht man das Spüren des Körpers von innen. Schließen Sie jetzt am besten die Augen und konzentrieren Sie sich zum Beispiel auf den Druck an Ihren Fußsohlen und fragen Sie sich, wer oder was diesen Druck wahrnimmt. Lenken Sie dann die Aufmerksamkeit auf ein anderes Körpergefühl, zum Beispiel das leichte Kribbeln in Ihren Lippen. Augenblicklich verschwindet der Druck an Ihren Sohlen und Sie spüren die Lippen. Fragen Sie sich wieder, wer oder was diese neue Empfindung bezeugt. Was immer es ist, Sie nennen es normalerweise „Ich". „Ich" spüre meine Füße! „Ich" spüre den Druck hinter den Augen! „Ich" habe Kopfschmerzen. „Ich" habe Hunger.

Fragen Sie sich, wie lange eine solche Empfindung andauert. Sicher länger als ein flüchtiger Gedanke. Aber auch die Körperempfindungen sind endlich, oder? Die Empfindungen, die vor einer Minute vorhanden waren, sind nicht dieselben, die Sie jetzt in diesem Augenblick spüren. Sie werden zustimmen, dass zwar die Körperempfindungen wechseln, das Wissen um diese Zustände, Ihr Erfahren dieser Zustände aber immer ohne Unterbrechung erhalten bleibt.

In den letzten Minuten sind unzählige Empfindungen aufgetaucht und wieder verschwunden. Aber Sie bzw. Ihr „Ich" ist nicht mit diesen Empfindungen aufgetaucht und verschwunden. Zur Vertiefung dieser Erkenntnis pressen Sie Ihre zwei Hände gegeneinander und lassen sie kurz darauf wieder los. Spüren Sie nach, ob sich mit dem Druckgefühl irgendetwas an Ihrer Ich-Anwesenheit ändert. Sie werden sicherlich zustimmen, dass Ihre Anwesenheit nicht von dem Druckgefühl abhängt.

Was immer sich der Empfindungen bewusst ist, es ist offensichtlich selbst keine Körperempfindung. Was Sie im Kern sind, was Sie als „Ich" bezeichnen, ist das gegenwärtige Bemerken bzw. Erfahren dieser Körperempfindungen, Ihr Ich ist aber nicht aus diesen Empfindungen gemacht.

Sinneswahrnehmungen

Als Drittes beschäftigen wir uns mit unseren fünf Sinnesreizen Sehen, Hören, Tasten, Schmecken und Riechen, mit denen wir unsere Umwelt erfahren. Konzentrieren Sie sich jetzt zum Beispiel auf ein Geräusch oder auf eine Melodie. Fragen Sie sich, was das ist, das das Geräusch bzw. die Musik wahrnimmt. Schauen Sie dann auf irgendein optisches Objekt, zum Beispiel auf ein Bild an der Wand. Fragen Sie sich, wer oder was die Farben und Formen des Objektes gegenwärtig bezeugt. Was immer es ist, Sie nennen diese Gegenwärtigkeit normalerweise „Ich". Sie sagen: „Ich" sehe den Tisch" oder „Ich" höre Musik etc. „Ich" ist also die Bezeichnung für das, was in jedem Moment die Sinnesreize erfährt bzw. um die dadurch veranschaulichte „Welt" weiß.

Wenden Sie sich nochmal dem Hören zu. Fragen Sie sich, wie lange ein Geräusch dauert, bis es verhallt. Sekunden? Bruchteile von Sekunden? Egal wie lange es dauert, es ist nicht dauerhaft, sondern endlich.

Fassen Sie nun auf die Tischfläche oder an einen anderen Gegenstand und achten Sie dabei zum Beispiel auf das kühle Druckempfinden in Ihrer Hand. Lassen Sie die Fläche daraufhin wieder los. Öffnen und schließen Sie die Augen. Atmen Sie tief durch die Nase ein und erfassen Sie den Geruch der Luft. Fragen Sie sich jedes Mal: Wie lange dauert das jeweilige Erlebnis? Sekunden? Bruchteile von Sekunden? Egal wie lange es dauert, es ist offensichtlich auch endlich. Die Welt, die Sie vor wenigen Augenblicken erlebt haben, unterscheidet sich von der Welt, die Ihnen jetzt in diesem Moment erscheint. Sie werden zustimmen, dass zwar die Sinneseindrücke wechseln, das gegenwärtige Erfahren dieser Eindrücke aber immer unverändert erhalten bleibt.

Schließen Sie nochmals die Augen und spüren Sie nach, ob mit dem Schließen der Augen etwas von Ihrem Ich verloren geht. Öffnen Sie dann wieder die Augen und versuchen Sie zu erkennen, ob Ihr Ich dadurch etwas dazugewinnt. Wiederholen Sie den Test, indem Sie abermals die Tischfläche oder einen anderen Gegenstand berühren und wieder loslassen. Stellen Sie sich abschließend vor, Sie befänden sich schwerelos in einem Wassertank, dessen Temperatur so reguliert wäre, dass Sie nichts um sich herum spüren könnten. Außerdem gäbe es dort kein Licht und es wäre absolut still. Wäre dadurch Ihr Wissen von der Umgebung ebenfalls eingeschränkt? Würde etwas von Ihrem Ich fehlen? Oder würden Sie mit der gewohnten Kontinuität schlicht und einfach wahrnehmen, was in diesem Fall vorhanden bzw. nicht vorhanden wäre: Reizlosigkeit, Dunkelheit, Stille?

Während jeder Sinneseindruck kommt und geht, bleibt Ihr gegenwärtiges Ich-Empfinden unverändert erhalten. Offensichtlich ist dasjenige, das die Sinneseindrücke bezeugt, selbst nicht lückenhaft. Das Wissen, das über die Sinne die Welt erkennt, ist selbst nicht wechselhaft, sondern immer konstant vorhanden. Und dieses Wissen um die Welt, das Erfahren bzw. Bezeugen kann selbst nicht Teil der Welt sein. Wäre es Teil der wechselhaften Welt, dann könnte es selbst nicht dauerhaft sein. Was Sie im Kern sind, was Sie als Ihr Ich bezeichnen, ist daher selbst kein Sinneseindruck.

Bewusstsein

Die vorausgegangenen Betrachtungen haben gezeigt, dass alle Gedanken, Körperempfindungen und Sinneseindrücke von uns bezeugt werden. Wir sind das gegenwärtige Erfahren all dieser wechselnden Objekte. Man kann auch sagen, dass wir das Sein dessen sind, das um die Objekte weiß. Wir nennen das auch Bewusstsein. Demnach meinen wir mit „Ich" das bezeugende Bewusstsein, welches den kontinuierlichen, ganzheitlichen Hintergrund aller Erfahrung bildet.

Die Erfahrung, bewusst zu sein, ist die einzige Erfahrung, die dauerhaft vorhanden ist. Überprüfen Sie das für sich. Finden Sie neben der gegenwärtigen Erfahrung, bewusst zu sein, irgendeine andere kontinuierliche Erfahrung? Vermutlich nicht. Die Erfahrung, bewusst zu sein, ist damit die einzige verlässliche Erfahrung. Es ist das Einzige, was niemals in Ihrem Leben verschwindet. Es kann Ihnen nicht weggenommen werden. Alle Objekte der Anschauung wie Gedanken, Empfindungen und Sinneseindrücke kommen und verschwinden irgendwann. Sie sind vergänglich. Dasjenige allerdings, welches unser Ich ausmacht, Bewusstsein, bleibt unter allen Umständen unberührt, intakt.

Schlussfolgerung

Unabhängig vom Objekt unserer Wahrnehmung, seien es Gedanken, Körperempfindungen oder Sinneseindrücke einer äußeren Welt, bleibt dasjenige, das die wechselnden Objekte bezeugt, immer dauerhaft erhalten. Wir bezeichnen diese immerwährende Kontinuität als „Ich". Dieses Ich ist selbst nicht Teil der bezeugten Gedanken, Körperempfindungen und Sinneseindrücke. Es ist selbst nicht Teil der materiellen oder geistigen Welt. Anders ausgedrückt: Ich selbst bestehe nicht aus den Objekten, die ich wahrnehme.

Was ist nun dieses Ich? Es ist das Erfahren der Gegenwärtigkeit dieser materiellen oder geistigen Objekte. Es ist sich dieser Objekte gewahr. Man kann auch sagen, dass es das Sein dessen ist, das um die Objekte weiß. Wir nennen das auch Bewusstsein. Demnach meinen wir mit „Ich" das bezeugende Bewusstsein, welches den kontinuierlichen, ganzheitlichen Hintergrund aller Erfahrung bildet. Es ist dasjenige, was unserem Leben Dauerhaftigkeit und Kontinuität verleiht. Durch das beständige Bewusstsein haben wir das Gefühl, ein verlässliches Ich zu besitzen und ein überschaubares Leben zu führen.

Reflexion

Für gewöhnlich definieren wir uns über bestimmte körperliche und geistige Eigenschaften. Wenn wir unsere Identität ausdrücken wollen, dann sagen wir zum Beispiel „Ich bin diejenige/derjenige, die/der so oder so aussieht, dies oder das besitzt, dies oder das weiß, dies oder das kann, sich so oder so verhält etc. Wir identifizieren uns mit dem Beruf, dem sozialen Status, Besitztümern, Fähigkeiten, Körpermerkmalen, Überzeugungen, Kenntnissen, Vorlieben, Erinnerungen, Erwartungen, Krankheiten, Ängsten, Gefühlen, Gedanken etc. womit wir unsere Einzigartigkeit hervorheben und uns von anderen abgrenzen wollen. Dabei stellen alle Eigenschaften, die wir uns zuschreiben, objekthafte Attribute dar.

Im Grunde sagen wir: „Ich bin dies, ich bin das". Wir sehen uns selbst als Objekte unserer eigenen Anschauung. So ist das sogenannte „Selbstbild" ein gedankliches Modell unserer selbst, das wir in unserem Geist aufbauen und das in psychologischer Hinsicht seine Berechtigung hat. Wenn wir uns um Selbsterfahrung und Selbsterkenntnis bemühen, dann versuchen wir unsere Persönlichkeit zu ergründen, uns selbst besser zu verstehen. Auch das ist legitim. Es ist aber wichtig zu erkennen, dass diese Art von Selbsterkenntnis lediglich die Ausformung eines Menschen behandelt. Hier geht es um das „*Wie* bin ich". Es geht nicht um das „*Wer* bin ich".

Alle objekthaften Merkmale sind vorübergehend. Alle oben genannten objekthaften Attribute kommen und gehen im Leben. Sie sind alles andere als konstant. Berufe, materieller Besitz, Körpermerkmale sind flüchtig. Wenn ich mich über meine besondere Figur oder meine Sportlichkeit definiere, dann werde ich zwangsläufig irgendwann mit deren Verlust konfrontiert werden. Ja, nicht einmal die Materie, aus der unser Körper besteht, bildet eine Konstante. Heute weiß man, dass sich fast alle Körperzellen jährlich austauschen und selbst die Gene bleiben uns nicht ewiglich unverändert erhalten.

Dennoch haben wir das berechtigte Gefühl, dass uns irgendetwas Unveränderliches, Stabiles, Bleibendes im Leben begleitet, dass es etwas gibt, das uns eine verlässliche Ich-Identität verleiht. Doch dieses Etwas kann selbst nichts Objektartiges sein. Es hat nichts mit den flüchtigen Attributen zu tun, die wir uns im Alltag zuschreiben. Objekte sind immer instabil. Sie kommen und gehen. Wenn wir ernsthaft nach dem „Wer" dieser Ich-Identität forschen, dann müssen wir nach und nach alle objektartigen Vorstellungen von uns selbst aufgeben. Am Ende müssen wir die Perspektive wechseln. Statt von außen auf uns zu blicken und unsere Gestalt zu erforschen, müssen wir unsere eigene innere Perspektive realisieren und erkennen, dass wir dasjenige sind, das sieht. Wir sind selbst kein Objekt, sondern wir sind das Bewusstsein, das um die Objekte „weiß". Diese spezielle Perspektive ist zwar etwas ganz Triviales, wir sind ja schon immer diese Perspektive, dennoch erscheint sie zunächst ungewöhnlich und ungewohnt.

Und selbst wenn wir intellektuell begreifen, dass wir die Welt durch unser Bewusstsein wahrnehmen, dann werden wir doch sehr schnell wieder in die alte Gewohnheit verfallen, uns selbst als Objekt aufzufassen. Diese äußere Betrachtungsweise unserer selbst beruht auf einer extrem starken Konditionierung, die wir nicht so ohne weiteres aufgeben können. In einer Zeit, wo unzählige Selbstaufnahmen und Profile im Netz die eigene Persönlichkeit repräsentieren, ist es sehr schwer zu erkennen, dass durch jedwede Beschreibung die tatsächliche Substanz des eigenen Seins überhaupt nicht berührt wird. Aus diesem Grund werden wir uns in weiteren Experimenten dem Phänomen „Bewusstsein" vorsichtig nähern und wir werden versuchen, uns selbst mit uns selbst langsam vertrauter zu werden.

7. Das Selbstgewahrsein des Bewusstseins

Unser Bewusstsein ist per Definition das Wissen von unserem eignen Sein. Durch unser Bewusstsein wissen wir, dass wir da sind, dass wir existieren. Im bewussten Zustand nehmen wir unsere Umwelt in Form von Sinneseindrücken wahr, spüren unseren Körper in Form von Körperempfindungen und sind uns unserer Gedanken und Gefühle gewahr. Wir haben zwar noch nie den Zustand, „nicht bewusst zu sein", direkt erfahren, trotzdem glauben wir zu wissen, was damit gemeint ist. Schließlich ist uns der unbewusste Zustand schon in Form von bewusstlosen oder schlafenden Menschen begegnet. Außerdem ist uns selbst der Zustand des Tiefschlafes vertraut, auch wenn wir uns natürlich nicht daran erinnern können.

Wir unterscheiden intuitiv zwischen bewussten und unbewussten Objekten. So behandeln wir einen Hund anders als einen Stein, dem wir keine bewusste Wahrnehmung seiner Umwelt und seines Seins zuschreiben. Wenn etwas „lebendig" ist, dann heißt das, dass es etwas „erlebt", dass es also Bewusstsein „besitzt". Lebewesen sind so gesehen immer bewusst.

Auch wenn uns also „Bewusstsein" relativ geläufig erscheint, ist der Umgang damit äußerst schwierig und missverständlich. Im Alltag wird das Vorhandensein von Bewusstsein in der Regel ignoriert, erscheint überflüssig, selbstverständlich oder nicht der Rede wert. Dies liegt daran, dass wir uns im Alltag normalerweise immer nur mit gegenständlichen Dingen beschäftigen. Auch unsere Sprache kann nur Gegenständliches ausdrücken. Dazu gehören nicht nur die Objekte und Lebewesen unserer Umwelt, sondern auch unsere Gedanken und Gefühle. Auch Gedanken und Gefühle besitzen eine objekthafte Qualität. Wir können uns über sie austauschen, wir können sie beschreiben. Dagegen hat Bewusstsein keine objekthafte Qualität, ist nicht gegenständlich und damit prinzipiell auch nicht benennbar und nicht begrifflich definierbar. Wir können Bewusstsein nicht ertasten, sehen, hören etc., wir können es nicht beschreiben und nicht vorzeigen. Nirgendwo findet sich in unserer Umwelt ein Beweis dafür, dass es so etwas wie Bewusstsein gibt. Trotzdem wissen wir alle, dass wir bewusst sind. Mit diesem seltsamen Zusammenhang möchten wir uns im Folgenden experimentell näher beschäftigen.

Mit Hilfe der folgenden drei Experimente 7 bis 9 versuchen wir, die Natur des Bewusstseins näher zu erforschen. Beginnen wollen wir mit der Untersuchung der Art und Weise, wie sich Bewusstsein selbst erfährt bzw. wie es zu so etwas wie Selbstbewusstsein kommt.

Sind Sie bewusst?

Stellen Sie sich selbst die Frage: „Bin ich bewusst?“. Die Antwort lautet vermutlich „ja“.

Untersuchen wir die Feststellung im Folgenden etwas genauer. Wenn Sie sich umblicken, dann sehen Sie vermutlich einen Raum mit Boden, Wänden und Decke, der mit verschiedenen Möbeln und Gegenständen ausgestattet ist. Nennen wir all die Flächen und Gegenstände vereinfacht „Objekte“. Diese Objekte besitzen verschiedene Eigenschaften wie Farbe, Form, Oberflächenbeschaffenheit etc. Fragen Sie sich, ob Sie sich der Objekte bewusst sind. Die Antwort lautet vermutlich „ja“.

Hören Sie nun auf irgendein Geräusch in Ihrer Umgebung und fragen Sie sich wieder, ob Sie das Geräusch bewusst wahrnehmen. Die Antwort lautet vermutlich wieder „ja“. Wenden Sie sich nun einer Körperempfindung zu, zum Beispiel dem Kribbeln an Ihren Fußsohlen. Fragen Sie sich, ob Sie sich des Kribbelns bewusst sind. Die Antwort lautet vermutlich „ja". Schließlich fokussieren Sie Ihre Aufmerksamkeit auf einen Gedanken oder eine Serie von Gedanken, was eben gerade im Geist präsent ist. Das kann zum Beispiel die innere Stimme sein, die gerade einen Kommentar abgibt, oder Sie visualisieren im Geist einen Gegenstand oder eine Filmsequenz und beurteilen abermals, ob Sie sich des jeweiligen geistigen Objekts bewusst sind. Auch jetzt lautet die Antwort „ja". Es ist demnach unsere direkte Erfahrung, dass wir uns Objekten, Empfindungen und Gedanken bewusst sind.

Woran erkennen Sie, dass Sie bewusst sind?
Fragen Sie sich nun, wohin sich Ihre Aufmerksamkeit richtet, wenn Sie die Frage „Bin ich bewusst?" beantworten. Achten Sie dabei darauf, dass Sie dieses Experiment nicht gedanklich ausführen, sondern dem Vorgang tatsächlich nachspüren. Wendet sich die Aufmerksamkeit bei der Frage „Bin ich bewusst?" nach außen, in Richtung der realen Objekte Ihrer Umgebung? Gibt es also einzelne Objekte, die Ihnen Ihr Bewusstsein spiegeln, und andere, die das nicht tun? Ändert sich Ihre Antwort, wenn Sie zum Beispiel die Augen schließen und die Objekte kurzzeitig verschwinden? Die Antwort lautet vermutlich „nein". Es liegt demnach nicht an den Objekten, die Sie zum Beispiel sehen, dass Sie sich als bewusst erfahren.

Fokussieren Sie bei der Frage „Bin ich bewusst?" Ihren Körper mit seinen diversen Empfindungen? Vielleicht scheint das tatsächlich zunächst so zu sein. Bei genauerer Betrachtung werden Sie aber feststellen, dass auch dies nicht zwingend so ist. Sie empfinden sich zum Beispiel auch als bewusst, wenn Sie gerade nicht auf Ihren Körper achten. Ist es nicht so? Ein querschnittsgelähmter Mensch ist zum Beispiel nicht weniger bewusst, obgleich seine Körperempfindungen stark eingeschränkt sind.

Betrachten Sie nun Ihre Gedanken, die im Geist auftauchen. Erkennen Sie Ihr Bewusstsein also am Denken, wie Descartes vor Jahrhunderten schon behauptete? Auch das scheint nicht zu passen. Denn Sie empfinden sich auch als bewusst, wenn Sie gerade nicht denken oder zumindest nicht drauf achten.

Es liegt also nicht an den Objekten, Gedanken und Körperempfindungen, dass Sie sich als bewusst wahrnehmen. Sie können sich die Frage in jeder erdenklichen Lebenssituation stellen, sei es kurz nach dem Aufwachen, in einem Rauschzustand, unter großen Schmerzen, in tiefer Depression, in größter Freude, verliebt, erschreckt, wütend etc. Immer werden Sie zur gleichen Antwort kommen. Wohin geht die Aufmerksamkeit aber dann, wenn Sie sich die Frage „Bin ich bewusst?" stellen? Nochmal, woher wissen Sie, dass Sie bewusst sind?

Erfahrungsgemäß haben viele Menschen zunächst Schwierigkeiten herauszufinden, woher die Antwort zu der Frage konkret kommt. Wenn es Ihnen genauso geht, dann reicht an dieser Stelle die klare Feststellung, dass Sie die Antwort einfach wissen (egal woher). Sie wissen, dass Sie bewusst sind, jederzeit und an jedem Ort. Sie wissen es, ganz einfach, weil Sie bewusst sind. Es ist Ihre Natur, bewusst zu sein. Sie wissen um sich selbst als Bewusstsein vor jeder anderen Feststellung.

Falls Sie an dieser Stelle weiterforschen wollen, dann helfen vielleicht folgende zusätzliche Betrachtungen: Viele Menschen haben zunächst den Eindruck, dass sich mit der Frage „Bin ich bewusst?" die Aufmerksamkeit weg von allen Objekten der Erfahrung umgekehrt zu Ihnen selbst hin richtet. Geht es Ihnen auch so? Fragen Sie sich dann, was das „zu Ihnen selbst hin" genau bedeutet. Gibt es dort tatsächlich einen geometrischen Ort, zum Beispiel in Ihrem Körper, wo Sie das Bewusstsein lokalisieren können? Spüren Sie genau nach! Sie können zum

Beispiel nacheinander verschiedene Punkte in Ihrem Körper fixieren (Bauch, Fuß, Kopf etc.) und immer wieder werden Sie das Bewusstsein scheinbar dort verorten. Schließlich werden Sie wohl bestätigen müssen, dass es diesen geometrischen Ort für das Bewusstsein auch in Ihnen selbst nicht gibt. Ja, je mehr Sie versuchen, Ihre Aufmerksamkeit auf Ihr eigenes Bewusstsein zu richten, desto klarer erkennen Sie, dass es nicht gelingen will. Wir merken, dass wir unsere Aufmerksamkeit immer nur auf etwas richten können, das eine Art Objekt darstellt. Wir können unsere Aufmerksamkeit nicht umkehren und uns selbst als Objekt ins Visier nehmen.

Die Aufmerksamkeit entspringt dem Bewusstsein und zielt wie der Lichtstrahl einer Lampe in Richtung Objekt, aber das Bewusstsein selbst kann nicht als Objekt objektiv wahrgenommen werden. Das werden wir im Experiment 10 noch genauer untersuchen. Dennoch haben wir den Eindruck, dass wir uns bei der Frage „Bin ich bewusst?" näherkommen. Was passiert also dabei mit der Aufmerksamkeit? Müssen Sie tatsächlich aktiv irgendwohin gehen, um sich selbst als Bewusstsein zu erfahren? Ist es nicht vielmehr so, dass in dem Augenblick, in dem wir der Frage nachspüren, das Interesse an den Dingen der Umgebung, Gedanken und Gefühlen kurz nachlässt und sich die Aufmerksamkeit abschwächt oder gar auflöst? Kann man nicht sagen, dass wir, statt irgendwohin zu gehen, stattdessen in dem verweilen, was wir sind?

Um sich selbst zu erfahren, wird daher keine Aufmerksamkeit benötigt. Wir wissen um unsere Bewusstheit ohne jede Anstrengung. Das Wissen ist, wie gesagt, jederzeit zugänglich und zuverlässig abrufbar, egal an welchem Ort wir uns gerade befinden. Die Antwort auf die Frage „Bin ich bewusst?" ist nicht nur die letzte, sondern die einzige Gewissheit, die wir haben.

Woher wissen Sie, dass Sie bewusst sind?
Wir haben uns eingangs gefragt, ob wir bewusst sind. Danach haben wir ergründet, dass und wie wir unsere Bewusstheit erfahren. Wir können nun die Frage noch etwas ausbauen. Richten Sie dabei die Aufmerksamkeit auf die Beantwortung der Frage „Bin ich bewusst?" und erweitern Sie dann die Frage zu „Weiß ich, dass ich bewusst bin?".

Sofort werden Sie auch dieser Frage zustimmen. Ja, Sie werden die Variante vermutlich als relativ trivial empfinden, da Ihnen die Antwort selbstverständlich vorkommt. Schließlich hätten Sie ja sonst auf die vorherige Frage „Bin ich bewusst?" gar nicht antworten können. Eine Antwort ist ja nur möglich, wenn Sie nicht nur bewusst sind, sondern auch darum wissen. Es ist somit eindeutig bewiesen, dass Sie Ihres Bewusstseins selbst bewusst sind. Damit könnten wir uns an dieser Stelle wieder begnügen.

Aber es ist nicht ganz uninteressant, diese Eigenschaft des Bewusstseins noch ein wenig weiter unter die Lupe zu nehmen. Es handelt sich hier nämlich um zwei zunächst völlig verschiedene Tatbestände. Im ersten Fall geht es formal um die Fähigkeit, etwas bewusst zu erfahren, im zweiten Fall geht es um die Selbsterkenntnis darüber, dass diese Erfahrung bewusst erfolgt. Demnach gibt es neben der Instanz, die einfach bewusst ist, in Ihnen eine zweite Instanz, die darum weiß, dass Sie bewusst sind. Aber ist die Instanz, die einfach bewusst ist, unterschiedlich von der Instanz, die weiß, dass sie bewusst ist? Ist also die Erfahrung, bewusst zu sein, von etwas anderem gewusst als von Ihnen selbst? Gibt es eine andere Art von Bewusstsein in Ihnen, die um die Erfahrung weiß, „bewusst zu sein"? Versuchen Sie die beiden Bewusstseinsebenen zu finden: Die schlichte Erfahrung, bewusst zu sein, und eine andere Art von Erfahrung, die darum weiß. Können Sie die beiden Ebenen von Erfahrung in sich aufspüren?

Nein, beides scheint zusammenzuhängen. Mehr noch, das eine scheint ohne das andere gar nicht möglich zu sein. Beides ist miteinander verschmolzen. Das Ich, das bewusst ist, ist dasselbe Ich, das darum weiß. „Ich bin bewusst" ist die ursprüngliche Erfahrung. Woher wissen wir, dass wir bewusst sind? Weil wir bewusst sind, bewusst zu sein. Bewusstsein erkennt sich daher immer selbst.

Versuchen Sie sich vorzustellen, wie eine bewusste Erfahrung funktionieren soll, ohne dass ein Wissen darüber vorliegt, dass die Erfahrung stattfindet. Denken Sie sich zum Beispiel einen Schmerz, den sie zwar bewusst wahrnehmen, aber von dem sie nicht wissen, dass sie ihn bewusst wahrnehmen. Das erscheint Ihnen zu Recht völlig absurd.

Schlussfolgerung

Bewusstsein ist nicht an die Objekte der Erfahrung geknüpft und damit auch nicht objektiv erfahrbar. Es steht sich selbst nicht in einer Subjekt-Objekt-Relation gegenüber. Dennoch wissen wir, dass wir bewusst sind. Wir sind also nicht nur bewusst, sondern wir wissen immer auch, dass wir bewusst sind. Das Ich, das weiß, ist das Ich, um das gewusst wird. Wir wissen um uns selbst vor jeder objektiven Erfahrung. Diese Fähigkeit nennt man „Selbstbewusstsein". Aus dem Experiment geht hervor, dass Bewusstsein und Selbstbewusstsein ein und dieselbe Tatsache bedeuten.

Reflexion

Die Erfahrung mit den obigen Experimenten in Seminaren hat gezeigt, dass viele Teilnehmer auf die Frage „Woher weiß ich, dass ich bewusst bin?" auf ihren Körper verweisen. Eine typische Antwort ist: „Bei der Frage richtet sich meine Aufmerksamkeit auf mich selbst, auf meinen Körper. Ich spüre das in mir." Darin spiegelt sich die landläufige Gewohnheit, die das Ich als oder im eigenen Körper identifiziert. Es wird nicht realisiert, dass auch der Körper selbst Gegenstand der bewussten Wahrnehmung ist und damit nicht selbst dem Bewusstsein gleichgesetzt werden kann. Wir werden diesem Irrtum im nächsten Experiment nachforschen. Auch ohne konkrete Körperwahrnehmung könnte man die Frage „Bin ich bewusst?" zielsicher beantworten.

Die Probleme, die bei der Beantwortung der Frage auftauchen, sind kennzeichnend für unsere gewohnt intellektuelle Herangehensweise. Statt sich einzig auf die direkte konkrete Erfahrung zu konzentrieren, wird der Eindruck voreilig gedanklich interpretiert. Die Folge ist ein Abrutschen in alte, festgefahrene Denkmuster. Aber auch mit größter Mühe lassen sich die obigen Betrachtungen nicht vom Verstand her, also gedanklich nachvollziehen. Jeder Versuch ist zwangsläufig zum Scheitern verurteilt. In Gedanken lassen sich zwar die Beziehungen zwischen Objekten erfassen, Gedanken können aber die Realität des Bewusstseins niemals ergründen.

Gedanken sind Objekte der Anschauung, die durch das Bewusstsein zur Erfahrung gelangen. Sie werden zwar durch das Bewusstsein sichtbar, sie selbst können aber aus sich heraus nichts erfahren, sie sind sozusagen blind. Man könnte das Bewusstsein metaphorisch mit einer „wissenden" Leuchtquelle vergleichen, die ihr Licht auf die Objekte der Welt und die Gedanken im Geist aussendet. Nur durch das Licht des Bewusstseins im Lichtkegel der Aufmerksamkeit werden sie sichtbar. Die Objekte und Gedanken sind dabei bloße Reflexionsflächen, die selbst keine Leuchtkraft besitzen. Es ist daher immer nur die Lichtquelle selbst, Bewusstsein, die etwas erkennt.

Die Frage „Bin ich bewusst?" wird daher vom Bewusstsein (das wir sind) selbst beantwortet und von nichts anderem. Damit ist aber die Eigenschaft von Bewusstsein noch nicht vollständig beschrieben. Die Aussage „Ich bin bewusst" ist nur möglich, wenn da etwas ist, das dies erkennt. Es muss also eine Instanz geben, die um das Bewusstsein weiß. Was könnte das sein? Da es sich hier um bewusstes Wissen über einen Zustand, nämlich bewusst zu sein, handelt, muss diese Instanz selbst Bewusstsein „besitzen". Es ist also logischerweise wieder Bewusstsein, welches sich des Vorhandenseins von Bewusstsein bewusst ist. Diese Überlegung führt in letzter Konsequenz zu einem unendlichen Regress, wobei sich jeweils Bewusstsein über Bewusstsein bewusst ist. Bewusstsein ist also nicht weiter hinterfragbar, da man mit jedem Infragestellen „Wer bemerkt das Bewusstsein?" wieder zu Bewusstsein gelangt. Daraus lässt sich letztendlich schließen, dass Bewusstsein immer gleichzeitig selbstbewusst sein muss. Bewusstsein ohne Selbstbewusstsein macht auch in logischer Hinsicht keinen erkennbaren Sinn.

In der Tierforschung wird manchmal zwischen bewussten und selbstbewussten Arten unterschieden. Festgemacht wird der Unterschied u. a. an der Fähigkeit eines Lebewesens, sich selbst im Spiegelbild zu erkennen. Primaten, Elefanten und Delfine sind hierzu beispielsweise in der Lage, ein Hund oder eine Katze nicht. Nach allem, was wir jetzt über Bewusstsein wissen, lässt sich daraus eben nicht entscheiden, ob ein Tier selbstbewusst ist oder nicht. Stattdessen handelt es sich bei der Fähigkeit, das eigene Spiegelbild zu erkennen, vermutlich um einen rein intellektuellen Vorgang, der etwas über die Intelligenz, aber nichts über Selbstbewusstsein aussagt. Um sein eigenes Spiegelbild als solches zu erkennen, benötigt man eine Vorstellung des eigenen äußeren Bildes, man braucht also ein Selbstbild. Das Selbstbild hat aber nichts mit Bewusstsein zu tun, da es rein objekthafte Eigenschaften besitzt. Es geht hier also um den Vergleich von Objekten. Bewusstsein besitzt, wie wir im Experiment festgestellt haben, aber nichts objektartiges, sondern es beschreibt die Fähigkeit, Objekte wahrzunehmen. Auch Hund oder Katze „sehen" ihr Spiegelbild, wenn sie auch intellektuell keinen Vergleich mit einem anderen Bild ziehen können.

Was bedeutet das nun? Wenn Bewusstsein immer mit Selbstbewusstsein einhergeht, dann müssen wir jedem Lebewesen, das wir für bewusst halten, auch Selbstbewusstsein zugestehen. Die Herabwürdigung von Tieren, die durch die vermeintlich fehlende Selbstbewusstheit gerechtfertigt wird, ist dann kaum mehr möglich. Andererseits verschärft sich mit dieser Feststellung die Frage, welche Lebewesen nun Bewusstsein besitzen und welche nicht. Sind eine Biene, eine Schnecke, ein Wurm bewusst? Wie sieht es mit Mikroorganismen, Einzellern, Bakterien aus?

Hierbei ist zu beachten, dass es nicht um die Vielfalt der möglichen Erfahrungen geht. Ein Wurm spürt möglichweise nur die Kontraste dunkel/hell oder bitter/sauer. Aber diese Kontraste spürt er vielleicht bewusst und damit auch selbstbewusst. Wenn Leben mit Bewusstsein einhergeht und Bewusstsein mit Selbstbewusstsein, dann ist jedes Lebewesen auch selbstbewusst. Was also lebt und was nicht? Dieses Thema können wir hier nicht abschließend behandeln, aber wir erkennen nun den größeren Rahmen, in dem unsere experimentelle Erkenntnis eingebettet ist.

8. Die Unbegrenztheit des Bewusstseins

Wir haben bereits festgestellt, dass wir die Objekte unserer Erfahrung wie Gegenstände, Gedanken, Gefühle und Körperempfindungen nur durch unser Bewusstsein in unserem Bewusstsein wahrnehmen können. Dabei ist es relativ leicht nachvollziehbar, dass unsere Gedanken und unsere Gefühle gewissermaßen in unserem geistigen Innenraum, also in unserem Bewusstsein, entstehen. Auch ein Druck in der Magengegend wird zunächst so wahrgenommen, als befände sich diese Körperempfindung in uns selbst. Entsprechend gehen wir, wie bereits im letzten Experiment diskutiert, intuitiv davon aus, dass das Bewusstsein seinen Sitz irgendwo im Körper hat.

Dagegen ordnen wir visuelle oder akustische Reize im Alltag einer äußeren Welt zu, ohne uns den Bewusstseinsaspekt der Reize selbst bewusst zu machen. Blicken wir auf einen Tisch, dann gehen wir davon aus, dass der visuelle Eindruck von einem realen Gegenstand ausgeht. Auch das ferne Bellen ordnen wir einem realen Hund zu und erkennen darin nicht unbedingt einen Ausdruck des Bewusstseins.

Im Grunde trennen wir im Alltag die Totalität der Wahrnehmungen, die uns jeden Moment gegenwärtig sind, in zwei Teile: Auf der einen Seite gibt es Sinneseindrücke wie Sehen und Hören, deren Ausgangspunkt der äußeren Welt zugeschrieben werden. Diese Welt gehört nicht „zu mir". Im Gegensatz dazu erkennen wir in den Wahrnehmungen unserer Gedanken und Gefühle einen Ausdruck unseres Selbst, der nicht mit der realen Welt gleichzusetzen ist. Demnach unterscheiden wir streng zwischen inneren und äußeren Wahrnehmungen, zwischen „in mir" und „nicht in mir" und unsere Körperoberfläche scheint dabei eine Grenze zu bilden. Die äußeren Wahrnehmungen halten wir für objektiv, die inneren Wahrnehmungen gehören zu unserer subjektiven inneren Welt. Mit dieser Anschauung besiegeln wir die Trennung zwischen Welt und Ich. Im Folgenden wollen wir diese strenge Unterscheidung von innen und außen, von „mir" und „nicht mir" hinterfragen und zeigen, dass das Bewusstsein keine derartigen Begrenzungen kennt.

Den Bewusstseinsraum wahrnehmen

Schließen Sie bei diesem Experiment am besten zunächst die Augen. Richten Sie dann Ihre Aufmerksamkeit auf Ihre Gedanken. Beobachten Sie, wie Ihre innere Stimme in diesem Moment spricht. Dabei kommt es nicht auf die Aussage an, sondern auf die unmittelbare Erfahrung der Stimme. Wie laut spricht die Stimme? Welche Klangfarbe hat sie? Alternativ können Sie in Gedanken eine Melodie summen und deren Tonfolge lauschen. Achten Sie insbesondere auf die Zwischenräume zwischen den einzelnen Worten oder Tönen, auf den Moment, der folgt, wenn ein Wort oder Ton verklungen ist bzw. auf den Moment, bevor das nächste Wort oder der nächste Ton einsetzt.

Verlangsamen Sie Ihren Gedankenstrom, um sich die Übergänge zu verdeutlichen. Sprechen Sie zum Beispiel in Gedanken langsam wie in Zeitlupe: „Worin (Pause) höre (Pause) ich (Pause) das?". Fragen Sie sich dabei, worin die Worte auftauchen. Was ist das für eine Leere, in der die Gedanken sicht- bzw. hörbar werden? Können Sie bemerken, dass Ihnen die jeweilige gedankliche Wahrnehmung in einer Art Raum, einem geistigen Feld erscheint, das wir „Bewusstsein" nennen?

Nun wenden Sie Ihre Aufmerksamkeit einem beliebigen Geräusch Ihrer Umgebung zu und lauschen einen Augenblick dem speziellen Klang. Auch hier kommt es nicht auf die Deutung des Geräusches, sondern lediglich auf dessen Erfahrung an. Sie können etwa auf die Lautstärke achten, Sie können sich fragen, ob das Geräusch dumpf oder hell, kontinuierlich oder rhythmisch klingt. Achten Sie insbesondere auf den Moment, in dem ein Geräusch verklingt und ein neues einsetzt. Fragen Sie sich dabei, worin die Geräusche auftauchen und wieder verhallen. Alles, was erscheint, muss in irgendetwas enthalten sein, muss sich von einem Hintergrund absetzen (siehe Experiment 3). Was ist das für eine Stille, in der die Geräusche hörbar werden? Können Sie bemerken, dass da etwas vorhanden ist, auch wenn gerade kein Geräusch ertönt? Können Sie bemerken, dass Ihnen auch die Geräusche Ihrer Umgebung in einer Art Raum, den wir Bewusstsein nennen, erscheinen?

Verschiedene Arten von Hören

Setzen Sie das Experiment fort. Nach einiger Zeit fokussieren Sie erneut Ihre Gedanken und wechseln dann mit Ihrer Aufmerksamkeit mehrmals zwischen Geräusch und innerer Stimme bzw. zwischen Geräusch und dem erdachten Ohrwurm hin und her. Fragen Sie sich, ob Ihre Aufmerksamkeit beim Wechsel beider Positionen eine Grenze überschreitet. Schließlich müsste nach gängiger Auffassung Ihre Aufmerksamkeit bei dem Wechsel den inneren Raum Ihres Bewusstseins verlassen und in die äußere Welt eintreten und umgekehrt. Gäbe es ein „Innen" und „Außen", dann müsste also diese Grenze erkennbar werden. Gibt es tatsächlich eine Grenze?

Beschäftigen Sie sich nun mit dem Klang beider akustischer Eindrücke. Unterscheidet sich das Hören des Geräusches tatsächlich vom Hören der inneren Stimme bzw. der Melodie? Sind es zwei verschiedene Arten von Hören? Unterscheidet sich das Hören eines realen Geräusches also vom Hören eines geistigen Geräusches? Oder ist es nicht in beiden Fällen die gleiche Art von Hören, wobei die Zuordnung „Außen" und „Innen" eine nachgeordnete intellektuelle Etikettierung darstellt?

Achten Sie jetzt auf die Position, aus der heraus Sie die beiden Höreindrücke wahrnehmen. Wandern Sie noch einmal zwischen einem Geräusch und Ihrem Denken hin und her. Wechselt mit der Aufmerksamkeit tatsächlich die Richtung der Wahrnehmung, die einmal nach „außen" und einmal nach „innen" gewendet ist? Gibt es tatsächlich ein „Innen" und „Außen"? Oder nehmen Sie beide Höreindrücke nicht immer aus genau derselben Position wahr? Umspannt dasselbe Bewusstseinsfeld nicht sämtliche Höreindrücke, egal welcher Art, geistig oder real, sie sind?

Verschiedene Arten von Spüren

Konzentrieren Sie sich jetzt auf den Mittelpunkt Ihres Bauches direkt hinter dem Bauchnabel und ergründen Sie das dort vorhandene Körpergefühl. Vergleichen Sie den Eindruck mit dem kühlen Gefühl unter Ihrer Handfläche, wenn Sie die Tischplatte vor sich berühren. Wechseln Sie zwischen beiden Erfahrungen und stellen Sie sich die obigen Fragen erneut. Achten Sie hierbei insbesondere auf Ihre Perspektive, aus der heraus Sie die Empfindungen wahrnehmen. Spüren Sie Ihren Magen bzw. den Tisch tatsächlich aus diametral unterschiedlichen Richtungen? Wendet sich Ihre Aufmerksamkeit einmal nach „innen" und dann nach „außen"? Ist es nicht so, dass beide Wahrnehmungen von derselben Position aus erfolgen? „Ich spüre den Magen." „Ich spüre den Tisch." Ist es nicht beides Mal dasselbe Spüren, dasselbe Bezeugen, das sich im selben Bewusstsein realisiert?

Spazieren im Bewusstseinsraum

Zum besseren Verständnis des „Bewusstseinsraumes" bietet sich die Analogie zum dreidimensionalen geometrischen Raum an. Machen Sie sich klar, dass alles, was je auf der Welt passiert ist, in diesem dreidimensionalen Raum stattgefunden hat. Es ist nicht möglich, diesen Raum zu verlassen. Alle Begrenzungen des Raumes (wie die Zimmer in einem Gebäude) sind nicht wirkliche Begrenzungen, sondern die Zimmer befinden sich selbst innerhalb des dreidimensionalen Raumes (was spätestens nach dem Abbruch des Gebäudes wieder deutlich wird). Stellen Sie sich nun vor, dass alle Ihre Wahrnehmungen, seien es Sinneswahrnehmungen der äußeren Welt, Wahrnehmungen Ihrer Gedanken oder auch Körperempfindungen, in einem virtuellen Raum erscheinen, der wie ein realer Raum sämtliche Eindrücke enthält. Man könnte diesen Raum den „Bewusstseinsraum" nennen. Spazieren Sie nun mit Ihrer Aufmerksamkeit in diesem Raum hin und her. Müssen Sie den Raum verlassen, um zum Beispiel von einem Seheindruck zum anderen zu gelangen? Sind das Kribbeln an Ihren Fingern und das Hören des Rauschens in Ihrem Ohr nicht im selben Raum?

Wechseln Sie zum Beispiel vom Spüren Ihres Bauches zum Sehen eines Gegenstandes, dann vom Sehen des Gegenstandes zum Hören Ihrer inneren Stimme und schließlich von dort zurück zum Spüren des Bauches. So unterschiedlich die Eindrücke auch sind, müssen Sie wirklich, um von dem einen zum anderen zu gelangen, etwas verlassen oder irgendwo eintreten? Müssen Sie den Raum wechseln? Ist ein Wechsel des Raumes überhaupt vorstellbar?

Fragen Sie sich, wo eine Erfahrung stattfinden sollte, wenn sie nicht in diesem Bewusstseinsraum erfolgt. Kramen Sie zum Beispiel in Ihren Erinnerungen und überlegen Sie, ob Sie jemals etwas erlebt haben, dessen Erfahrung nicht in dem beschriebenen Bewusstseinsraum bezeugt wurde. Können Sie daraufhin nachvollziehen, dass dieser Raum alles beinhalten muss, was jemals erfahren werden kann?

Um die Unbegrenztheit des Bewusstseinsraumes zu veranschaulichen, ist auch eine „kleine" Gedankenreise bis ans Ende des Universums möglich. Dabei stoßen Sie immer weiter ins All vor. Es geht los bei der Erde, entlang der bekannten Planeten (Wie sieht es wohl auf dem Saturn aus?), aus unserem Sonnensystem hinaus bis in fremde Sonnensysteme (Wie riecht wohl die Luft auf einem anderen erdähnlichen Planeten?), in ferne Galaxien, immer weiter, bis die Expedition theoretisch das ganze unendliche All erfasst hat. Auch am fernsten Punkt können Sie immer fragen „Worin erscheint der exotische Sinnesreiz?" bzw. „Wer oder was erlebt den neuen Eindruck?". So wird klar, dass das gesamte Universum in dem sogenannten Bewusstseinsraum enthalten sein muss. Der Bewusstseinsraum ist immer der größte Raum.

Schlussfolgerung
Die konventionelle Unterscheidung zwischen einem inneren Bewusstsein der Gedanken und Gefühle und der sinnlichen Wahrnehmung einer äußeren Welt entspricht nicht unserer direkten Erfahrung. Betrachten wir vorbehaltlos, was wir in jedem Augenblick sehen, hören, denken und fühlen, dann erkennen wir, dass sämtliche Erfahrungen eine nahtlose Totalität darstellen und aus derselben Position (dem „Hier") bezeugt werden. Aus der Perspektive des Bewusstseins (also aus unserer tatsächlichen Perspektive) macht die Unterscheidung zwischen Innen und Außen, zwischen Ich und Welt, keinen Sinn mehr. Sehr viel treffender erscheint daher die Metapher eines allumfassenden Bewusstseinsraumes, in dem sämtliche Erfahrungen auftauchen, bezeugt werden und wieder verschwinden.

Reflexion
Wir haben üblicherweise den Eindruck, dass es unser Körper mit seinen Sinnesorganen ist, der die Umweltreize erfährt. Die Experimente zeigen aber eindeutig, dass der Körper selbst nichts erfahren kann, sondern dass der Körper selbst Gegenstand der Erfahrung ist. Wir sehen, hören, spüren etc. nicht nur die „äußere" Welt, sondern auch den „inneren" Körper. Unsere Erfahrung bildet dabei immer ein nahtloses Ganzes. Die Eindrücke der Umwelt und die Erfahrungen des Körpers erfolgen im selben „Bewusstseinsraum", ohne dass irgendeine Unterscheidung möglich wäre.

Die Metapher „Bewusstseinsraum" ist zwar intuitiv gut verständlich, aber dennoch irreführend, da sie dem Bewusstsein scheinbar eine räumliche Dimension zuordnet. Tatsächlich ist auch unsere Erfahrung des dreidimensionalen Raumes eine Konstruktion aus Kontrasten, die wir mit unseren Sinnen als solche wahrnehmen. Wir sehen, hören und tasten dreidimensional. Der dreidimensionale Raum ist somit Inhalt unseres Bewusstseins und nicht das Bewusstsein selbst. Anders ausgedrückt: Der Bewusstseinsraum beinhaltet auch den dreidimensionalen geometrischen Raum. Tatsächlich lässt sich dem Bewusstsein keine räumliche Dimension zuordnen.

Der Bewusstseinsraum ist demnach immer der „größtmögliche" Raum. Er kann niemals transzendiert werden, da jeder Versuch der Überschreitung das bewusste Bemerken der äußeren Bewusstseinsgrenze voraussetzt. Jede Wahrnehmung ist aber per Definition nur möglich, wenn ein bezeugendes Bewusstsein vorhanden ist, womit die Grenze augenblicklich verschwindet. Anders ausgedrückt: Jede Grenze als erfahrbares Objekt setzt ein Bewusstsein voraus, welches dieses Objekt „Grenze" sieht, hört, fühlt etc. Damit wird die Grenze zu einem Gegenstand des Bewusstseinsraumes und nicht zu dessen Limitierung. Mit derselben Überlegung kann man sich klarmachen, dass der Bewusstseinsraum zwingend unbegrenzt sein muss.

Der Bewusstseinsraum wird manchmal auch als „Gewahrsein" bezeichnet. Bewusst zu sein bedeutet sich etwas gewahr zu sein. Dieses Etwas können nun äußere Gegenstände oder auch geistige Objekte wie Gedanken oder Körperempfindungen sein. Wir sind all dessen gewahr. Wir bezeugen das. Wir wissen, dass dies existiert. Aus der Perspektive des wissenden Zeugen, aus unserer Perspektive, ist alles, was erfahren wird, im selben Gewahrsein.

Teilnehmer von Gruppenübungen haben mehrfach bestätigt, dass es ihnen relativ leicht möglich war, die Einzelbetrachtungen des Experimentes nachzuvollziehen und die unbegrenzte Ausdehnung des Bewusstseinsraumes zu verstehen. In der Gesamtreflexion zeigte sich dann aber, dass sie dennoch die neuen Erfahrungen in das alte Betrachtungsmuster vom „Bewusstsein im Körper" einbauten. Der Gedanke, dass das Bewusstsein „in uns drin" ist, scheint daher alle anderen Erfahrungen zu überdecken. So wie sich unsere Ich-Vorstellung den Körper und den denkenden Geist aneignet, so nimmt sie auch unser Bewusstsein für sich in Beschlag. Bewusstsein scheint demnach etwas zu sein, was man „besitzt", so wie man den Körper oder das Gehirn besitzt. Die nahtlosen, unbegrenzten Eigenschaften von Bewusstsein, wie sie sich in dem Experiment andeuten, werden damit in das Korsett einer begrenzten Individualität zurückgezwängt.

Um es daher noch einmal zu verdeutlichen: Üblicherweise halten wir uns für eine Person mit Körper und Geist, die die Fähigkeit besitzt, eine äußere materielle Umwelt wahrzunehmen. Wir gehen also davon aus, dass das Bewusstsein der Person irgendwo im Körper/Geist zu verorten sei. Tatsächlich erfahren wir aber gegenwärtig immer das Gegenteil. Nicht das Ich „besitzt" Bewusstsein, sondern das Ich mit Körper und Geist wird vom Bewusstsein registriert. Die Person mit ihrem Körper/Geist ist dabei ebenso eine Wahrnehmung wie die scheinbar von ihr wahrgenommene äußere Welt. Die Aufteilung und Zuordnung der Wahrnehmungen in ein Innen und Außen, in ein „in mir" und „nicht in mir" sind nicht real, sondern die Folge eines gedanklichen Prozesses, der die reine Wahrnehmung überlagert bzw. begleitet. Bewusstsein ist nicht „drinnen", genauso wenig, wie es „draußen" ist. Drinnen und Draußen sind räumliche Kategorien, die, wie bereits gesagt, eine Anschauungsform im Bewusstsein darstellen und nicht umgekehrt das Bewusstsein eingrenzen.

Ohne gedankliche Interpretation löst sich idealerweise unsere Alltagsperspektive der Trennung zwischen Ich und Welt auf und unsere natürliche ganzheitliche Perspektive tritt wieder zum Vorschein. Gleichzeitig lockert sich die Identifikation mit dem Körper/Geist und unsere wahre Identität als die Totalität dessen, was gegenwärtig bewusst ist, wird wiedererkannt.

9. Die Unpersönlichkeit des Bewusstseins

Die östlichen Weisheitslehren unterscheiden sich voneinander in vielerlei Hinsicht. Aber in einem Punkt sind sie sich alle einig: Sie gründen auf der Ansicht bzw. münden in der mystischen Einsicht, dass alle Menschen, ja sogar Mensch und Welt „eins" sind. Obgleich mit einer solchen Haltung noch nichts über die Persönlichkeit des einzelnen Menschen ausgesagt ist, versteht man diesen Ansatz in der westlichen Welt häufig als Angriff auf die Individualität der Person, die als das höchste Gut angesehen wird. Die Unpersönlichkeit eines ganzheitlichen Weltbildes und der Wunsch nach Selbstverwirklichung scheinen sich zu widersprechen. In den folgenden Experimenten wollen wir untersuchen, worin das von den östlichen Lehren herausgestellte „Einssein" bestehen könnte und ob der besagte Widerspruch tatsächlich existiert.

Die Metapher von der Kinoleinwand

Bevor wir die eigentliche Fragestellung in Angriff nehmen, ist es sinnvoll, eine kleine Vorbetrachtung durchzuführen. Hierzu vergleichen wir das Bewusstsein metaphorisch mit einer Kinoleinwand, auf der der Film des Lebens abläuft. Stellen Sie sich also vor, dass Sie in einem Kino sitzen und einen Film betrachten. Der Film versetzt Sie zunächst in eine aufregende Welt mit fremden Ländern, erzeugt Spannung und viele Gefühle. Doch dann wird der Film langatmig, und Sie folgen ihm nicht mehr so konzentriert. Stattdessen setzen Sie sich mit der Tatsache auseinander, dass Sie in einem Kino sitzen und einen Film ansehen.

Aus Langeweile machen Sie folgendes Gedankenexperiment: Sie entfernen nach und nach in Gedanken sämtliche Filminhalte. Zunächst lassen Sie die Hauptdarsteller verschwinden, dann die vielen Statisten, die Kulissen im Vordergrund, dann die Landschaft im Hintergrund und schließlich auch den Ton und die Musik. Was ist dann noch da? Natürlich bleibt am Ende die leere weiße Projektionsfläche, die Kinoleinwand, übrig. Fragen Sie sich, ob die leere Kinoleinwand irgendetwas mit dem Film gemein hat. Beeinflusst der Film die Leinwand? Wird die Leinwand durch den Film verschmutzt? Ändert sich die Leinwand mit dem Film? Sie werden zustimmen, dass dies alles sicher nicht der Fall ist. Die Leinwand bleibt dieselbe Leinwand, egal was auf ihr gezeigt wird.

In analoger Weise kann man nun auch das Bewusstsein als unbefleckten Hintergrund all dessen erkennen, was als objekthafte Erfahrungen von ihm selbst bezeugt wird. Um sich dies zu verdeutlichen, entfernen Sie analog zum Kinofilm in Gedanken nach und nach die zahlreichen Eindrücke, die in diesem Augenblick auf Sie einströmen, aus Ihrem Wahrnehmungsfeld. Was bliebe übrig, wenn alle Seh- und Höreindrücke, alle Körperempfindungen, Gefühle und Gedanken nach und nach verschwänden? Was wäre noch vorhanden, wenn sämtliche inhaltlichen Aspekte Ihrer Wahrnehmung abfielen?

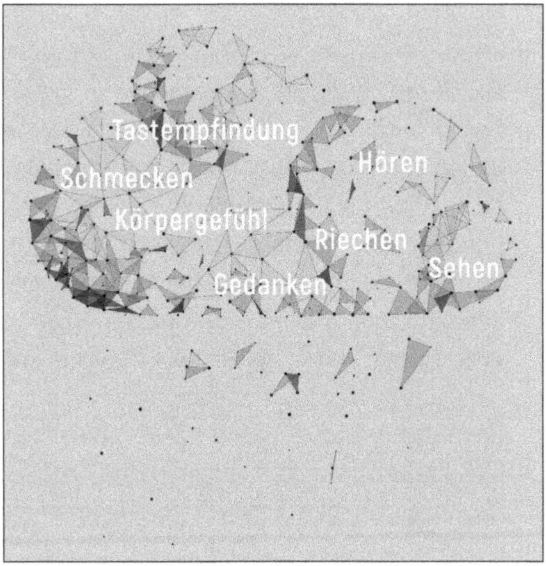

Aus den vorausgehenden Experimenten ist bereits klargeworden, dass unser Bewusstsein zwar die Objekte der Welt bezeugt, aber selbst nicht an diese Objekte gebunden ist. Wenn Sie zum Beispiel die Augen schließen, dann verschwindet zwar der Seheindruck, nicht aber Ihr bezeugendes Bewusstsein. Wenn ein Ton verhallt, dann vergeht nicht Ihre Anwesenheit. Wenn also sämtliche inhaltlichen Aspekte unseres Erlebens wegfielen, dann bliebe immer noch das bezeugende Bewusstsein übrig. Kurz: Ihr „Ich" wäre immer noch da.

Insofern ist es berechtigt, das Bewusstsein metaphorisch mit der leeren Kinoleinwand zu vergleichen. Dieser Vergleich ist deshalb so nützlich, weil er den prinzipiellen Unterschied zwischen der Tatsache oder auch „Form" des bewussten Erlebens, also der Leinwand, und den Inhalten des Erlebens, dem Film, veranschaulicht. Diese klare Unterscheidung ist von außerordentlicher Wichtigkeit. Sie ist die Voraussetzung für das Verständnis des folgenden entscheidenden Schrittes.

Die Unpersönlichkeit der Leinwand

Selbst wenn wir das Vorhandensein dieser „inneren" Leinwand in uns erkennen, haben wir normalerweise den Eindruck, dass es sich hierbei um unsere eigene, also persönliche Leinwand handelt. Jeder Mensch scheint ein individuelles Bewusstsein, seine eigene Projektionsfläche zu haben. Fragen Sie sich jetzt, worin die Individualität dieser persönlichen Leinwand bestehen sollte? Seien Sie mit der Beantwortung der Frage sehr vorsichtig, denn das ist die alles entscheidende Frage. Kann man etwas finden, das die eine Leinwand von der anderen unterscheidet? Was ist an Ihrer Leinwand, an Ihrem persönlichen bewussten Erleben, anders als am bewussten Erleben eines anderen Menschen?

Möglicherweise argumentieren Sie, dass Sie die Welt selbstverständlich anders sehen als Ihr Mitmensch. Schließlich haben Sie ganz spezielle Erfahrungen in Ihrem Leben gemacht. Sie ordnen dadurch allem, was Sie erleben, eine individuelle, eine eigene Bedeutung zu. Wenn Sie gerade verliebt sind, dann erscheint Ihnen die Welt vielleicht zart und hell, wie durch eine rosarote Brille gefärbt. Oder Sie sind gerade deprimiert und blicken auf die Welt wie auf eine eintönige, graue Wüste.

Werden Sie gerade vom Hunger geplagt, sind müde, überreizt, voller Angst oder Aggression – immer wird die Welt um Sie herum Ihr inneres Befinden spiegeln. Sind das nicht alles individuelle Aspekte des Erlebens, die eben auch die Individualität des Bewusstseins bzw. der „Leinwand" nahelegen?

Nicht immer ist es ganz einfach, inhaltliche Aspekte des bewussten Erlebens als solche zu erkennen. Oft verwechseln wir, was gesehen wird, mit dem, was sieht. Aber wir besitzen über die Analogie Leinwand – Bewusstsein nun ein Werkzeug, mit dem wir hier Klarheit schaffen können.

Betrachten wir also nochmal die Filmmetapher: Wenn die verliebte Hauptperson im Film wie auf Wolken und zu Harfenklängen durch die Landschaft tänzelt und alles in einem Glücksrausch vibriert, dann hat das alles nichts mit der Leinwand zu tun, oder? Das gilt auch, wenn der Film aus der persönlichen Perspektive der verliebten Person gezeigt wird. Und wenn der deprimierte Protagonist mit gesenktem Kopf zu düsterer Musik durch das grau gefärbte Bild schleicht, wenn er Hunger leidet, wenn er müde ist, überreizt, voller Angst oder Aggression, dann lässt auch das die Leinwand völlig unberührt, oder nicht?

Hat also der persönliche Seheindruck, so individuell er auch sein mag, etwas mit dem zu tun, was sieht? Sie werden jetzt vielleicht zustimmen, dass dies nicht der Fall ist. Wenn nicht, dann wiederholen Sie das Gedankenexperiment für jede beliebige denkbare Lebenssituation, für jeden möglichen Eindruck, an den Sie sich erinnern können, und machen Sie daraus in Gedanken einen Film. Fragen Sie sich immer wieder, ob die daraus resultierende Filmszene an eine bestimmte Leinwand gebunden ist bzw. ob die Leinwand die Szene mitbestimmt. Sie werden immer zum selben Schluss kommen, dass es die gegenseitige Abhängigkeit nicht gibt.

Stellen Sie sich abschließend eine Leinwand vor, auf die nacheinander unterschiedliche Filme projiziert werden. Daraufhin wird ein und derselbe Film auf unterschiedlichen Leinwänden gezeigt. In keinem der Fälle lässt sich feststellen, dass sich Film und Leinwand gegenseitig beeinflussen. Demnach hängt ein Film nicht von der „Individualität" einer Leinwand ab.

Zieht man also alles Inhaltliche (alles, was gesehen werden kann) vom Seheindruck ab, dann bleibt nichts Substantielles mehr übrig, das man einem Individuum, einem persönlichen Ich zuschreiben könnte. Individualität setzt immer eine Unterscheidung voraus. Unterschieden werden können aber nur formbehaftete, objektive Aspekte. Wo nichts Objektives ist, gibt es keine Unterscheidung, und damit lässt sich Bewusstsein auch nicht einer bestimmten Person zuordnen.

Die Unbegrenztheit der Leinwand

Betrachten wir noch einmal die Leinwand. Eine reale Kinoleinwand ist endlich groß. Sie hat einen Rand, der sie von einer Wand des Kinosaals trennt. Und jedes Kino hat selbstverständlich seine eigene Leinwand. Das liegt daran, dass die Kinoleinwand selbst ein Objekt darstellt und lediglich in der Filmmetapher als Symbol für etwas Nicht-Gegenständliches dient. Wie jede Metapher ist also auch die Analogie Leinwand – Bewusstsein nur in einem engen Rahmen gültig.

Betrachten wir zum Vergleich jetzt unser Bewusstsein. Können Sie eine Grenze Ihres Bewusstseins wahrnehmen? Hört Ihr Bewusstsein irgendwo auf und geht in etwas anderes über, was nicht bewusst ist? Überlegen Sie: Wenn es irgendwo eine Grenze gäbe, dann müssten Sie diese Grenze wahrnehmen können. Aber alles, was Sie wahrnehmen können, ist ein inhaltlicher Aspekt des Erlebens, den Sie mit Ihrem Bewusstsein bezeugen. Das Bewusstsein bildet also immer die größtmögliche Hülle und dehnt sich zuverlässig über alles hinaus aus, was wahrgenommen werden kann (siehe vorausgegangenes Experiment 8). Zur Veranschaulichung stellen Sie sich eine Leinwand oder einen Bildschirm vor, auf der bzw. dem verschiedene Objekte (zum Beispiel geometrische Figuren, Gegenstände etc.) projiziert sind (mit Programmen wie „PowerPoint" leicht herstellbar). Es wird sichtbar: Alle diese Objekte haben Ränder. Objekte sind immer begrenzt. Blendet man nacheinander die Objekte aus, dann verbleibt die pure Leinwand, auf der keine Ränder mehr zu erkennen sind. Die Leinwand ist daher unbegrenzt. Gäbe es eine Grenze, dann würde die Grenze selbst zu einem sichtbaren geometrischen Objekt und man könnte sich fragen, auf welchem Hintergrund diese Grenze als sichtbare Grenze erscheint.

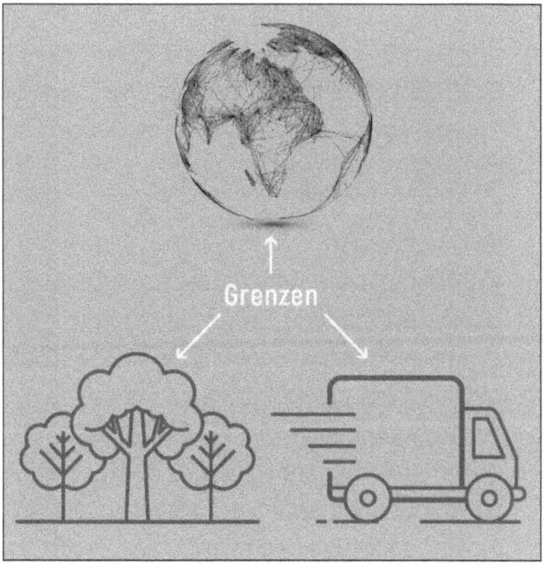

Zum Verständnis hilft auch die Analogie Bewusstsein/geometrischer Raum. Suchen Sie in Gedanken nach einem materiellen

Objekt, das nicht in unserem dreidimensionalen geometrischen Raum eingeschlossen ist. Sie werden selbstverständlich kein solches Objekt finden. Der geometrische Raum ist daher unbegrenzt.

So wie Sie niemals eine Begrenzung des dreidimensionalen Raumes Ihrer Umwelt finden, können Sie auch niemals eine Grenze für das Bewusstsein entdecken. Ist Bewusstsein aber endlos, dann kann man das Bewusstsein nicht auf eine individuelle Projektionsfläche einschränken und einem Individuum als Besitz zuschreiben. Oder lässt sich der erlebte dreidimensionale Raum unserer Welt auf die einzelnen Wesen, die darin leben, aufteilen? Leben wir nicht alle im selben dreidimensionalen Raum? Muss es dann nicht auch derselbe Bewusstseinsraum sein, der diesen dreidimensionalen Raum jeweils bezeugt? Ist es daher nicht folgerichtig, dass alles bewusste Erleben, die Existenz an sich bzw. das Sein, als nicht-individuell angenommen werden? Sein ist Sein. Bewusstsein ist Bewusstsein. Existenz ist Existenz. Das „Was" und „Wie" ist einzigartig und persönlich, die Tatsache des Daseins nicht.

Zwillingsparadox

In diesem Zusammenhang abschließend noch ein weiteres Gedankenexperiment: Stellen Sie sich vor, Sie wären einer von zwei eineiigen Zwillingen. Eineiige Zwillinge entstehen, wenn sich die befruchtete Eizelle im Verlauf der Entwicklung in zwei Embryonalanlagen teilt. Ihr Zwilling und Sie waren also zumindest materiell gesehen ursprünglich ein und derselbe sich entwickelnde Zellhaufen. Nun wissen Sie außerdem, dass Sie bewusst sind. Sie besitzen also eine Ich-Identität und zweifeln nicht daran, dass es Ihrem Zwilling genauso geht. Überlegen Sie jetzt, was wohl wäre, wenn sich der Zellhaufen nicht geteilt hätte. Gäbe es Sie dann trotzdem? Was wäre dann aber mit

Ihrem Zwilling? Oder gäbe es vielleicht nur Ihren Zwilling und nicht Sie? Wer oder was hätte in beiden Fällen entschieden, welcher Zwilling übrig bleibt? Oder andersherum gefragt: Wo ist nach der Teilung des Zellhaufens die zweite Ich-Identität hergekommen?

Der philosophische Materialismus hat für dieses Dilemma eine einfache und konsistente Lösung parat. Demnach existieren gar keine Ich-Identitäten, so dass auch nichts hinzukommen oder wegfallen kann. Vorhanden sind lediglich die materiellen Ausformungen von ein oder zwei Lebewesen, die auf Grund ihrer unterschiedlichen Erfahrungen und Entwicklungen zu unterschiedlichen Personen heranwachsen. Wäre es also anders gekommen, dann wären Sie auch ein anderer Mensch geworden.

Nun entspricht aber unser Ich-Bewusstsein unserer direkten Erfahrung und kann nicht wegrationalisiert werden. Die materialistische Erklärung kann daher nicht vollständig sein und es gibt nur eine einzige andere plausible Möglichkeit, die diese Konstellation in konsistenter Weise erklärt: Sie und Ihr eineiiger Zwilling besitzen dieselbe Ich-Identität! Hätte sich der Zellhaufen nicht geteilt, dann gäbe es Sie genauso wie jetzt und Ihrem Zwilling erginge es wie Ihnen. Natürlich wären, wie vom Materialismus richtig gedeutet, Ihre Erfahrungen, Empfindungen und Bewertungen völlig andere. Sie wären ein anderer Mensch in Ihrer individuellen Ausgestaltung, aber das alles auf der Basis derselben Seins-Gewissheit, derselben Bewusstheit, desselben Ich-Gefühls. Sie wären sozusagen derselbe Zuschauer in einem anderen Kinofilm.

Schlussfolgerung

Alle objektiven, benennbaren Ausprägungen unserer Existenz wie Persönlichkeit, Fähigkeiten, Neigungen, Talente etc. sind absolut individuell und völlig einzigartig. Dagegen spricht alles dafür, dass dasjenige, was aus unseren Augen herausblickt, welches die objektive Welt wahrnimmt, was sich bewusst ist, bewusst zu sein, nicht individuell ist, sondern unpersönlich und grenzenlos. Wir besitzen oder besser sind im Kern alle dasselbe Bewusstsein. Wenn wir Bewusstsein und Ich gleichsetzen, dann können wir auch sagen, wir haben bzw. sind trotz aller Kontraste in der Ausformung unserer Gestalt alle dasselbe „Ich".

Reflexion

Die genannte Schlussfolgerung erscheint radikal und ungewöhnlich. Ja, man will nicht so recht daran glauben. Sie ist sogar gefährlich, jedenfalls wenn man sich Bewusstsein, also das reine Erleben, subtil wieder als etwas Gegenständliches vorstellt, zum Beispiel als eine Fläche, einen Raum, ein geistiges Feld oder eine religiöse Instanz. Sobald man darunter etwas Konkretes versteht, mündet die Aussage „Wir sind alle eins" in dualistische, esoterische bzw. religiöse Weltanschauungen, denen man zu Recht kritisch gegenüberstehen darf.

Versteht man allerdings die wahre Bedeutung der mystischen Aussage, dann eröffnet sich eine neue Perspektive, in der alles Werden und Vergehen, Raum, Zeit und Tod, als vergängliche inhaltliche Aspekte erkannt werden, die mit unser aller „Selbst" nichts zu tun haben. Außerdem begreifen wir nun die mystische Übereinstimmung in allem Sein, zu der wir schon immer einen tiefen intuitiven Zugang haben. Wir nennen ihn Liebe. Liebe steht für das Aufheben jeglicher Trennung, für das vollständige Verschmelzen, für die Spiegelung unseres Selbst in allem und als alles. Der hebräische Name für den alttestamentarischen Gott „Jawe" lautet übersetzt „Ich bin, der ich bin", womit zum Ausdruck gebracht wird, dass wir nicht nur selbstbewusst sind, sondern dass es nur ein Selbst gibt.

Wie schon erwähnt, wird in unserer westlichen Welt die mystische Aussage „Alles ist eins" relativ kritisch gesehen, da sie scheinbar dem Individualismus unserer Zeit zuwiderläuft. Wir möchten uns alle als einzigartige Wesen sehen, nicht wahr? Eine mystische Verschmelzung wird als Konformismus betrachtet, als Gleichmacherei, die die charakterliche Entwicklung zu einer reifen und verantwortlichen Persönlichkeit unterminiert. Doch darin liegt ein Missverständnis, das ausgeräumt werden muss.

Jede Unterordnung in Fremdbestimmung und die äußerliche Anpassung einer Person in Form der Kleidung, des Verhaltens oder einer Ideologie entsteht normalerweise aus dem tiefen Bedürfnis, sich selbst zu verbessern. Eine Folge aus der falschen Annahme, das eigene Ich wäre so, wie es ist, nicht gut genug. Der Prozess der Selbstverwirklichung zum einzigartigen Individuum (auch Individuationsprozess genannt) wird also nicht durch ein mystisches Verständnis gestört, sondern scheitert am allgegenwärtigen Wettbewerbs- und Leistungsdenken. Dieses blockierende Denken beruht auf der Voraussetzung eines getrennten, vereinzelten und metaphysisch einsamen Individuums, also dem genauen Gegenteil dessen, was wir unter der mystischen Verbundenheit verstehen. Dagegen fördert ein mystisches Grundverständnis ein Bewusstsein des Heilseins, der Vollständigkeit und Gültigkeit des gegenwärtigen Erlebens, so dass die eigenen individuellen Möglichkeiten ohne Ängste, Widerstände und Verbesserungswünsche zum Ausdruck kommen können. Auch wenn es paradox klingt: Die Erkenntnis über den inneren Zusammenhang allen Seins fördert die Vielfalt, die Kreativität und Ausdruckmöglichkeiten der individuellen Ausgestaltung der Persönlichkeit.

10. Über die Bindung von Welt und Ich

Jeder scheint zu wissen, was damit gemeint ist, wenn von einem „Subjekt" oder der „ersten Person" die Rede ist. Die Grammatik unserer Sprache geht schließlich davon aus, dass ein ordentlicher Satz mindestens aus Subjekt und Prädikat, möglichst auch noch aus einem Objekt besteht. In dem Satz „Ich sehe einen Baum" gibt es eine scharfe Trennung zwischen dem sehenden Subjekt „Ich" und dem gesehenen Objekt „Baum". Außerdem impliziert die Bezeichnung des Subjekts als „Ich", dass auch ein anderes Subjekt möglich wäre, zum Beispiel „Herr Müller" oder „der Gärtner". Intuitiv schreiben wir dem Ich-Subjekt selbst eine Form zu, nämlich die Form des Körpers mit seinen Sinnesorganen. Üblicherweise verstehen wir daher auch unter dem Ich-Subjekt ein Objekt, über das wir eine Aussage machen.

Wir haben uns bereits mit unserer Natur als Bewusstsein vertraut gemacht. Insofern könnte man das Subjekt auch als anderen Ausdruck für das bezeugende Bewusstsein begreifen, welches im obigen Beispiel den Baum „sieht". Aber darin besteht eine gewisse Gefahr. Mit der Vorstellung, dass Bewusstsein etwas ist, über das man eine Aussage machen kann und welches der wahrgenommenen Welt sozusagen gegenübersteht, wird in subtiler Weise die ursprüngliche Trennung zwischen Ich und Welt fortgeschrieben. Dabei wird Bewusstsein zu einer neuen Umschreibung für das getrennte Ich, welches eine ihm fremde Welt erlebt (sieht, hört etc.). Durch eine solche Anschauung machen wir auch Bewusstsein zu einem Objekt, einem substanziellen Ding, das unserem „Subjektsein" vermutlich nicht gerecht wird.

Erfahrungsgemäß ist es schwer verständlich, dass etwas „kein Objekt" sein kann, weshalb wir immer wieder in konventionelle Anschauungen verfallen. In den Experimenten dieses Abschnitts wollen wir daher nochmals der nicht-objektartigen

Eigenschaft des Bewusstseins nachspüren und uns klarmachen, was es wirklich bedeutet, ein „Subjekt" zu sein. Außerdem wollen wir untersuchen, ob es die alltägliche gedankliche und sprachliche Trennung zwischen Subjekt und Objekt, zwischen Zeuge und Bezeugtem in Wirklichkeit tatsächlich gibt.

Die hier dargestellten Betrachtungen lehnen an Experimente von Douglas Harding[28] an, ohne deren Deutung zu übernehmen.

Mit dem Finger auf Bewusstsein deuten

Strecken Sie den Arm aus und zeigen mit dem Zeigefinger auf irgendwelche Gegenstände, zum Beispiel auf ein Buch, das auf dem Tisch liegt, oder auf die Blumenvase auf dem Fensterbrett oder einfach nur auf die gegenüberliegende Wand, die Lampe oder den Fußboden. Was sehen Sie, wenn Sie die Bedeutung des Gegenstandes für diesen Moment ausblenden? Was haben alle Gegenstände gemeinsam? Sie bestehen aus Farben und Formen, oder nicht? Sie sind sozusagen „dinglich".

Wandern Sie nun mit dem Zeigefinger durch den Raum und deuten auf beliebige andere Objekte. Machen Sie sich gewahr, was Sie jedes Mal sehen: Farbe, Form und Dinglichkeit. Nähern Sie sich jetzt mit dem Finger langsam Ihrem eigenen Körper, bis sie zu Ihren Schuhen gelangen. Was sehen Sie? Offensichtlich Farbe, Form und Dinglichkeit, auch wenn Ihnen die Schuhe sehr vertraut vorkommen. Gleiten Sie nun mit dem Finger langsam an Ihrem Körper nach oben, über Hose, Oberkleidung bis zu dem Teil Ihres Gesichtes, den Sie gerade noch am unteren Rand Ihres Gesichtsfeldes erkennen können. Worauf deutet der Finger jeweils? Natürlich auf Farbe, Form und Dinglichkeit. Vielleicht können Sie noch ein kleines Stück nach oben gleiten. Falls Sie Brillenträger sind, sehen Sie dort vielleicht die Ränder des Brillengestelles oder zumindest den durchsichtigen Schatten

Ihrer Nase. Kreisen Sie mit dem Finger über den Rand Ihres Gesichtsfeldes, wo Sie gerade noch etwas Objektartiges wahrnehmen können und konzentrieren Sie sich dann auf den entscheidenden Schritt.

Deuten Sie mit dem Finger genau dorthin, wo das Sehen herkommt, wo sich im Gesicht die Augen befinden. Was sehen Sie dort? Ist dort auch Farbe, Form, Dinglichkeit? Antworten Sie nicht vorschnell mit „Ja". Natürlich kennen Sie Ihr Spiegelbild und „wissen", dass sich an dieser Stelle Ihre Augen befinden, die von außen gesehen ebenfalls aus Farbe, Form und Dinglichkeit bestehen. Lassen Sie sich auch nicht durch die Fingerspitze irritieren, auf die Sie jetzt senkrecht blicken, und die ebenfalls aus Farbe, Form und Dinglichkeit besteht. Es geht nicht um die Fingerspitze, sondern um den Ort, wo Ihr Sehen herkommt. Ist dort Farbe, Form und Dinglichkeit? Was ist dort, wo die anderen Personen Ihr Gesicht sehen?

Wenn Sie nur den gegenwärtigen Eindruck beachten – und nur der besitzt einen uneingeschränkten Wahrheitsgehalt – dann werden Sie zustimmen müssen, dass an dem Punkt, auf den die Fingerspitze deutet, selbst keine Farbe, keine Form und keine Dinglichkeit erkennbar sind.

Machen Sie folgendes Gedankenexperiment: Wenn dort, wo Ihr Sehen herkommt, ein dingliches Objekt mit Farbe und Form wäre, dann müssten Sie es sehen, oder nicht? Es wäre Ihnen sogar im Wege. Sie würden statt auf die Welt auf dieses Objekt blicken, auf seine Farbe, Form und Dinglichkeit. Und Sie könnten sich sofort wieder fragen: „Was ist dort, von wo dieses Objekt gesehen wird? Sind dort auch Farbe, Form und Dinglichkeit?" Wenn das so wäre, dann könnten Sie das Spiel wiederholen, bis es Ihnen langweilig wird. Irgendwo am Ende der Wahrnehmungskette *muss* es etwas geben, das *nicht* gesehen werden kann, ansonsten wären Sie blind. Am Ende werden Sie also erkennen, dass dort, wo das Sehen herkommt, logischerweise keine Form, keine Farbe und keine Dinglichkeit sein können.

Schauen durch eine Papierrolle

Drehen Sie nun ein weißes, unbeschriebenes Blatt Papier zu einer Papierrolle und blicken Sie mit einem Auge durch die Rolle wie durch ein Fernrohr. Fixieren Sie mit dem offenen Ende irgendein Objekt, zum Beispiel das eben erwähnte Buch bestehend aus Form, Farbe und Dinglichkeit. Gleiten Sie nun mit Ihrer Aufmerksamkeit vom Buch weg entlang der weißen Röhre in Richtung Auge, wobei sich Ihr Auge langsam entspannt. Sie nehmen dabei das „Weiß" der Röhrenwand wahr. Wo endet aber dieses Weiß? Was ist genau dort, wo sich das Weiß in der Nähe verliert? Was ist in dieser Nähe? Sind dort auch Farbe, Form und Dinglichkeit?

Offensichtlich nicht. Wie könnten Sie das beschreiben, was Sie dort sehen? Da Sie „nichts" sehen, werden Sie vielleicht sagen: „Da ist nichts". Vielleicht sagen Sie auch – im Gegensatz zu den Farben, Formen und Dingen, dass dort „Farblosigkeit" oder „Formlosigkeit" herrscht. Oder Sie bemerken, dass an dieser Stelle auf jeden Fall ein „Durchblicken" auf die Objekte der Welt, in diesem Fall auf das Buch, stattfindet. Insofern könnten Sie auch sagen: „Da ist Transparenz." Im Gegensatz zur Fülle der gegenständlichen Welt scheint auch die Bezeichnung „Leere" plausibel. Aber egal wie Sie es nennen, jeder Name ist eine Umschreibung, die die Erfahrung, die Sie im gegenwärtigen Moment machen, nicht wirklich trifft.

Es gibt eine Variante dieses Experimentes, die intuitiv noch stärker ist. Dazu richten wir die Papierrolle auf das Auge eines Mitspielers, so dass beide Spieler jeweils eines der Augen ihres

Gegenübers sehen. Von außen betrachtet, aus der Dritte-Person-Perspektive, blicken zwei Augen durch eine Papierrolle aufeinander. Wir, als Mitspieler, sehen zunächst das Auge des anderen Mitspielers. Das ist die Zweite-Person-Perspektive. Wenn wir nun, wie im vorigen Experiment, die Aufmerksamkeit entlang der Papierrolle in Richtung zu unserem eigenen Auge verlagern, dann gelangen wir zur Erste-Person-Perspektive, die mit den Attributen Transparenz, Leere, Farb- und Formlosigkeit bezeichnet werden kann. Bei diesem Experiment kann uns daher schlagartig bewusst werden, was es eigentlich bedeutet, eine Erste-Person-Perspektive zu besitzen.

An dieser Stelle müssen wir uns unbedingt gewahr werden, dass auch die Attribute Transparenz, Leere, Farb- und Formlosigkeit nur bedingt brauchbar sind. Besonders die Metapher „nichts" ist problematisch, da sie emotional negativ besetzt ist. „Nichts" bedeutet für uns immer das Fehlen von etwas. Wenn Sie aber der Erfahrung der Erste-Person-Perspektive nachspüren, dann werden Sie feststellen, dass dort nichts fehlt. Im Gegenteil, dort ist alles erschienen, was Sie je von der Welt zur Kenntnis genommen haben. Dieses „Nichts" ist identisch mit dem „Alles" der Welt.

Vor allen Dingen besitzen „Leere", „Formlosigkeit" oder „Transparenz" eine fundamentale Eigenschaft, die mit „nichts" nun überhaupt nichts zu tun hat. Was ist das? Was zeichnet die Erste-Person-Perspektive aus, wenn sie auf ein Objekt der Umgebung blickt? Sie ist selbst farblos, formlos, transparent, nicht wahr? Aber gleichzeitig sehen wir über diese Perspektive Farbe, Form und Dinglichkeit. Wir „wissen" dadurch und nur dadurch von Farbe, Form und Dinglichkeit. Das bedeutet, dass sich hinter der Leere, hinter der Formlosigkeit, hinter der Transparenz „Wissen" bzw. „Erfahrung" verbirgt. Wir sind dieses Wissen der Welt. Wir sind wissendes Sein, Bewusstsein.

Kopfloses Schauen

Wir können abschließend sogar noch einen Schritt weiter gehen. Setzen Sie die Papierrolle wieder ab und blicken Sie einfach um sich. Versuchen Sie sich dabei an das zu erinnern, was Sie eben erfahren haben. Machen Sie sich bewusst, dass beim Prozess des Sehens auf Ihrer Seite der Anschauung kein Gegenstand vorhanden ist, der schaut, sondern dass hier eine substanzlose Offenheit vorhanden ist für dasjenige, was gesehen wird. Machen Sie sich also klar, dass sich auf Ihrer Seite des Sehens kein optischer Empfänger bzw. Betrachter befindet!

Schauen Sie auf diese Weise auf irgendein Objekt, zum Beispiel auf einen Baum vor dem Fenster. Ist es dann nicht so, als wenn sich der Baum in gewisser Weise selbst sieht? Wenn Sie für einen Augenblick vergessen, dass Sie einen Kopf mit Augen haben – in der direkten Erfahrung haben Sie auch keinen –, dann schwebt die Erfahrung des Baumes sozusagen in einem leeren Raum. Fühlen Sie die Leichtigkeit, die von diesem Eindruck ausgeht? Wenn Sie keinen Kopf mit Augen besitzen, dann bedarf das Sehen keiner Anstrengung mehr. Es ist einfach. Dieser Eindruck lässt sich auch auf alle anderen Sinneseindrücke übertragen. Hören, Fühlen, Riechen finden jetzt einfach statt. Sein und Bewusstsein finden zueinander, die Trennung hört auf.

Es ist nicht schlimm, wenn Sie Schwierigkeiten haben, die letzte Übung konsequent durchzuhalten oder gar mit letzter Konsequenz zu verstehen. Die Konditionierung, uns selbst als Sehende auf ein Objekt zu reduzieren, ist sehr stark. Trotzdem ist sie eine empfehlenswerte Übung, auch und gerade für den Alltag. Halten Sie zum Beispiel beim Spazierengehen ab und zu kurz inne und realisieren Sie für sich selbst, wie die Umgebung mit Leichtigkeit und ohne Widerstand durch Sie hindurchschwebt, wie jedes Geräusch aus Ihrer eigenen Mitte erklingt, ohne dass Sie irgendetwas dazutun müssten.

Die Bindung von Welt und Ich
Dieses Experiment[29] verallgemeinert die vorgenannten Erfahrungen und zeigt, dass bei jeder Wahrnehmung das wahrnehmende Subjekt und das wahrgenommene Objekt zusammenfallen.

a) Tasten: Berühren Sie mit der flachen Hand oder besser nur mit einer Fingerkuppe eine Tischfläche und konzentrieren Sie sich auf das entsprechende Tastgefühl. Am besten schließen Sie dabei die Augen. Sie spüren möglicherweise eine leicht kühle Temperatur, verbunden mit einem sanften Druck. Versuchen Sie möglichst genau zu ergründen, was Sie an der Stelle spüren. Fragen Sie sich dann, wie viele Empfindungen Sie im Bereich Ihrer Fingerkuppe wahrnehmen. Bleiben Sie dabei mit Ihrer Aufmerksamkeit an einer bestimmten Stelle. Sobald Sie mit der Konzentration hin und her wandern, werden Sie natürlich nacheinander unterschiedliche Empfindungen spüren. Das ist nicht gemeint. Wie viele Tastempfindungen gibt es an ein und derselben Stelle? Mehrere? Zwei? Eine? Sie werden sicher zustimmen, dass Sie nur eine einzige Tastempfindung spüren. Stellen Sie sich jetzt folgende Frage: Spüren Sie den Tisch oder Ihren Finger? Die Frage ist berechtigt, denn schließlich ruht der Finger auf dem Tisch. Wenn Sie den Eindruck haben, dass es nur der Tisch ist, den Sie spüren, dann irren Sie sich. Denn das würde bedeuten, dass Ihr Finger taub ist. In diesem Fall könnten Sie gar nichts spüren. Sie würden nichts von dem Tisch „wissen". Der Eindruck muss also falsch sein. Oder es hat für Sie den Anschein, als ob Sie nur Ihren Finger spüren. Dann dürfte sich beim Abheben des Fingers von der Tischfläche der Tasteindruck nicht ändern. Auch das ist nicht der Fall. Sie müssen also zugeben, dass die Tastempfindung weder dem Tisch noch Ihrem Finger allein zugeschrieben werden kann. Und doch ist es ein einziger Tasteindruck! Im Augenblick der direkten Wahrnehmung verschmilzt der Gegenstand, der berührt wird, mit demjenigen, der ihn berührt. Anders ausgedrückt: Im Moment der Erfahrung gibt es keine Trennung zwischen dem Objekt der Wahrnehmung und dem Subjekt, das es wahrnimmt. Das gilt zumindest für unseren Tastsinn.

b) Hören: Beenden Sie nun das Tastexperiment und wenden Ihre Aufmerksamkeit einem beliebigen Geräusch zu. Halten Sie die Augen dabei am besten weiter geschlossen. Vielleicht hören Sie ferne Autogeräusche, das Gezwitscher von Vögeln vor dem Fenster oder die Sprache einer Person im Raum. Alternativ können Sie auch der in Ihren Gedanken existierenden inneren Stimme lauschen, oder Sie summen im Geist eine Melodie. Die Art, real oder geistig, und die Bedeutung des Geräusches spielen keine Rolle. Achten Sie stattdessen genau darauf, was Sie hören. Vermutlich werden Sie zustimmen, dass sich das Geräusch aus wechselnden Lautstärken, Tonhöhen, Klangfarben und einem bestimmten Rhythmus zusammensetzt.

Fragen Sie sich, ob Sie beim Vorgang des Hörens zwischen dem wahrgenommenen Geräusch und demjenigen, der hört, unterscheiden können. Lässt sich der jeweilige Höreindruck in zwei Teile aufteilen? Gibt es einen Anteil des Geräusches, den Sie zum Beispiel dem zwitschernden Vogel, und einen anderen Anteil, den Sie sich selbst als dem Zuhörer zuschreiben können? Die Fragen klingen absurd. Selbstverständlich nehmen Sie zu einem bestimmten Zeitpunkt nur ein einziges Geräusch wahr, das sich nicht auftrennen lässt.

Was ist es aber dann, was Sie hören? Vermutlich ordnen Sie das Geräusch einzig dem singenden Vogel zu. Sie sagen: „Da zwitschert ein Vogel." Doch wenn an der Wahrnehmung nur das Gezwitscher und nicht Sie als Zuhörer beteiligt wären, dann würden Sie nichts hören, oder? Jemand muss doch davon wissen, dass ein Geräusch ertönt, jemand erfährt doch das Geräusch, oder nicht?

Konzentrieren Sie sich nochmal auf das Geräusch und wandern dann mit der Aufmerksamkeit zu der Erfahrung des Geräusches, also hin zu Ihrem „Wissen" des Geräusches, ähnlich wie Sie es im Zusammenhang mit der Papierröhre gemacht haben. Wechseln Sie zwischen dem Geräusch und Ihrer Erfahrung des Geräusches hin und her. Wenn zwischen dem Geräusch und Ihnen eine Trennung wäre, dann müsste sich dazwischen eine Grenze finden lassen. Ist eine solche Grenze vorhanden? Müssen Sie beim Wechseln der Aufmerksamkeit eine Grenze überschreiten? Sind Geräusch und dessen Erfahrung tatsächlich getrennt?

Nein, Sie werden zustimmen, das gehörte Geräusch kann weder Ihnen als Subjekt noch dem Objekt alleine zugeschrieben werden. Anders ausgedrückt: Das Hören des Geräusches ist das Geräusch, das Wissen um das Objekt ist das Objekt. Im Augenblick der Wahrnehmung sind Subjekt und Objekt eins. Es gibt keinen Hörenden und es gibt kein Gehörtes. Es gibt nur „Hören". Das ist unsere direkte Erfahrung!

c) Sehen: Öffnen Sie nun die Augen und fixieren Sie irgendeinen Gegenstand in Ihrer Umgebung, zum Beispiel ein Bild an der Wand. Die Bedeutung des Bildes ist irrelevant. Fragen Sie sich zunächst, was Sie im Einzelnen tatsächlich sehen. Was bleibt vom Seheindruck übrig, wenn man die Interpretation des Gesehenen außer Acht lässt? Reduziert sich das Bild dann nicht auf eine bestimmte räumliche Anordnung von Farben und Formen?

Fragen Sie sich jetzt, ob Sie beim Vorgang des Sehens zwischen den wahrgenommenen Farben und Formen und dem, was diese sieht, unterscheiden können. Lässt sich der jeweilige Seheindruck in zwei Teile aufteilen? Gibt es einen Anteil der Farben und Formen, den Sie zum Beispiel dem Bild, und einen anderen Anteil, den Sie sich selbst als den Sehenden zuschreiben können? Auch diese Fragen klingen absurd. Selbstverständlich nehmen Sie zu einem bestimmten Zeitpunkt nur einen einzigen Seheindruck wahr, der sich nicht auftrennen lässt. Was ist es aber dann, was Sie sehen? Vermutlich ordnen Sie die Farben und Formen einzig dem Bild zu. Sie sagen: „Da hängt ein Bild." Doch wenn an der Wahrnehmung nur das Bild und nicht Sie als sehende Person beteiligt wären, dann würden Sie nichts sehen, oder? Jemand muss doch die Farben und Formen zur Kenntnis nehmen. Jemand muss doch davon „wissen", dass das Bild erscheint, oder nicht?

Konzentrieren Sie sich nochmal auf eine bestimmte Farbe oder Form. Wandern Sie dann mit der Aufmerksamkeit zu Ihrer Erfahrung bzw. zu Ihrem Wissen um die Farbe oder Form (ähnlich wie Sie es im Zusammenhang mit der Papierröhre gemacht haben), wechseln Sie zwischen beidem hin und her. Müssen Sie mit Ihrer Aufmerksamkeit eine Grenze überschreiten? Sind Farbe und Form und deren Erfahrung, also das Wissen um ihre Erscheinung, zwei verschiedene Dinge? Nein, Sie werden zustimmen, das gesehene Bild kann nicht dem Subjekt oder Objekt alleine zugeschrieben werden. Wieder lässt sich schließen, dass auch beim Vorgang des Sehens keine Trennung zwischen dem wahrgenommenen Objekt (Farben, Formen, Raum) und dem wahrnehmenden Subjekt (Sie) auftritt. Anders ausgedrückt: Das Sehen der Farben und Formen sind die Farben und Formen, das Wissen um das Objekt ist das Objekt. Es gibt keinen Sehenden und nichts Gesehenes. Es gibt nur „Sehen". Im Augenblick der Wahrnehmung sind Subjekt und Objekt eins. Das ist unsere direkte Erfahrung!

Schlussfolgerung

Alles, mit dem wir uns befassen, hat Farbe, Form, ist dinglich und kann benannt werden. Auch die Gedanken selbst sind ein

Spiegel der Begrifflichkeiten. Wir können uns über Gedanken und Gefühle austauschen, wir können darüber reden. Alles, über das wir reden können, ist Gegenstand der Wahrnehmung, Inhalt des Erlebens. Dagegen ist dasjenige, was sieht, nicht dinglich, ist ohne Farbe und Form und somit nicht benennbar. Wir können nicht darüber sprechen. Metaphern wie Transparenz, Leere, Nichts wecken bestimmte Assoziationen, werden so zu Inhalten des Erlebens und können damit niemals wirklich treffen, was mit „Subjekt" und „Erste-Person-Sein" gemeint ist. Alle Begriffe sind falsch.

Wenn wir das Subjekt bzw. die Erste-Person-Perspektive näher ergründen, dann merken wir recht schnell, dass unser alltäglicher Umgang damit recht oberflächlich ist und den Kern dessen, was Subjektsein heißt, auch nicht annähernd trifft. Wir sind Subjekte und keine Objekte. Das ist eigentlich klar und wird dennoch immer übersehen. Bei näherer Betrachtung stellen wir fest, dass sich hinter der scheinbar trivialen Feststellung, ein Subjekt oder eine erste Person zu sein, eine einzigartige Sichtweise verbirgt. Sie trennt uns entgegen der landläufigen Meinung nicht von den Objekten der Welt und den anderen Lebewesen, sondern vereinigt uns mit ihnen. Das bezeugende Bewusstsein und das bezeugte Objekt sind niemals getrennt. Im Akt der Wahrnehmung fallen Zeuge und Bezeugtes zusammen. Das Subjekt führt die Welt zurück zu sich selbst.

Reflexion

Im täglichen Leben schauen wir auf uns wie auf ein Objekt, wir objektivieren uns. Das ist sinnvoll und in der Kommunikation mit unseren Mitmenschen unerlässlich. Schließlich können wir uns nur auf diese Weise mitteilen und austauschen. Nur so können wir das „Wie" unserer Existenz erfassen und damit umgehen. Diese Betrachtung hat aber nichts mit dem zu tun, was wir tatsächlich sind. Tatsächlich sind wir das sehende Bewusstsein, in dem das eben beschriebene Ich-Objekt als Anschauung erscheint. Im Zen-Buddhismus wird diese natürliche Perspektive auch als das „Nicht-Gesicht" oder das „ursprüngliche Gesicht" bezeichnet.

Das Sein wird von der Erste-Person-Perspektive bestimmt. Sie ist unser natürlicher Daseinszustand, auch wenn dies oft „übersehen" wird. Alles, was wir erleben, Objekte, Gefühle und Gedanken, sind „Inhalte" des Bewusstseins. Alle diese Inhalte sind beschreibbar, also objektivierbar. Auch unser Spiegelbild ist ein äußeres Bild, das mit der ersten Person nichts zu tun hat. Dagegen sind die erste Person bzw. das Bewusstsein selbst nicht als Objekt oder materielle Substanz auffindbar, objektivierbar und damit benennbar. Das Sehende ist sich selbst verborgen. Das Auge kann sich selbst nicht sehen. Man nennt das auch die Selbstverborgenheit des Ich.

Ich bin sozusagen niemals die Vorstellung, die ich von mir habe. Es fällt uns schwer, diese einfache Tatsache zu akzeptieren, da unsere Gedanken sich nur mit Objekten befassen können. Auch unsere Sprache kann nur mit objektartigen Dingen umgehen. Die Leere des Bewusstseins ist für den Verstand schlicht und einfach unfassbar. Erst wenn wir selbst die Objektartigkeit der Gedanken erkennen, erahnen wir hinter dieser Kulisse die Wirklichkeit des Bewusstseins.

Vereinfacht könnte man das sinnliche Erleben in zwei Bereiche aufteilen. Auf der einen Seite befinden sich die gegenständliche Umgebung, unser Körper und unsere Gefühle und Gedanken. Nennen wir diese Seite vereinfacht „Welt". Auf der anderen Seite befindet sich das „Ich", das wir mit Attributen wie Leere, Formlosigkeit und Transparenz gekennzeichnet haben. Es wäre

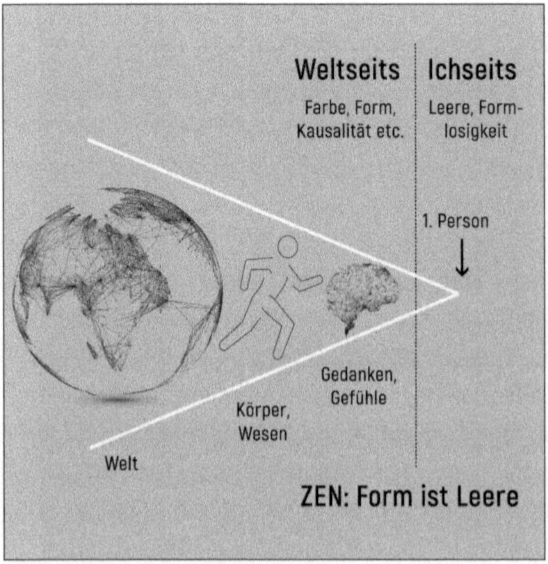

jetzt ein großer und häufig begangener Fehler, wenn wir die Ich-Seite selbst als wie auch immer geartetes subtiles Ich-Objekt auffassen würden. Die Konsequenz wäre eine dualistische und unwissenschaftliche Weltanschauung.

Wenn wir aber erkennen, dass es sich bei der Ich-Seite nicht um ein Objekt, sondern um ein reines Potential, also um die Möglichkeit der Existenz der Weltseite handelt, dann erkennen wir, dass sich beide Seiten aufeinander abbilden, dass die Trennlinie keine Trennung, sondern eine „Entsprechung" bedeutet. Auf der fiktiven Trennfläche werden Welt und Ich übereinandergeschoben. Das „Alles" der Welt vereinigt sich mit der „Leere" des Bewusstseins. Im Zen gibt es die einfache Formel: „Form ist Leere und Leere ist Form." Jetzt wissen wir, was damit gemeint ist.

Metaphorisch wird diese Situation häufig mit der einer Kinoleinwand verglichen, wobei die leere Leinwand das Bewusstsein und der darauf ablaufende Film die Welt symbolisiert. Wir kennen diese Metapher schon aus dem letzten Experiment. Hier aber wird deutlich, dass Film und Leinwand niemals getrennt auftreten, sondern miteinander verbunden sind. Mit dieser Verbundenheit beschäftigen sich auch die nächsten beiden Experimente.

11. Traum und Wirklichkeit

Eines der größten Hindernisse auf dem Weg zu einem ganzheitlichen Verständnis unserer selbst ist unsere gewohnheitsbedingte Aufteilung der Wirklichkeit in eine aus unserer Sicht außenliegende Realität, die wir einer konkreten gegenständlichen Welt zuschreiben, und eine innere geistige Welt, die wir uns selbst in Form von „unseren" Gedanken, Gefühlen und Träumen beimessen. Intuitiv haben wir den Eindruck, dass wir durch unsere Augen wie durch Fenster auf eine konkrete Wirklichkeit blicken, die außerhalb von uns zu liegen scheint, die wir zwar durch unsere Sinne erfahren können, aber von der wir grundsätzlich getrennt sind.

Mehr noch, wir halten die äußere Realität, die wir am Tag bei wachem Bewusstsein durch unsere Sinne erfassen, für die primäre Wirklichkeit. Wir gehen also davon aus, dass den Gegenständen der Wahrnehmung, zum Beispiel den Objekten unserer Umgebung, eine primäre physikalische Realität zukommt, die wir auch unter dem Begriff „Materie" zusammenfassen. Wenn ich also ein Trinkglas anfasse, dann setze ich fraglos voraus, dass ich tatsächlich einen materiellen Gegenstand berühre, der mir sinnlich seine glasartige Beschaffenheit wie Härte, Glätte, Transparenz etc. präsentiert. Ich zweifle nicht einen Moment daran, dass der Stuhl, auf dem ich gerade sitze, eine materielle Konsistenz aus Holz oder Kunststoff hat. Außerdem halten wir es für selbstverständlich, dass das Universum mit all seinen Sternen und Galaxien lange schon vorhanden war, bevor der Mensch begonnen hat, sich über dessen substanzielle Beschaffenheit Gedanken zu machen.

Dagegen halten wir die Wirklichkeit, die uns zum Beispiel in unseren Nacht- und Tagträumen erscheint, für ein nachgeordnetes virtuelles Modell der Welt, für eine rein geistige Rekonstruktion, die von unserem Bewusstsein als eine Art Spiegelung der primären Wirklichkeit erschaffen wird. Unterstützt wird diese Auffassung durch die typische Beschaffenheit eines Traumes, der die gewohnte raum- und zeitliche Ordnung durcheinanderwirbelt und mit üblichen kausalen Zusammenhängen bricht. Wir schließen daraus, dass sich der Traum und im übertragenen Sinne alle geistigen Vorgänge substanziell von der konkreten Realität der Materie unterscheiden.

Um diese hartnäckige Zerteilung der Wirklichkeit in zwei Grundsubstanzen zu hinterfragen, wird im Folgenden die Beschaffenheit der Welt der Materie und der Welt unserer Träume miteinander verglichen. Der Traum als geistiges Objekt ist hierbei besonders anschaulich, da sein filmartiger Charakter unseren gewohnten Eindrücken von der Realität der materiellen Welt besonders nahekommt.

Substanz eines Nachttraums analysieren

Erinnern Sie sich an einen möglichst deutlichen Traum, der neben dem optischen Eindruck auch noch andere Sinneswahrnehmungen wie Berührung oder Hören bezeugt hat? Achten Sie absichtlich diesmal nicht auf den Inhalt des Traumes und auch nicht auf seine merkwürdig irrealen Abläufe, sondern konzentrieren Sie sich auf die konkreten Wahrnehmungen. Sie haben zum Beispiel eine Landschaft gesehen, eine Stadt oder das Zimmer eines Hauses. Dieses Bild oder dieser Filmausschnitt bestand also aus optischen Eindrücken wie Helligkeit, Farben, Formen und Raum, die Sie natürlich gegenständlich als Baum, Haus, Fenster etc. interpretieren. Lassen wir die Interpretation außer Acht, dann bleiben als Substanz die genannten rein optischen Eindrücke übrig.

Hinsichtlich der akustischen Reize können wir nun ähnlich verfahren. Vielleicht haben Sie eine Stimme gehört, deren Aussage Sie erschreckt oder erfreut hat. Lassen wir wiederum die Bedeutung außer Acht, so bleiben als Substanz die akustischen Eindrücke Lautstärke, Tonhöhe, Klangfarbe etc. übrig. Falls Sie zum Beispiel im Traum ein Auto gesteuert haben, dann können Sie vielleicht auch noch die Haptik des Lenkrades oder den Lenkwiderstand nachvollziehen.

Nun hat die gedankliche Rekapitulation eines Traumes wenig mit direkter Erfahrung zu tun, ist ungenau und natürlich können sich nicht alle Menschen detailliert an ihre Träume erinnern. Wir können jedoch alle auch jetzt, in diesem Moment, im Geist eine Art Tagtraum erzeugen, der sich substanziell nicht vom Nachttraum unterscheidet.

Schließen Sie die Augen und visualisieren Sie jetzt zum Beispiel eine Waldlandschaft. Sie stehen auf einem Forstweg und erblicken zu beiden Seiten hohe Buchen, durch deren Blätterdach die Sonne Streifen und Schatten wirft. Sie sehen Hell und Dunkel, zahlreiche Grüntöne sowie die geometrischen Formen der Stämme und Zweige. Die Substanz der visuellen Vorstellung ist, wie im Nachttraum, Licht, Farbe, Form und Raum, denen Sie geistig natürlich wieder eine Bedeutung zuweisen.

Wir könnten uns jetzt noch dem Gezwitscher der Waldvögel zuwenden. Einfacher ist es jedoch, wenn Sie einfach auf Ihre innere Stimme achten, die gerade jetzt irgendeinen Kommentar abgibt. Falls dies nicht der Fall ist, dann spulen Sie einen Ohrwurm ab, der Ihnen seit Tagen im Ohr klingt. Summen Sie in Gedanken die Melodie. In allen Fällen werden Sie unmittelbar feststellen, dass sowohl die innere Stimme als auch der Ohrwurm genau wie im Nachttraum aus Lautstärke, Tonhöhe und Klangfarbe besteht.

Substanz der Realität analysieren

Nach diesen „geistigen" Erfahrungen von Nacht- und Tagtraum setzen wir uns jetzt als Drittes mit der sogenannten konkreten Realität auseinander. Blicken Sie um sich! Was sehen Sie? Vermutlich befinden Sie sich in einem Raum mit Wänden, Boden und Decke, verschiedenen Einrichtungsgegenständen und möglicherweise anderen Personen. Wenn Sie die Bedeutung des visuellen Eindrucks ignorieren, dann reduziert sich das Gesehene auf ein Muster unterschiedlicher Helligkeiten, Farben und Formen, die zudem räumlich erscheinen. Fragen Sie sich, inwieweit sich der visuelle Eindruck von demjenigen des Tag- bzw. Nachttraumes unterscheidet.

Wechseln Sie dabei mit der Aufmerksamkeit von der direkten Betrachtung zu dem erdachten Bild und wieder zurück. Wechseln Sie mehrmals hin und her. Gibt es abgesehen von der Deutlichkeit und der geistigen Anstrengung tatsächlich einen substanziellen Unterschied im Bild? Bestehen nicht sowohl das vermeintlich „Reale" als auch das „visualisierte" Bild aus den gleichen optischen Bestandteilen? Wie aber kann dann Farben und Formen eine physikalische Realität zukommen, wenn sie auch im Geist zugegen sind?

„Sehen" ist nur möglich, wenn Licht vorhanden ist. Machen Sie sich klar, dass sowohl die gesehene Realität als auch Ihr Traum

„beleuchtet" sind. Und ist es nicht immer dasselbe Licht, welches das Gesehene erhellt? Wenn aber auch im „Geist" bzw. im Traum dasselbe Licht erstrahlt wie in der vermeintlichen Realität, wie kann dann Licht eine physikalische Realität besitzen? Wo sollte das Licht im Schlaf herkommen, wenn es nicht ein Erzeugnis unseres Bewusstseins wäre? Bedenken Sie: Von Ihren Augen wird kein Licht ins Gehirn transportiert, dort ist es völlig dunkel. Außerdem schlafen Sie mit geschlossenen Augen in einem abgedunkelten Raum. Und trotzdem träumen Sie Licht! Licht kann daher nichts sein, was von Sonnen, Lampen oder Ähnlichem ausgeht, sondern es ist ein Ausdruck des Bewusstseins!

Wiederholen Sie die Prozedur in ähnlicher Weise für den Höreindruck. Lauschen Sie zunächst irgendwelchen Klängen in der Umgebung und wenden Sie dann die Aufmerksamkeit Ihrer inneren Stimme bzw. der inneren Melodie zu. Wechseln Sie zwischen beiden Eindrücken mit der Aufmerksamkeit hin und her. Abgesehen von der Intensität und der Bedeutung: Gibt es einen Unterschied in der akustischen Zusammensetzung? Bestehen nicht beide akustischen Eindrücke in gleicher Weise aus Lautstärke, Tonhöhe und Klangfarbe?

Aber wie kann einem Klang eine physikalische Realität zukommen, wenn er auch im Geist bzw. im Traum ertönt? Wo sollte der Klang im Schlaf herkommen, wenn er nicht ein Erzeugnis unseres Bewusstseins wäre?

Gibt es tatsächlich Materie?

An dieser Stelle sei nochmals auf das vorausgegangene Experiment „Die Bindung von Welt und Ich" verwiesen. Dabei haben wir festgestellt, dass es bei allen Empfindungen wie Spüren, Hören und Sehen keine Trennung zwischen dem wahrgenommenen

Objekt und dem wahrnehmenden Subjekt gibt. Beide sind im Augenblick der Erfahrung eins. Alles was wir erfahren ist daher die Empfindung selbst, die weder einen Hinweis auf den Erfahrenden noch auf ein reales zu erfahrendes Objekt enthält.

Zum besseren Verständnis dieser Tatsache empfiehlt es sich an dieser Stelle, das eine oder andere Bindungs-Experiment zu wiederholen. Wenn Sie zum Beispiel einen Gegenstand berühren, dann erscheint Ihnen als Einziges eine bestimmte Tastempfindung, die eine spezielle Art von „Wissen" darstellt. Wenn Sie einen Gegenstand betrachten, dann erscheint Ihnen als Einziges eine bestimmte Farbempfindung, die ebenfalls eine spezifische Art von „Wissen" bedeutet. Auch ein Höreindruck oder sämtliche andere Sinneswahrnehmungen lassen sich auf dieses „Wissen" reduzieren. Dieses „Wissen" ist von der Substanz her nichts anderes als Bewusstsein.

Achten Sie nochmals auf Ihre direkte Erfahrung. Nehmen Sie beim Sehen, Hören oder Tasten zusätzlich zu dieser Erfahrung, diesem „Wissen um etwas" (grün, sauer, hart, warm etc.), noch etwas Zweites wahr, das sich als eine weitere Substanz, etwa als konkrete Materie, deuten ließe? Sie werden zustimmen, dass dies niemals der Fall ist.

Alles, was existiert, ist aus Sehen, Hören, Spüren etc. zusammengesetzt. Das sind alles Attribute des Bewusstseins. Dagegen stellt die Interpretation dieser Erfahrungen als „Materie" einen nachgeordneten intellektuellen Akt dar. In der direkten Erfahrung ist so etwas wie Materie nicht auffindbar.

Schlussfolgerung

Wie bereits gesagt, halten wir üblicherweise die am Tag wahrgenommenen Eindrücke für real und materiell, den Vorstellungen im Tag- und Nachttraum schreiben wir dagegen eine substanziell andere Qualität zu und nennen sie zum Beispiel „geistig". Diese Unterscheidung ist nicht haltbar. Betrachten wir die konkrete Substanz beider Wahrnehmungsarten, dann stellen wir fest, dass in ihren visuellen, akustischen oder auch haptischen Qualitäten keinerlei Unterschiede bestehen. Die Realitäten der im wachen Zustand wahrgenommen Welt am Tag und der erträumten Welt in der Nacht sind daher identisch.

Da die Träume in der Nacht und auch unsere gedanklichen Vorstellungen am Tag eindeutig vom Bewusstsein erzeugt werden und auch aus einer Projektion des Bewusstseins bestehen, kann auch die Realität des Wachzustandes nur aus Bewusstsein zusammengesetzt sein. Die am Tag wahrgenommenen Objekte bestehen genauso aus optischen, akustischen, haptischen, geschmacklichen und olfaktorischen Eindrücken wie die Träume in der Nacht. Andernfalls müssten wir dem Nachttraum eine konkrete dauerhafte materielle Realität zugestehen, was im Widerspruch zu der merkwürdigen unbeständigen Beschaffenheit des Traumes stehen würde.

Reflexion

Das heute weit verbreitete materielle Weltbild der Naturwissenschaften reduziert alle Naturvorgänge und Erscheinungen auf physikalische Wechselwirkungen zwischen Materieteilchen, die sich zumindest theoretisch über Naturgesetze erfassen lassen. Die Experimente 1 bis 3 haben deutlich gezeigt, dass auch dieses konventionelle Weltbild keine echten Trennungen kennt. Alle Naturvorgänge lassen sich auf eine Grundsubstanz, Materie, zurückführen, die über ein Netzwerk von Beziehungen miteinander in Verbindung stehen. Das materielle Weltbild nennt man daher auch „monistisch" (aus einer Substanz) bzw. nicht-dual. Doch dieses Weltbild besitzt einen entscheidenden

Schönheitsfehler. Es ignoriert einen ernsthaften Bestandteil der Wirklichkeit, nämlich uns selbst bzw. das bewusste Ich, das in hilfloser Weise als eine Art Illusion gedeutet wird. So bleibt in diesem Weltbild die hartnäckige existentielle Trennung zwischen der wahrgenommenen Welt und dem wahrnehmenden Ich bestehen, für die es keinen Lösungsansatz bereithält.

Aber auch die Naturwissenschaft geht davon aus, dass die von uns „am Tag" wahrgenommene Welt im Grunde eine Kreation des Bewusstseins darstellt. Sie ist kein Abbild der Wirklichkeit. Wäre sie ein Abbild der Wirklichkeit, dann müsste sich hinter unseren Augen ein kleiner Geist, ein Menschlein, befinden, der aus den Augen wie durch Fenstern auf die reale Welt blickt. Damit dieser Geist aber tatsächlich etwas sehen könnte, bräuchte er selbst wieder Augen und hinter seinen Augen entsprechend wieder einen kleinen sehenden Geist und diesen auch als „Cartesianisches Theater"[30] bezeichneten Regress könnte man ad Infinitum fortsetzen.

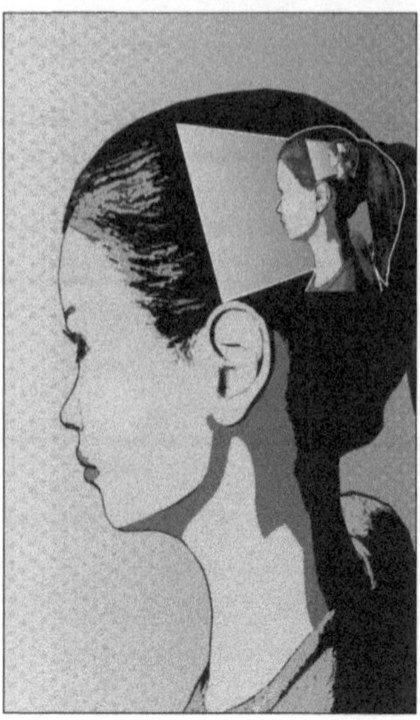

Um sich die Virtualität der Sinneswelt zu vergegenwärtigen, kann man sich stattdessen aber auch klarmachen, dass biologisch hinter der Netzhaut lediglich ein Sehnerv mündet, der die eingehenden optischen Signale in elektrische Impulse umwandet und in das Gehirn leitet, wo das optische Bild aus elektrischen Signalen zusammengesetzt wird. Eindrücke wie „Farbe" und „Helligkeit" sind daher keinesfalls reale Bestandteile einer äußeren Welt, sondern lediglich Qualitäten des Bewusstseins, um eine äußere Welt zu simulieren. Dasselbe gilt natürlich für alle übrigen Sinneswahrnehmungen.

Als Beispiel sei die Wahrnehmung der Farbe „Grün" angeführt. Die Farbe Grün ist keine Eigenschaft eines Gegenstandes wie einer Pflanze, sondern sie ist eine Zuschreibung des Bewusstseins, welches Licht mit der Wellenlänge von 550 Nanometer die Wahrnehmung „Grün" zuordnet. In ähnlicher Weise kennzeichnet der Höreindruck des Kammertones „A" keine Eigenschaft einer Stimmgabel, sondern steht für eine mechanische Schwingung mit der Frequenz von 440 Hertz. Der Geschmackseindruck „süß" repräsentiert bestimmte Zuckermoleküle etc. Diese sogenannten „phänomenalen" Ersatzbeschreibungen gelten für sämtliche Sinneseindrücke inklusive der visuellen bzw. haptischen Erfahrungen „Wellenlänge", „Schwingung" und „Zuckermolekül", womit klar wird, dass wir nicht die Welt an sich erfahren, sondern immer nur die Kreation des Bewusstseins.

Die Existenz von Bewusstsein stellt bis heute ein naturwissenschaftliches Rätsel dar. Bisher gibt es nicht ansatzweise eine Theorie, die die Entstehung und das Wesen von Bewusstsein erklärt. Die Wissenschaft geht dennoch davon aus, dass Bewusstsein durch einen noch unbekannten materiellen Prozess erzeugt wird und dass die vom Bewusstsein repräsentierte Realität der tatsächlichen Realität zumindest ähnlich sieht. Da die erfahrene Materie aber selbst zunächst ein Produkt der

Wahrnehmung und daher des Bewusstseins ist, führt die Deutung des Bewusstseins als nachgeordneter materieller Vorgang unvermeidlich zu diversen Zirkelschlüssen und Paradoxien, an denen sich Wissenschaft und Philosophie die Zähne ausbeißen.

Deuten wir stattdessen entsprechend unserer experimentellen Erkenntnis Bewusstsein als die primäre Substanz aller Wahrnehmungen, dann lösen sich sämtliche Paradoxien auf. Die Existenz von Bewusstsein ist von jedem Menschen jederzeit unmittelbar erfahr- und damit beweisbar. Die von der Wissenschaft vorausgesetzte Grundsubstanz „Materie" lässt sich dagegen niemals objektiv feststellen, da es zu ihrer Feststellung immer eines Bewusstseins bedarf, das die Materie als Materie identifiziert. Das Primat der Materie stellt daher einen reinen Glaubenssatz dar, der niemals bewiesen werden kann.

Oft wird an dieser Stelle darauf verwiesen, dass auch materielle Vorgänge durchaus durchschlagende und nicht zu leugnende Konsequenzen haben können, wenn man zum Beispiel von einem Auto angefahren wird. Dem kann entgegnet werden, dass solche Konsequenzen durchaus auch im Traum spürbar werden können, ohne dass dazu ein reales materielles Auto benötigt wird.

Wir können uns drehen und wenden, wohin wir wollen, alles was wir von Materie wissen bzw. erfahren können (und sei es ein Schlag ins Gesicht), ist unsere bewusste Vorstellung davon. Da wir den Vorstellungsraum des Bewusstseins nicht verlassen können, stellt die Existenz von Materie eine unüberprüfbare Behauptung dar, die zudem keinerlei Relevanz besitzt. Denn das gesamte Weltgeschehen mit samt seinen Erklärungsansätzen spielt sich ohnehin im Bewusstsein ab und benötigt keinen weiteren Auslöser in einem für das Bewusstsein unsichtbaren

Wirklichkeitsraum. Warum also an die Existenz von Materie glauben, die die Welt scheinbar in zwei Teile reißt, sich dabei aber nicht bemerkbar machen kann und darüber hinaus völlig überflüssig ist?

Mit der Feststellung, dass nicht nur der Zeuge, der die Welt wahrnimmt, sondern auch die Welt selbst aus Bewusstsein bestehen, löst sich die letzte hartnäckige Zweiteilung, die Trennung von Welt und Ich, endgültig auf. Damit fällt auch die letzte Bastion, die das getrennte Ich in seinem Überlebenskampf häufig einnimmt. Diese Erkenntnis von der substanziellen Einheit allen Seins ist so bedeutsam, dass wir sie im nächsten Experiment noch weiter vertiefen.

12. Es gibt nur Bewusstsein

In den Experimenten 6 bis 10 haben wir ergründet, wie jede Wahrnehmung, sei es nun eine sinnliche Wahrnehmung unserer Umgebung oder eine geistige Wahrnehmung unserer Gedanken und Gefühle, vom selben Bewusstsein bezeugt wird. Dieses Bewusstsein kennt kein Innen und Außen und schließt alles ein, was jemals erfahren wurde. In Experiment 11 wurde nun deutlich, dass auch dasjenige, was erfahren wird, also die Objekte unserer Umgebung, wie die Gedanken und Gefühle nur aus Bewusstsein bestehen. Demnach setzt sich sowohl alles, was durch das Bewusstsein bezeugt wird (inklusive der eigenen Person), als auch der Zeuge selbst aus Bewusstsein zusammen. Daraus kann man schließen, dass es nur Bewusstsein und nichts anderes gibt.

Diese Schlussfolgerung mutet zu Recht sehr theoretisch und wenig lebensnah an. Und doch gibt es eine wunderbare

Metapher, mit der man sich diese Situation sehr gut veranschaulichen kann. Dazu müssen wir nochmal einen Traum betrachten wie in den folgenden Experimenten:

Die Substanz von Traumwelt und Traumfigur
Erinnern Sie sich nochmals an einen Nachttraum. Selbst wenn Ihnen jetzt kein konkreter Traum einfällt, dann wissen Sie doch, wie Träume üblicherweise beschaffen sind. Im Nachttraum erscheint eine Traumwelt, eine Art Traumkulisse, in die eine Traumfigur eingebettet ist, die den Traum persönlich wahrnimmt. Normalerweise erleben wir unsere Träume aus der Erste-Person-Perspektive dieser Traumfigur, die Traumwelt und die Traumfigur entstehen zusammen. Fragen Sie sich nun, aus was für einer Substanz die Traumfigur und die Traumwelt bestehen. Sind die beiden Substanzen unterschiedlich? Hat die Traumfigur eine andere Konsistenz als die Traumwelt, die sie sieht?

Sie werden zustimmen, dass sowohl die Traumfigur als auch die Traumwelt aus der gleichen Substanz, nämlich aus dem träumenden Bewusstsein, erschaffen sind. Wie könnte es auch anders sein? Demnach erzeugt das träumende Bewusstsein eine Traumwelt und bezeugt sie gleichzeitig in Form der ebenfalls erzeugten Traumfigur.

Betrachten Sie analog dazu die Bildschirmoberfläche eines Computerspieles, das in der Erste-Person-Perspektive gespielt wird (zum Beispiel ein Autorennspiel auf dem Smartphone). Auch das Computerspiel präsentiert sowohl eine Weltkulisse als auch eine Spielfigur, von der man ggf. nur die Arme und Beine sieht. Fragen Sie sich wieder, ob die Substanzen von Spielwelt und Spielfigur unterschiedlich sind. Hat die Spielfigur eine andere Beschaffenheit als die Umgebung, die sie sieht?

Die Antwort ist klar. Eine Computersimulation besitzt daher ähnliche Eigenschaften wie ein Traum.

Die Substanz des Traum-Ich

Im Traum empfinden Sie üblicherweise ein ähnliches Ich-Gefühl wie in der Realität am Tag. Es sind Sie, die/der von einem Verbrecher gejagt die Treppen eines Hochhauses hinaufhastet oder umgekehrt als Verbrecher/-in einer anderen Traumfigur nachstellt. Es sind Sie, die/der verängstigt am Rand des Hochhausdaches verharrt, während das Hochhaus bedrohlich zu schwanken beginnt. Sie zweifeln nicht einen Augenblick dran, dass die Höhenangst echt ist, die Sie in diesem Augenblick in Panik versetzt. Wer aber ist das „Ich" in diesem Traum, dem dies alles wiederfährt? Steht dieses Ich tatsächlich auf einem schwankenden Hochhaus?

Natürlich nicht. Sie werden zugeben, dass dieses Ich keine eigenständige Substanz hat. Die Situation ist natürlich eine Erfindung des träumenden Bewusstseins. Trotzdem ist das Ich-Empfinden da. Schließlich wird die Situation persönlich erlebt. Wer aber hat nun dieses Ich-Empfinden? Die Traumfigur? Nein, es ist das Ich-Empfinden des träumenden Bewusstseins, das der Traumfigur sozusagen ausgeliehen wurde. Das träumende Bewusstsein stellt sich vor, die Traumfigur zu sein und erlebt dann den Traum aus dieser eingeschränkten Perspektive. Das Bewusstsein täuscht sich selbst, indem es sich mit seiner eigenen Kreation identifiziert.

Nehmen wir einmal an, Sie heißen im wirklichen Leben Maria und leben gerade im winterlichen Deutschland. Sie befinden sich im Bett in Ihrem Heimatort und träumen davon, wie Sie auf einer Südseeinsel am Strand entlanglaufen. Im Traum heißen Sie Eva. Sie treffen auf andere glückliche Genossen und kommen mit ihnen ins Gespräch. Vielleicht umarmen Sie sich sogar. Alles scheint so zu sein, als gäbe es diese Eva wirklich. Sie sehen die Umgebung als Eva, sie spüren Ihren Körper als Eva und Sie denken als Eva. Alles deutet darauf hin, dass Sie tatsächlich einen Körper besitzen, der auf dem warmen Sand liegt, und mit diesem Körper einen Kopf, in dem sich wohlige Gedanken und genüssliche Gefühle abwechseln. Und wenn Sie sich nach vorne beugen, dann sehen Sie Ihr kräuselndes Spiegelbild auf den Wellen, die am Strand auslaufen. Und Sie erkennen, wenn auch unscharf, Ihr Gesicht und Ihre Augen, mit denen Sie sich im Wasser betrachten. Nichts, aber wirklich nichts, deutet darauf hin, dass es diesen Strand, diesen Körper und diese Augen nicht wirklich gibt. Niemals würden Sie erahnen, dass Sie nicht als Eva sehen, sondern dass Sie vielmehr gesehen werden, vom träumenden Bewusstsein, von Maria im winterlichen Deutschland.[27]

Die Substanz des Tag-Ich

Versuchen Sie nun die Analogie zu unserer Realität am Tag zu ziehen. Auch am Tag erscheint uns eine Welt, die aus den gleichen Eigenschaften (Farbe, Form, Helligkeit, Geräusche etc.) besteht wie die Traumwelt in der Nacht. Auch am Tag scheint eine Person zu existieren, die einen Körper und einen Geist besitzt und die glaubt, durch diesen Körper ihre Umwelt und durch den Geist ihre Gedanken zu erleben. Wenn man aber genauer nachforscht, dann erkennt man, dass auch am Tag nicht der Körper oder der Geist irgendetwas bezeugt, sondern dass der Körper und der Geist selbst bezeugt werden.

Was den Körper und den Geist bezeugt, nennen wir Bewusstsein. Fragen Sie sich jetzt, worin der Unterschied zwischen dem Traum in der Nacht (Maria träumt Eva) und der Realität am Tag (Bewusstsein träumt Maria) besteht? Können Sie einen Unterschied finden? Wenn nicht, ist unsere Realität am Tag vielleicht auch ein Traum?

Wer schaut durch die Augen?
Am Tag haben wir den Eindruck, durch unsere Augen auf eine äußere Welt aus Materie zu blicken. Betrachtet man den Sehvorgang jedoch genauer, dann erkennt man, dass sich hinter den Augen kein Ich befindet, das durch die Augen blicken könnte. Im materialistischen Weltbild führt diese Feststellung regelmäßig zu Verwirrung.

Um diese Verwirrung endgültig zu klären, betrachten wir abschließend noch einmal eine Traumfigur. Auch im Traum haben wir gelegentlich den Eindruck, durch unsere Augen auf die Traumwelt zu schauen, die vergleichbare Eigenschaften besitzt wie unsere Wachwelt. Doch besitzt die Traumfigur tatsächlich Augen? Möglicherweise schon, jedenfalls wenn sie sich in einem Spiegel betrachtet. Aber blickt die Traumfigur tatsächlich durch ihre Augen auf die Welt? Natürlich nicht. Sowohl die Figur als auch ihre Augen sind ein Produkt des träumenden Bewusstseins. Das Bewusstsein stellt sich lediglich vor, durch die Augen auf die selbst kreierte Welt zu blicken. Welt, Figur und Augen gehören alle gemeinsam zur Traumkulisse. Sie entstehen alle gleichzeitig und sie werden alle gleichzeitig bezeugt.

Diese Feststellung lässt sich nun auf unsere Existenz am Tag übertragen. Die Gehirn- und Bewusstseinsforschung bestätigt, dass alles, was wir erleben, auch der Eindruck, durch unsere Augen zu schauen, eine Konstruktion des Bewusstseins darstellt. Wir sind Bewusstsein und wir erleben immer nur Bewusstsein. Bewusstsein erkennt immer nur sich selbst. „Reale" Augen, durch die man schauen könnte, sind nirgendwo auffindbar.

Schlussfolgerung

Im Traum bestehen sowohl die Traumwelt als auch die Traumfigur aus träumendem Bewusstsein. Entsprechend stimmt die Ich-Identität der Traumperson mit der Ich-Identität des Träumers überein. Analog dazu kann man auch die im Wachzustand erlebte Welt als Kreation des Bewusstseins erkennen. Die Person, die dieser „öffentlichen" oder „realen" Welt gegenübersteht, wird ebenfalls vom Bewusstsein bezeugt. Hieraus kann man schließen, dass zwischen Traum und Wirklichkeit kein prinzipieller Unterschied besteht. In beiden Fällen ist alles die Schöpfung ein und desselben Bewusstseins.

Reflexion

Die Übereinstimmung von Nacht- und Tagtraum darf nicht wörtlich genommen werden. Der Vergleich mit dem Nachttraum ist eine Metapher und Metaphern haben immer einen beschränkten Wahrheitsgehalt. Und wenn wir darüber sprechen, dass die Realität am Tag vom Bewusstsein bezeugt wird, dann dürfen wir nicht vergessen, dass die Bezeichnung „Bewusstsein" selbst auch nur ein metaphorischer Begriff für etwas darstellt, das wir nicht als Objekt erkennen können. Das bezeugende Bewusstsein, das Ich bzw. dasjenige, was sieht, ist sich selbst verborgen (siehe Experiment 10) und wir müssen uns davor hüten, uns darunter etwas Konkretes, zum Beispiel eine träumende Person, vorzustellen.

Es gibt außerdem einen offensichtlichen Unterschied zwischen dem Nachttraum und unserer erfahrenen Realität am Tag: Der Nachttraum stellt eine völlig private Angelegenheit dar. Die Traumfiguren, denen wir im Traum begegnen und mit denen wir umgehen, haben selbst keine Erlebnisfähigkeit, sie besitzen selbst keine eigene Perspektive. Der Nachttraum wird nur von einem Träumer in Form einer speziellen Traumfigur aus deren

Erste-Person-Perspektive erlebt. Dagegen gehen wir am Tag davon aus, dass unsere Mitmenschen und auch andere Lebewesen ihre Umwelt wie wir aus individueller Perspektive bewusst erfahren. Auch wenn wir uns dessen nicht ganz sicher sein können, wäre die gegenteilige Annahme eine solipsistische Bankrotterklärung jeder sinnvollen Begegnung und Kommunikation.

Den sogenannten „Tagtraum" bzw. „Wachtraum" könnte man also im Gegensatz zum Nachttraum als einen geteilten Traum ansehen. Alle Lebewesen teilen sich darin dieselbe Traumwelt, in der sie sich begegnen und miteinander zu tun haben. Dies würde auch die Konsistenz der geträumten Welt erklären, die von allen Lebewesen aus unterschiedlichen Perspektiven in übereinstimmender Weise wahrgenommen wird. Heute existieren zahlreiche internetbasierte Computerspiele, die im Grunde eine vergleichbare virtuelle bzw. geteilte Welt erschaffen, wo unterschiedliche Spielfiguren aufeinandertreffen und miteinander in Kontakt treten. Zahlreiche Kinofilme (zum Beispiel Matrix[31]) verarbeiten die Möglichkeiten virtueller Realitäten in vielfältiger Weise. Trotz aller Parallelen ist es jedoch wichtig zu erkennen, dass es sich bei all diesen Vergleichen um Metaphern handelt, die die Universalität des Bewusstseins nur andeuten, aber niemals vollständig erfassen können. Denn auch jede Simulation benötigt am Ende der Wahrnehmungskette immer ein wissendes Bewusstsein, welches einen Computerbildschirm als Bildschirm, eine Simulation als Simulation identifiziert. Bewusstsein ist daher keine Simulation.

Selbst wenn wir der tieferen philosophischen Bedeutung der Analogie Tag- Nachttraum nicht folgen wollen, zeigt die Betrachtung des Wesens eines Traumes doch, wie es möglich sein kann, dass im Wahrnehmungsprozess der Wahrnehmende und das Wahrgenommene zusammenfallen. Im Traum ist diese Übereinstimmung offensichtlich. Auch wenn wir am

Tag meistens einen anderen Eindruck haben, dann zeigt unsere direkte Erfahrung doch eindeutig, dass diese Übereinstimmung auch am Tag vorhanden ist (siehe Experiment 10). Die Traummetapher versteht sich daher als Modell für eine ungeteilte nicht-duale Weltsicht, die sich von unserem Verstand ansonsten nur sehr schwer verstehen lässt. Sie verdeutlicht außerdem die in den verschiedenen Experimenten gewonnene Einsicht, dass alles, was wir erleben, ein und demselben Bewusstsein entspringt, auch wenn wir nicht genau wissen, was dieses Bewusstsein eigentlich ist.

Die Selbsterkenntnis des träumenden Bewusstseins als träumendes Bewusstsein wird manchmal auch als „Erwachen" bezeichnet. Damit ist nicht gemeint, dass das träumende Bewusstsein seinen Traum tatsächlich beendet. Man versteht darunter lediglich die Selbsterfahrung des Bewusstseins als Zeuge seiner eigenen Kreation. Die Traumforschung nennt diesen Traumzustand auch „luzides Träumen", bei dem der Träumer sich der Tatsache des Träumens selbst gewahr wird.

Mit diesem Erwachen erkennt sich die Traumfigur selbst als Produkt des Bewusstseins. Der scheinbare Akteur verschmilzt mit seiner Umgebung, der letzte Rest an Dualität verliert sich in einer unbeschreiblichen Offenheit, die keine Ränder, Einschränkungen und Begrenzungen kennt. Was bleibt, ist die Gewissheit der eigenen Existenz, die nun reingewaschen ist von jeder Form der Distanzierung, Relativität und Abstraktion. Das getrennte Ich ist durchschaut und mit ihm der Trennungsschmerz. Bewusstsein ist zu sich selbst zurückgekehrt, wo es immer schon war, in die Gegenwärtigkeit allen Seins.

13. Es gibt keine Zeit

Unzählige Lebensratgeber beschäftigen sich mit dem besten Weg zu einem glücklichen und erfüllten Leben. Als Strategie wird in großer Übereinstimmung empfohlen, dass es für die Menschen besser sei, im augenblicklichen Moment zu verweilen, als sich in Zukunftsplanungen zu verlieren. Das Glück sei immer nur im „Hier" und „Jetzt" zu finden.[32] Auch in diesem Text wird in verschiedenen Zusammenhängen vom „Hier" und „Jetzt" gesprochen. Allerdings muss gleich am Anfang klargestellt werden, dass es das sogenannte „Jetzt" als Zeitpunkt genauso wenig gibt wie ein „Hier" als konkreten Ort. Damit wäre die genannte Strategie zu hinterfragen.

Ein „Jetzt" als zeitliche Aussage setzt voraus, dass eine Unterscheidung von Zeitpunkten möglich ist. Ein „Jetzt" macht nur Sinn, wenn ein „Davor" und ein „Danach" existiert, wenn also eine Zeit vorhanden ist, die das „Davor" über das „Jetzt" mit dem „Danach" verbindet. In unserem Alltag gehen wir ständig davon aus, dass es eine solche Zeit gibt. Wir betrachten die Vergangenheit und schließen daraus auf die Zukunft. Wir bewerten und planen, verwenden Kalender und Uhren. Und dennoch: Niemand hat in seiner direkten Erfahrung jemals so etwas wie „Zeit" tatsächlich erlebt. Zeit existiert nur in Gedanken als Ordnungsschema, nicht als empirische Wahrheit. Diese ungewohnte Feststellung soll im Folgenden anhand von verschiedenen Experimenten verdeutlich werden.

Vorweg muss allerdings eingeräumt werden, dass auch wir aus sprachlichen Gründen nicht um den Gebrauch des Wortes „jetzt" herumkommen, welches für uns gleichbedeutend ist mit den Begriffen „Gegenwart" oder „Präsenz". Es handelt sich hierbei jeweils um metaphorische Ausdrücke für die schlichte Tatsache der Existenz an sich ohne jegliche zeitliche Dimension.

Wie lange dauert das „Jetzt"?
In unserer Vorstellung fließt die Zeit von der Vergangenheit über die Gegenwart in die Zukunft. Wenn aber das „Jetzt" tatsächlich ein Zeitabschnitt in einem kontinuierlich fließenden Zeitfluss wäre, dann müsste es sich quantifizieren lassen. Fragen Sie sich also, wie lange der gegenwärtige Moment dauert. Seit wie vielen Sekunden ist Jetzt „jetzt"? Dauert das „Jetzt" mehrere Sekunden, eine Sekunde oder ein Bruchteil von einer Sekunde? Vermutlich werden Sie keinen Zeitraum benennen können. Das „Jetzt" scheint immer da zu sein, ohne dass es sich zeitlich bemessen ließe.

Gibt es einen Übergang von einem „Jetzt" in das nächste „Jetzt"? Können Sie feststellen, wann das eine „Jetzt" in das nächste wechselt? Versuchen Sie den Moment zu erhaschen, an dem aus der Vergangenheit die Gegenwart und an dem aus der Gegenwart die Zukunft wird. Finden Sie diesen Moment?

Wie schnell fließt die Zeit? Ist sie immer gleich schnell oder wechselt sie ihr Tempo? In Erinnerung scheint das oft so zu sein. Wir empfinden den Ablauf der Zeit als unterschiedlich schnell. Mal scheint sich die Zeit zu dehnen, mal rast sie im Galopp. So denken wir. Aber wie verhält sich die Zeit genau jetzt? Können Sie den Ablauf der Zeit tatsächlich erfassen, ihr Tempo bemessen? Wir müssen zugeben, dass wir kein Gespür dafür haben. Natürlich nicht, denn wir können die Zeit nicht mit der Zeit selbst vergleichen. Keine Uhr kann uns aus diesem Dilemma retten. Wir drehen uns ja mit dem Zeiger, wir bewegen uns ja mit dem sogenannten „Strom der Zeit", und alles um uns herum bewegt sich mit. Wie soll man eine Bewegung erfassen, wenn sich alles, was wir erfahren können, mitbewegt? Eine solche Bewegung ist nichts anderes als Stillstand. Die Zeit fließt also nicht, sie hat kein Tempo und sie hat keine Dauer. Sie steht still.

Existieren Vergangenheit und Zukunft?
Halten Sie für einen Moment inne und versuchen Sie möglichst unbeteiligt, ohne zu denken, einfach zu betrachten, was gerade ist. Finden Sie irgendwo in Ihrer Umgebung irgendetwas, was Sie als „Vergangenheit" oder „Zukunft" bezeichnen könnten? Ist zum Beispiel der Tisch vor Ihnen Vergangenheit? Existieren das Fenster, das gegenüberliegende Haus, der Baum, der Himmel, das Licht, das Autogeräusch, der Geruch, der Geschmack auf Ihren Lippen in der Vergangenheit? Haben Sie also jemals etwas über Ihre Sinne erfahren, das in der Vergangenheit oder Zukunft stattgefunden hat? Oder ist einfach alles nur passiert ohne zeitlichen Bezug?

Betrachten Sie einen Bewegungsablauf, zum Beispiel das Ziehen der Wolken am Himmel. Die Bewegung suggeriert einen zeitlichen Verlauf. Aber finden Sie in dem Eindruck der Bewegung tatsächlich Vergangenheit, finden Sie Zukunft? Wenn das so wäre, dann wären Sie in der Lage, Vergangenheit und Zukunft gleichzeitig zu erfassen. Dies aber widerspräche jeglicher Erfahrung, wonach Zeitreisen in Vergangenheit oder Zukunft nicht möglich sind.

Sie kennen vermutlich Comiczeichnungen, in denen die Geschwindigkeit eines Autos oder eines anderen Bewegungsablaufes durch das Verschmieren bzw. Verwischen des bewegten Objektes angedeutet wird. Winken Sie mit der Hand so schnell vor Ihrem Gesicht, dass die Finger vor Ihren Augen in ähnlicher Weise verwischen. Damit wird deutlich, dass unsere Wahrnehmung von Bewegung ein rein mentales Konstrukt darstellt. Sie sagt nichts über das Wesen der Zeit aus.

Wenden Sie sich jetzt Ihren Körpergefühlen, zum Beispiel dem Druck in Ihrer Bauchgegend, zu. Fragen Sie sich, wann Sie diesen Druck spüren. Erfahren Sie ihn in der Vergangenheit oder

Zukunft? Natürlich hat der Druck schon vor wenigen Momenten existiert. Das sagt Ihnen Ihre Erinnerung. Aber wann erscheint Ihnen der gegenwärtige Druck? Sicherlich nicht in der Vergangenheit. Haben Sie jemals ein Körperempfinden oder ein Gefühl erfahren, das in der Vergangenheit (oder Zukunft) stattgefunden hat, oder sind diese Empfindungen und Gefühle einfach aufgetaucht ohne zeitlichen Bezug?

Über Ihre Sinne und über das Körperempfinden lässt sich kein Eindruck von Zeit einfangen. Wie ist es aber nun mit Ihren Gedanken? Schließlich beschäftigen wir uns in Gedanken häufig mit dem, was gewesen ist, oder mit dem, was sein könnte. Ohne Zweifel, in Gedanken existieren Vergangenheit und Zukunft. Sie haben auf jeden Fall eine Vorstellung von der Vergangenheit. Sie sehen sich als kleines Kind, Schüler, junger Erwachsener, frisch verheiratet, auf Reisen, in Prüfungen, krank, glücklich, deprimiert, erleichtert, wütend, entspannt etc. Diese Vorstellungen finden in Ihren Gedanken statt. Aber wann erscheinen Ihnen diese Gedanken? Sind die Gedanken so wie ihre Inhalte tatsächlich in der Vergangenheit verankert? Nein, die Gedanken werden von Ihnen „jetzt" bezeugt. Erinnern Sie sich an einen einzigen Gedanken, den Sie nicht „jetzt" erlebten? Sie werden zustimmen, dass es solche Gedanken nicht gibt.

Alles, was Sie erleben, seien es Eindrücke mit Ihren Sinnen, Körperempfindungen, Gefühle oder Gedanken, erscheint Ihnen ausschließlich im „Jetzt". Sie haben niemals die Vergangenheit oder, im übertragenen Sinne, die Zukunft erfahren. Tatsächlich existent ist nur die Gegenwart. Für Vergangenheit und Zukunft gibt es kein Sein. Vergangenheit und Zukunft sind nicht anwesend.

Bemerken Sie, dass Sie sich unwillkürlich die Abfolge der Zeit räumlich vorstellen. Sie geben zwar zu, dass zum Beispiel die Vergangenheit jetzt nicht da ist, aber sie nehmen stillschweigend an, dass sie sich wie der Filmstreifen eines abgelaufenen Filmes an einem anderen „Ort" irgendwo noch befindet. Aber so ist es nicht. Die Vergangenheit und die Zukunft sind nicht irgendwo anders verborgen. Sie verstecken sich nicht an einem geheimen Ort, etwa irgendwo draußen im Universum. Auch dort ist überall nur Gegenwart. Sie können in den entlegensten Winkel des Universums reisen und sie werden auch dort nur Gegenwart vorfinden. Ist es nicht so?

Es ist immer jetzt

Das unmittelbare Erleben findet also unbestreitbar ausschließlich in der Gegenwart statt. Als Sie heute Morgen aufgestanden sind, war „jetzt". Als Sie am Frühstückstisch saßen, war „jetzt". Als Sie diesen Text zu lesen begannen, war „jetzt". Und jetzt ist auch „jetzt". Und Ihre Erinnerung an heute Morgen geschieht Ihnen „jetzt". Auch Ihre Überlegungen zu dem, was hier geschrieben steht, überkommen Sie „jetzt".[27] Was Sie auch immer tun, wohin Sie sich auch wenden, Sie entkommen diesem verflixten „Jetzt" nicht. Versuchen Sie doch mal in die Vergangenheit oder Zukunft zu fliehen und bemerken Sie dabei, wie Sie in der Gegenwart zurückgehalten werden! Sie können nicht in die Vergangenheit flüchten (außer in jetzigen Gedanken) und auch nicht in die Zukunft reisen. Sie bleiben gefesselt an dieses verzwickte „Jetzt". Ist das nicht merkwürdig? Immer wieder wird geraten, man solle im „Jetzt" leben. Und nun bemerken wir, dass wir gar nicht anders können, selbst wenn wir wollten.

Wir müssen diese Einschränkung aber nicht negativ auffassen. Die angedeutete Verzweiflung ist nur ein rhetorischer Kniff. Tatsächlich sind wir sicher eingebettet in diese endlose Gegenwart. Niemand und nichts kann Sie jemals aus dieser Präsenz herausstoßen oder wegtragen. Sie sind in der Gegenwart sicher angegurtet und festgezurrt, auch wenn der Jahrmarktswagen auf der Achterbahn des Lebens Sie hin und her, vor und zurück schleudert. Keine Kurve kann je zu steil, keine Acht zu eng, kein Sturz zu schnell werden. Es ist alles TÜV-geprüft. Die Gegenwart reißt nicht ab, sie versagt niemals, sie hält und trägt, und zwar für immer und ewig. Sie sind für immer an das Jetzt gebunden, das keinen Zeitpunkt darstellt, sondern die Ewigkeit. Niemals befinden Sie sich in einer anderen Zeit, niemals werden Sie eine andere Zeit erfahren. Das „Jetzt" ist nur ein anderer Ausdruck für „Sein", für „Erleben", für „Bewusstsein", für das Empfinden der eigenen Existenz. „Jetzt" ist ein anderer Ausdruck für „Ich bin".

Woher kommt dann die Welt?
Wir stellen uns normalerweise vor, dass die Gegenwart aus der Vergangenheit gespeist wird und sich in die Zukunft ergießt. Woher kommen aber die gewaltigen Massen an Sternen und Galaxien, Energien und Formen, die wir wahrnehmen, wenn es keine Vergangenheit gibt? Was geschieht mit all der unermesslichen Materie, wenn es keine Zukunft gibt?

Zur Beantwortung der Fragen betrachten Sie, ähnlich wie in Experiment 11, einen Traum, ob als Träumerei im Wachzustand oder als Nachttraum im Schlaf spielt dabei keine Rolle. Im Geist erscheint Ihnen in beiden Fällen eine Welt aus Materie, mit Schwere, Form und Haptik wie in der sogenannten „Realität". Fragen Sie sich, woher diese Materie kommt. Woher kommt das Gewicht? Woher kommen die Formen? Aus einer Vergangenheit? Und wohin geht die Materie nach dem Ende des Traums? Wohin geht das Gewicht? Wohin gehen die Formen? In eine Zukunft? Wohl kaum. Für die geträumte oder ersonnene Welt gibt es weder Vergangenheit noch Zukunft.

Wir haben in Experiment 11 bereits durch Untersuchung festgestellt, dass zwischen der Realität und einem Traum kein substanzieller Unterschied besteht. Wenn es im Traum keinen

Raum für Vergangenheit und Zukunft gibt, wieso sollte es ihn dann in dem geben, was wir als Realität bezeichnen? Wenn wir erkennen, dass es an sich gar keine Materie gibt, sondern nur augenblickliche Vorstellungen von Materie, dann löst sich das Problem von Vergangenheit und Zukunft in Wohlgefallen auf.

Schlussfolgerung

Erlebnisse in zeitliche Muster wie Zukunft und Vergangenheit einzuteilen, ist eine unserer stärksten gedanklichen Konditionierungen, die wir in der Regel nicht hinterfragen. Aus der direkten Anschauung unserer unmittelbaren Wahrnehmungen geht jedoch eindeutig hervor, dass alles, was wir erleben, seien es sinnliche Erfahrungen, Gefühle oder Gedanken, im gegenwärtigen Moment stattfindet. Wir erleben ein endloses „Jetzt" ohne jeglichen zeitlichen Bezug (wie Uhrzeit, Datum u. a.). Dagegen sind Vergangenheit und Zukunft gedankliche Konzepte, sie können niemals durch direkte Erfahrung verifiziert werden und sind somit eine Sache des Glaubens. Da wir immer schon ausschließlich in der Gegenwart leben, macht es auch keinen Sinn, diese Gegenwärtigkeit durch spezielle Übungen oder Praktiken erreichen oder fördern zu wollen. Jede derartige Übung ist eine Aktivität, die auf eine mutmaßlich „bessere" Zukunft abzielt und die somit gedanklich von der Gegenwart wegführt, welche sie zu erreichen vorgibt.

Reflexion

Auch wenn die vorangegangenen Betrachtungen die Existenz von Zeit in Frage stellen, so ist gegen das Konzept „Zeit" als Ordnungsschema grundsätzlich nichts einzuwenden. Die Verwendung von „Zeit" stellt eine bewährte Methode dar, die augenblickliche Wahrnehmung gedanklich zu sortieren und damit eine Reflexion zu ermöglichen. Wahrnehmung, Sortierung und

Reflexion erfolgen dabei nicht in einem zeitlichen Ablauf, sondern sie sind alle gleichzeitig im „Jetzt" gegenwärtig.

Zeit ist eine Koordinate auf unserer geistigen Landkarte, auf der wir die Wirklichkeit für uns beschreiben. Die Landkarte darf jedoch nicht mit der Wirklichkeit verwechselt werden. In Wirklichkeit gibt es eine Zerteilung der Welt in Raum und Zeit genauso wenig wie eine Zerteilung in einzelne getrennte Objekte (siehe Experimente 2 und 3).

Häufig wird im Zusammenhang mit der Zeit von einem „Zeitraum" gesprochen. Wir verstehen die Zeit in einem räumlichen Kontext, in dem Vergangenheit und Zukunft irgendwo lokalisiert sind. Oberflächlich betrachtet scheint die Physik einer solchen Anschauung Recht zu geben. Schließlich befassen sich die Naturgesetze der Physik ausschließlich mit zeitlichen und räumlichen Vorgängen, wobei der Zeit eine ähnliche Dimension zugeschrieben wird wie dem Raum.[33] Die Relativitätstheorie spricht sogar von einer einheitlichen „Raumzeit". In dem Moment aber, wo bemerkt wird, dass Raum und Zeit keine unabhängigen Phänomene darstellen – der Ausdruck „Raumzeit" steht genau für diese Feststellung –, verlieren sowohl Raum als auch Zeit ihre gewohnte alltägliche Bedeutung. Unsere Vorstellung von Raum und Zeit gerinnt zu einem intellektuellen Konzept, welches eine einheitliche und dimensionslose Wirklichkeit in voneinander abgegrenzte mehrdimensionale Kategorien zerteilt.

Wenn wir uns Zeit denken, dann stellen wir uns im Allgemeinen einen Zeitpfeil vor, der von der Vergangenheit in die Zukunft gerichtet ist. Irgendwo zwischen Vergangenheit und Zukunft befindet sich eine hauchdünne Grenze, die sich permanent wie ein Zeiger auf dem Zifferblatt in Richtung Zukunft verschiebt. Diese Grenze markiert die Gegenwart. Wie jede Grenze hat auch diese Grenze keine Ausdehnung, sie ist sozusagen unendlich kurz bzw. dünn. Man könnte auch sagen, dass die Gegenwart konzeptionell nicht existiert. Sie markiert lediglich den Übergang bzw. Umschlagpunkt von Vergangenheit in Zukunft. Das sagt uns unser Verstand.

Wir erleben allerdings etwas komplett anderes. Das unmittelbare Erleben findet unbestreitbar ausschließlich in der Gegenwart, also im unendlich kurzen Umschlagpunkt zwischen Vergangenheit und Zukunft statt. Von hier aus gesehen sind Vergangenheit und Zukunft nirgendwo auffindbar. Im übertragenen Sinne leben wir auf dem Zeiger der Uhr, der sich um seine Achse dreht. Aus Sicht des Intellekts streicht der Zeiger über das Zifferblatt, rückt stetig von Vergangenheit in Richtung Zukunft vor. Aus unserer Sicht (auf dem Zeiger) steht der Zeiger still und das Zifferblatt dreht sich unter uns vorbei.
In der sich verändernden Welt, die wir erblicken, scheint es so etwas wie Vergangenheit und Zukunft zu geben. Dazu gehören die Verfassung unserer Körper, die Evolution und jede andere Entwicklung. Aber unser bewusstes Erleben aller Veränderung, und dieses Erleben ist das, was unser „Ich" ausmacht, tritt nur in der Gegenwart auf. Damit unterliegt unser bewusstes Erleben nicht der Vergangenheit und Zukunft, es unterliegt nicht den Begrenzungen des Körpers, der Dinge und des Raums. Es ist offensichtlich dimensionslos und ewig.

14. Erkennen von Vermeidungsstrategien

Das Ich ist zwar an sich zeitlos, aber es erfährt die Geschichte einer Entwicklung. Als Neugeborenes erlebt es sich vermutlich noch nicht getrennt von seiner Umwelt, fühlt sich eins mit seiner Mutter, kennt ausschließlich seine augenblicklichen Bedürfnisse und verfügt über keinerlei Ich-Reflexion.

Doch relativ schnell, als Kleinkind, erfasst es seine Umwelt als eine Ansammlung von unterschiedlichen Objekten und Personen, und es begreift seinen Körper als ein von der Umwelt und den Bezugspersonen getrenntes Objekt. In dieser Entwicklungsstufe spaltet sich die Totalität seiner sinnlichen Eindrücke so auf, dass ein Teil der „fremden" Umgebung und der andere Teil als Körperempfinden oder Gefühle dem eigenen Selbst zuschrieben wird. Die Identifikation mit dem Körper ist die Geburtsstunde des Ich-Gedankens, der sich durch die Kommunikation mit der Umgebung und der Ausbildung eines eigenen „äußeren" Selbstbildes immer weiter verfestigt (siehe auch Kapitel 2).

Der durch die Trennung hervorgerufene Eindruck von Begrenztheit im Raum wird in der Folge dauerhaft als Unvollständigkeit und damit als Mangelhaftigkeit empfunden. Dieser Eindruck spiegelt sich im allgegenwärtigen Gedanken „Ich bin nicht gut genug" und drängt in einen Wettbewerb, der die Stärke des Ich beweisen soll. Die Begrenztheit des Körpers in der Zeit wird dagegen fortan als Endlichkeit und damit als Sterblichkeit empfunden. Dieser Eindruck bedeutet eine ständige existentielle Bedrohung, auf die im Kern jede Angst zurückgeführt werden kann.

Da die Trennung in Raum und Zeit als unangenehme gegenwärtige Tatsache aufgefasst wird, besteht die Tendenz, diesem gegenwärtigen Eindruck zu entfliehen. Dies geschieht durch die fast ununterbrochene geistige Beschäftigung mit vermeintlich besseren Zuständen in der Vergangenheit und insbesondere in der Zukunft. Da die Erlösung bzw. Erfüllung dort aber generell nicht zu finden ist, führt diese Grundsituation zu einem lebenslangen mühevollen Drang hin zu immer neuen Ufern. Im Folgenden wollen wir in verschiedenen Betrachtungen dieser existentiellen Grundsituation nachspüren.

Auf der Kante
Der Eindruck, ein getrenntes Ich zu sein, ist mit räumlichen und zeitlichen Begrenzungen verbunden. Das erschafft eine Grundspannung, die das Ich-Gefühl ständig begleitet. Diese Spannung wirkt wie eine Triebfeder, die die Aufmerksamkeit immer wieder aus dem gegenwärtigen Moment heraus in eine Zukunft lenkt, in welcher die vermeintliche Begrenzung und Mangelhaftigkeit aufgehoben zu sein scheinen. Das getrennte Ich lebt sozusagen immer auf der Kante zum nächsten Augenblick, den es gegenüber der Gegenwart für die bessere Wahl hält.

Konzentrieren Sie sich auf den gegenwärtigen Moment. Selbstverständlich leben Sie immer in diesem Moment, aber die Gedanken, die Ihnen genau jetzt erscheinen, verweisen auf vergangene oder zukünftige Ereignisse. Durch die Lenkung der Aufmerksamkeit zum gegenwärtigen Moment werden diese Gedanken in den Hintergrund gedrängt. Fühlen Sie sich absolut wohl in dieser Gegenwart? Sind Sie mit dem gegenwärtigen Moment zufrieden? Finden Sie dort das, was man gemeinhin als „Glück" bezeichnet? Wenn ja, warum beschäftigen Sie sich dann meistens mit etwas anderem? Warum schweifen Ihre Gedanken so schnell ab und drehen sich um Zukünftiges? Wenn nein, was ist es, was Sie an dieser Gegenwart stört? Haben Sie irgendwelche Schmerzen? Fühlen Sie einen Widerstand? Empfinden Sie irgendeine Art von Leid? Was ist das für ein Leid?

Kann es sein, dass Sie die Gegenwart als unvollständig empfinden? Wenn ja, was an der Gegenwart ist unvollständig? Kann es sein, dass Ihre Unzufriedenheit mit dem Umstand zusammenhängt, dass Sie sich als getrenntes Selbst empfinden, dem etwas fehlt? Spüren Sie jetzt in diesem Augenblick eine Spannung, die Sie zeitlich nach vorne drängt? Spüren Sie eine Form von Stress, die Ihnen wichtige Aufgaben vor Augen führt, die Sie unbedingt erledigen müssen?

Stellen Sie sich ein Raubtier vor, das auf die Beute lauert. Alle Muskeln sind angespannt, die Konzentration auf einen bestimmten Punkt festgenagelt. Nur eines ist dem Raubtier wichtig: Nur nicht die Beute verpassen! Fühlen Sie sich nicht ein wenig wie ein solches Raubtier? Sie sagen „nein"? Dann überprüfen Sie die Spannung in Ihren Muskeln. Beginnen Sie mit Ihren Wadenmuskeln und wandern Sie dann über die Oberschenkel, Bauch- und Rückenmuskeln hinauf bis zu Ihren Schultern. Prüfen Sie unbedingt auch die Magengegend! Sind Sie tatsächlich vollkommen entspannt? Sind die Muskeln alle weich und locker? Atmen Sie ruhig und gelassen? Wenn nicht, was macht Sie dann zu diesem Raubtier? Warum möchten Sie immer zum nächsten Moment springen? Kann es sein, dass Sie die Begrenzungen, die durch den Eindruck entstehen, eine separate Person zu sein, dem gegenwärtigen Moment zuschreiben? Glauben Sie wirklich, dass diese Begrenzungen in der Zukunft behoben sein werden?

Vermeidungsstrategien

Die Art und Weise, wie der gegenwärtige Moment gemieden wird, ist so vielfältig wie es Persönlichkeiten und Schicksale gibt. Oftmals handelt es sich um Strategien bzw. Projekte, die von den einzelnen Menschen ein Leben lang verfolgt werden. Im Folgenden sind einige von diesen Methoden skizziert:

- Streben nach persönlicher Leistung, Erfolg, Besitz, Status und Macht
- Angleichung bzw. konformistische Anpassung an gesellschaftliche Maßstäbe
- Selbstverbesserung durch Veränderung des Verhaltens (gesünder, sportlicher) oder durch Optimierung des eigenen Charakters (achtsamer, weniger schüchtern, offener)

- Selbstverbesserung durch spirituelle Praktiken, Yoga, Meditation etc., Streben nach Weisheit, Wahrheit, Erleuchtung
- Suche nach Erfüllung durch intensiven Lebensgenuss, Glücksstreben, Spaß, Stimulation etc.
- Rückzug aus der Gesellschaft, Klosterleben, Einsiedlertum

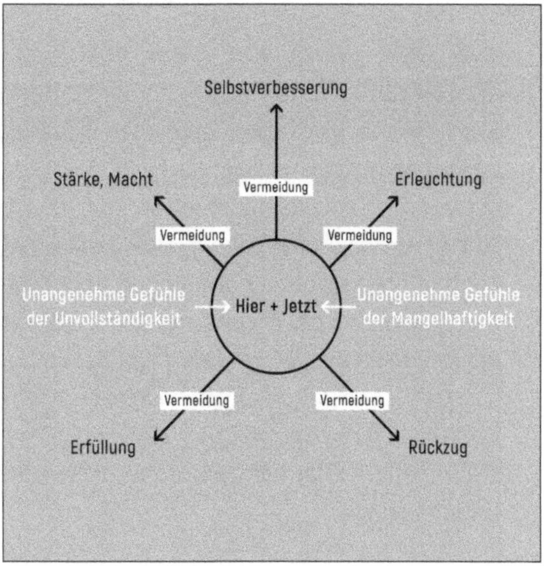

Betrachten Sie Ihre derzeitigen persönlichen Ziele. Können Sie diese Ziele einer oder mehreren der oben genannten Gruppen zuordnen? Was versprechen Sie sich von diesen Zielen? Stimmt es, dass mit diesen Zielen die Erwartung einer besseren, glücklicheren Zukunft verbunden ist? Wenn nicht, warum verfolgen Sie sie dann? Oder glauben Sie, dass ohne diese Ziele Ihr derzeitiges Glück bedroht ist? Aber kann man in einer Situation der Bedrohung tatsächlich glücklich sein?

Ist das Verfolgen der Ziele mühelos oder setzt es besondere Anstrengungen voraus? Der indische Philosoph Krishnamurti[34] empfiehlt, den Zustand zu beobachten, wie der Geist sich in den ewigen Anstrengungen verfängt. Verstehen Sie, was er damit meint? Sind Ihnen diese Anstrengungen jederzeit bewusst? Bereiten Ihnen die Arbeiten und Mühen im Tun tatsächlich Freude oder empfinden Sie sie als notwendiges Übel? Was müssen Sie alles unternehmen, um das notwendige Übel dauerhaft zu bewältigen?

Vom Glück

Stellen Sie sich vor, Ihre derzeitigen Träume und Ziele würden tatsächlich erfüllt. Vielleicht arbeiten Sie gerade auf eine Beförderung hin, trainieren für einen sportlichen Wettbewerb, suchen eine neue Beziehung oder spielen ganz einfach nur Lotto. Falls Sie Ihr Ziel erreichen, dann werden Sie sicher einen Moment des Glücks und der Euphorie erleben. Sie werden den Moment der Erfüllung ausgiebig genießen. Schließlich hält der Körper für solche Fälle auch einen exklusiven Hormoncocktail bereit. Das Glückserlebnis ist daher garantiert. Wie aber geht es danach weiter? Glauben Sie, dass dieses Glückserlebnis von Dauer sein wird?

Erinnern Sie sich an ein vergangenes Ereignis, das Ihnen ein entsprechendes Glückserleben bereitet hat. Wie erging es Ihnen damals? Wie lange hat die Euphorie angedauert? Oder hält sie gar noch immer an? Kam es irgendwann an einem Punkt zur Ernüchterung? Wurde der Erfolg zur Selbstverständlichkeit? Oder drängten fast unmerklich langsam andere Schwierigkeiten und Unzufriedenheit an die Oberfläche Ihres Bewusstseins, die das Glücksgefühl überlagerten?

Möglicherweise haben Sie Schwierigkeiten, die obigen Fragen zu beantworten. Stellen wir uns stattdessen eine Sportlerin vor, die gerade olympisches Gold oder eine andere hohe Auszeichnung gewonnen hat. Wenn damit ihre Träume und Ziele in

Erfüllung gegangen sind, dann müsste sie fortan zufrieden leben können. Es gäbe für sie keinen Grund mehr sich weiter anzustrengen um weitere Preise zu gewinnen. Doch in den seltensten Fällen begnügen sich Sportler mit einer Medaille. Nach dem Spiel ist vor dem Spiel, wie man sagt. Schon wenig später kämpfen sie um weitere Siege und die Niederlagen, die zwangsläufig kommen werden, werden umso mehr schmerzen.

Aus der Beobachtung des Verhaltens prominenter Sportler, aber auch anderer erfolgreicher Menschen, geht eindeutig hervor, dass Erfolg und das Erreichen von Zielen nicht dauerhaft glücklich machen. Untersuchungen haben gezeigt, dass sich Lottogewinner ein Jahr nach ihrem großen Gewinn nicht glücklicher fühlen als vor dem Gewinn, die Bevölkerung reicher Länder nicht glücklicher ist als die von armen. Der Mensch scheint sich seine Glückserlebnisse ständig neu erarbeiten zu müssen, was auch als „hedonistische Tretmühle" bezeichnet wird.

Aber schauen wir uns den Moment des Glückes nochmal etwas genauer an. Was zeichnet ein Glücksgefühl konkret aus? Ist es nicht von unmittelbarer Freiheit und Leichtigkeit geprägt? Wenn ja, von was wurde man befreit? Entsteht Freiheit tatsächlich durch etwas, was man bekommen hat? Oder entsteht sie nicht eher durch etwas, was man losgeworden ist?

Oberflächlich betrachtet scheint das Glücksempfinden von einem neu errungenen Objekt, etwa einer Medaille, einem neuen Auto oder einer lang ersehnten Beziehung auszugehen. Das Nachlassen des Glücksgefühls wird als Gewöhnung gedeutet, die zwangsläufig eintritt, da jedes „neue" Objekt nur eine gewisse Zeit zu außergewöhnlichen und anregenden Erfahrungen stimulieren kann. Das ist sicherlich richtig. Aber hängt das Glücks- und Freiheitsempfinden nicht auch entscheidend mit dem Umstand zusammen, dass mit dem Erreichen eines Zieles der angespannte Kampf um das Glück ein Ende findet? Bedeutet die Erfüllung nicht auch, dass der existentielle Trennungsschmerz, das Gefühl, ein getrenntes Ich zu sein, kurzzeitig aufgehoben scheint, dass eine Versöhnung eintritt mit dem gegenwärtigen Moment, dem wir üblicherweise den Trennungsschmerz zuschreiben? Dann wäre nicht das Erreichen des Zieles, sondern das gegenwärtige nicht Vorhandensein eines Zieles die eigentliche Ursache des Glücks, welches mit dem Auftauchen des nächsten Zieles wieder verschwindet. Wir sind also nicht glücklich, weil wir etwas Ersehntes erreicht haben, sondern weil wir einen Augenblick lang nichts mehr ersehnen. Das ist ein großer Unterschied.

Schlussfolgerung
In seiner reinen, unreflektierten Form kennt das Bewusstsein keinerlei Trennungen zwischen Objekten untereinander und zwischen Objekten und Individuen. Es ist nicht begrenzt in Raum und Zeit, nicht gebunden an die Objekte, die es bezeugt (siehe Experimente 6 bis 12). Diesen Zustand der völligen Unabhängigkeit und grenzenlosen Freiheit könnte man auch als Glück oder Friede verstehen, da keine Art von Verbesserung denkbar ist.

Mit der menschlichen Interpretation des Ich als getrenntes Selbst und der scheinbaren Bindung des Bewusstseins an einen endlichen Körper wird dieser immerwährende Glückszustand verschleiert und in eine gedankliche Zukunft projiziert. Dadurch wird eine Jagd nach Erfüllung und Glück ausgelöst, die das Absolute (Bewusstsein), das wir ureigentlich sind, in den relativen Dingen und Erfahrungen des Alltags sucht, zum Beispiel in Freundschaft, teuren Gegenständen, Ansehen, außergewöhnlichen Erlebnisse etc., dort aber nie dauerhaft findet. Das Glück kommt fortan nur dann zum Vorschein, wenn ein ersehntes Ziel erreicht wird und die mit der Jagd verbundenen

Mühen und Spannungen kurzzeitig aussetzen. Das Glück ist also nicht in der Zukunft, sondern im gegenwärtigen Moment zu finden, der jedoch aufgrund einer existentiellen Fehlinterpretation normalerweise gemieden wird.

Reflexion

Normalerweise gehen wir davon aus, dass wir von der Welt getrennte Wesen sind und dass unser derzeitiger Zustand mangelhaft ist. Wir versuchen daher, diesen Zustand durch diverse Ich-Konzepte zu verbessern. Ziel ist dabei, das ursprüngliche Gefühl der Trennung wieder aufzuheben und einen vollkommeneren Zustand zu erreichen.

Unsere Betrachtungen in diesem Experiment haben jedoch gezeigt, dass sich der fälschliche Eindruck von Begrenztheit und Unvollständigkeit durch besondere Taten in der Zukunft nicht dauerhaft aufheben lässt. Wenn verstanden wird, dass alle Ich-Konzepte im Grunde Vermeidungsstrategien darstellen, um dem zu entkommen, was man für mangelhaft und unvollkommen hält (nämlich der eigenen Präsens im „Jetzt"), dann kann der Fluchtmechanismus langsam abebben.

Es muss allerdings an dieser Stelle angemerkt werden, dass die in zahlreichen Ratgebern betonte Strategie der Hinwendung zum „Jetzt" relativ nutzlos ist, solange noch der unreflektierte Eindruck besteht, ein getrenntes Ich zu sein. Dieses Gefühl der Begrenztheit, das mit diesem Ich-Gedanken zwangsläufig einhergeht, ist immer mit Vermeidungsstrategien gekoppelt. Ein getrenntes Ich, welches vorgibt, auf Vermeidungsstrategien zu verzichten, betrügt sich daher selbst.

Außerdem könnte aus der Zwecklosigkeit der Suche nach Glück geschlossen werden, dass es generell im Leben nichts

Sinnvolles zu tun gäbe. Dies stellt ein häufiges Missverständnis dar, das in letzter Konsequenz zu Fatalismus, Frustration oder einem Rückzug aus dem Leben führt. Diese Reaktionen sind allerdings nichts anderes als weitere Vermeidungsstrategien, die den gegenwärtigen Moment genauso leugnen wie die bereits diskutierten leistungsbezogenen Lebensentwürfe.

Mit der Analyse der Vermeidungsstrategien wird lediglich erkannt, dass man nichts zu tun braucht, um etwas zu werden, was man schon ist. Investitionen in dieser Hinsicht sind reine Energieverschwendung. Darüber hinaus gibt es aber unendlich viel zu tun, eben alles, was der gegenwärtige Moment (es existiert nichts anderes!) bereithält und aus seiner Sicht heraus als notwendig erscheint. Dieses Tun entspringt dem prallen Leben, ist flexibel, vielseitig, kreativ, spontan, verantwortungsbewusst und voller Sinnlichkeit. Es hat mit Fatalismus ebenso wenig zu tun wie mit blinder Akzeptanz. Oder würden Sie zum Beispiel die konzentrierte Gelassenheit einer Katze als fatalistisch bezeichnen?

Wenn ein Tun von seiner in die Zukunft gerichteten Zielorientierung befreit ist, dann kann es seine ganz eigene ungezwungene Dynamik entfalten. Selbst einfache oder gehasste Tätigkeiten bieten dann ungeahnte kreative Potentiale. Wer die jährliche Steuererklärung zu einem spontanen und ideenreichen Gesamtkunstwerk verzaubert, der hat verstanden, was „Flow" bedeutet. Aber selbst wenn man die Zielgerichtetheit einer Handlung nicht verleugnen kann, da zum Beispiel der eigene Arbeitsplatz daran hängt (ein Profisportler ohne Siegeswillen würde wohl relativ schnell seinen Job los), dann besteht immer noch die Möglichkeit, das Spiel um Sieg oder Niederlage als das zu nehmen, was es ist, nämlich als ein Spiel. Und jedes Spiel kennzeichnet trotz aller Ernsthaftigkeit eine existentielle Distanz, die den Sieg einen Sieg und die Niederlage eine

Niederlage sein lässt, weil beides einfach spiegelt, was ist, ohne ein getrenntes Ich zu feiern oder zu kränken, das es nicht gibt.

15. Über das Scheitern der Suche

Im vorhergehenden Experiment 14 haben wir unseren eigenen Vermeidungs- und Korrekturstrategien nachgespürt, um schließlich zu entdecken, dass diese Ansätze unseren tieferliegenden Wunsch nach Erfüllung und Glück nicht befriedigen. Mit dieser Entdeckung kann im optimalen Fall ein Prozess ausgelöst werden, der die Suche beendet und eine vorbehaltlose Hinwendung zum direkten Erleben im gegenwärtigen Moment bewirkt. Häufig wird jedoch die Sinnlosigkeit der Bemühungen nicht so klar erkannt. Stattdessen wird die Erfüllung immer wieder aufs Neue in materiellen, persönlichen oder spirituellen Zielen gesucht, was jedes Mal in einer Enttäuschung endet. Ja, die Enttäuschung scheint das Problem noch zu vergrößern, da sie das Gefühl des Mangels potentiell verstärkt.

Die verloren geglaubte Vollkommenheit kann grundsätzlich niemals in einzelnen Objekten oder individuellen Erfahrungen wiedergefunden werden. Genauso wenig lässt sich das Ego als Synonym für das getrennte Ich dadurch bekämpfen, dass man ihm mit diversen Methoden und Übungen auf die Pelle rückt. Stattdessen verstärkt jede Bemühung in diese Richtung die ursprüngliche Fehlauffassung, nämlich den Glauben, dass das eigene Selbst unvollkommen sei. Die selbst auferlegten Vermeidungs- und Korrekturstrategien können also niemals Erfolg haben. Die Suche ist von vornherein zum Scheitern verurteilt.

Doch je stärker der Drang nach einer Lösung des Problems, desto eher tritt irgendwann ein Moment der Ermüdung ein.

Früher oder später merkt auch der hartnäckigste Goldsucher, dass die angebohrte Mine nichts hergibt. Er wirft die Hacke weg, setzt sich nieder und gibt das Schürfen auf. Spätestens dann tritt eine Art Resignation ein, die ihn von seinen Mühen zu befreien vermag, wenn er die darin liegende Chance erkennt.

Letzteres ist nicht ganz einfach, da der Umstand der „Resignation" in der Regel einen negativen Beiklang hat, der uns an Scheitern, Verlieren und Trauer erinnert. Resignation kann aber auch als bewusster Rücktritt (re-signare) von einer Unterschrift verstanden werden, die uns per Vertrag an eine wenig erfolgversprechende Handlungsweise gebunden hat. In diesem Sinne wäre Resignation ein Akt, der uns von einer Last befreit und uns zu uns selbst zurückführt.

Um die Chance, die in einer tiefen, existentiellen Resignation verborgen liegt, besser verstehen zu können, wird im Folgenden einigen paradoxen Grundsituationen nachgespürt, die man vermutlich so oder in ähnlicher Form aus dem täglichen Leben kennt. Wichtig ist hierbei die grundsätzliche Unlösbarkeit der misslichen Situation, da sie uns dem Verständnis der oben beschriebenen existentiellen Paradoxie näherbringt.

Das Einschlafproblem

Stellen Sie sich die Nacht vor einer wichtigen Prüfung vor, sei es die Führerscheinprüfung, Abitur oder sonst ein Examen, eben eine Prüfung, von deren Bestehen Ihr weiteres Leben abzuhängen scheint. Für diese Prüfung sollten Sie ausgeschlafen sein, so denken Sie jedenfalls. Sie denken überhaupt ziemlich viel, während Sie sich im Bett hin und her wälzen. Kennen Sie die Situation? Vermutlich werden Sie an diesem Abend nicht einschlafen. Und je später es wird, desto größer wird die Angst vor den Konsequenzen der Tatsache, dass Sie nicht einschlafen. Und umso mehr Ihre Anspannung steigt, desto geringer wird die Wahrscheinlichkeit, dass Sie einschlafen. Ein klassischer Teufelskreis.

Das Problem löst sich erst, wenn Sie gegen Morgen, die ersten Vögel fangen zögerlich an zu singen, die ersten Lichtstrahlen der Dämmerung mogeln sich durch Ihren Rollladen, endgültig aufgeben. Die Sache ist gelaufen, die Prüfung versiebt, die Gelegenheit verdorben. Nichts lässt sich mehr daran ändern.

Nun könnte man in Traurigkeit versinken oder gar in Frustration fallen. Doch manchmal passiert etwas anderes. In den Ärger mischt sich eine merkwürdige Beruhigung, ja, es fühlt sich fast wie eine Befreiung an. Woher kommt dieses plötzliche Gefühl von Losgelöstheit? Wie kann an diesem üblen Punkt der Niederlage eine so wohltuende Entspannung eintreten, dass Sie schließlich sogar in den ersehnten Schlaf fallen? Wieso führt die Resignation, wenn auch versteckt, zu einer Art Glücksgefühl? Kann es sein, dass Sie von der Last befreit wurden etwas tun zu müssen, da Sie es nicht mehr tun können? Was am Ende dazu führt, dass Sie es doch tun können, weil Sie es nicht mehr tun müssen. Denken Sie darüber nach!

Tinnitus

Krankheiten muss man nicht hinnehmen. Der menschliche Körper ist so konstruiert, dass er sehr deutlich zu erkennen gibt, wann etwas unternommen werden muss. Leider gibt es aber auch Krankheiten und Verletzungen, die nicht heilbar sind und deren Symptome nicht oder nur geringfügig gelindert werden können. Als gutes Beispiel sei hier die Volkskrankheit Tinnitus angeführt. Natürlich wünsche ich Ihnen, liebe Leser, keine einschlägige Erfahrung mit dieser Plage. Das ist für die hier angeführten Überlegungen auch wirklich nicht nötig. Aber sollten

Sie über die Erfahrung verfügen, dann haben Sie immerhin jetzt den Vorteil, die folgende Betrachtung besonders gut nachvollziehen zu können.

Stellen Sie sich also vor, Sie wären plötzlich von diesem hässlichen Pfeifton betroffen. Der Ton ist so aufdringlich, dass er sich ständig in Ihre Aufmerksamkeit drängt. Sie können an fast nichts anderes mehr denken. Selbstverständlich wollen Sie den Ton so schnell wie möglich wieder loswerden, besuchen verschiedene Ärzte und probieren diverse Therapien aus. Zunächst schlucken Sie vielleicht unterschiedliche Tabletten, dann versuchen Sie es mit Methoden der alternativen Medizin. Es folgen Hörübungen, die Ihnen helfen sollen, den Fokus vom Tinnitus wegzulenken. Außerdem arbeiten Sie an Ihrer Achtsamkeit, um Ihre Aufmerksamkeit besser steuern zu können.

Leider scheint durch die Therapien die Lautstärke und Störhaftigkeit des Tons nicht abzunehmen, ja, es wird eher schlimmer. Jede aktive Beschäftigung mit dem Ton scheint diesen tendenziell zu verstärken. Die gehoffte Linderung tritt einfach nicht ein. Je mehr Sie sich winden, desto angespannter werden Sie, was wiederum dem Tinnitus nicht guttut. Sie fühlen sich wie ein Ertrinkender, der im Treibsand wie wild rudert und dadurch immer schneller versinkt.

Irgendwann überkommt Sie die Erkenntnis, dass jeder Therapieansatz in subtiler Weise die Aufmerksamkeit umso mehr an den Tinnitus fesselt und dadurch jeder Heilung entgegenwirkt. Mit dem Tinnitus verhält es sich wie mit Ihrem eigenen Spiegelbild. Immer wenn Sie in den Spiegel hineinschauen, ist es da. Und jeder Versuch, den Tinnitus loszuwerden gleicht einem Blick in diesen Spiegel.

Vermutlich werden Sie Jahre lang an einer Lösung des Problems basteln, die es offensichtlich so nicht gibt, wobei Ihnen diese Erkenntnis zunächst auch nichts hilft. Denn selbst wenn Sie erkannt haben, dass Ihnen der Lösungsversuch schadet, ist der Wunsch nach einer Lösung ja immer noch da. Aber wie werden Sie den Wunsch los?

Sie können sich sicher vorstellen, dass diese Situation fast zwangsläufig irgendwann in einer tiefen Resignation mündet, in welcher Sie die Therapieversuche endgültig aufgeben. Sie finden sich mit dem Umstand ab, dass hier einfach nichts geht, und damit entfällt jegliche weitere Suche nach Verbesserung. In verblüffender Weise werden Ihnen dadurch aber nicht nur die Mühen der weiteren Suche erspart, der lästige Ton verliert auch an Bedeutung für Ihr Leben und damit an seiner negativen Wirkung. Auch wenn der Ton immer noch da ist, fühlen Sie sich immer weniger gestört. Immer öfter vergessen Sie seine Existenz. Mit dem Widerstand gegen den Ton verschwindet offensichtlich ein großer Teil des Problems. Wer das noch nicht erlebt hat, der muss es einfach glauben.

Scheitern

In jedem Scheitern liegt der Keim für die Erkenntnis, dass das anvisierte und nicht erreichte Ziel gar nicht die Lösung für unser existentielles Problem ist, sondern uns im Grunde davon fernhält. Denken Sie jetzt an Situationen in Ihrem Leben, die man mit „Scheitern" umschreiben könnte. Vielleicht haben Sie in einem wichtigen Wettkampf verloren, sind durch eine schwere Prüfung gefallen oder ein geliebter Mensch hat Sie verlassen. Was fühlen Sie jetzt im Nachhinein, in der Rückschau? Vermutlich überwiegt die Frustration und Trauer, oder? Die positiven Möglichkeiten, die in dem Scheitern lagen, werden eher weniger erkannt.

Es gibt allerdings eine besondere Form von „Scheitern", die uns das Verständnis etwas leichter macht. In diesem Fall behindert bereits das „Erreichenwollen" eines bestimmten Zieles, dass dieses Ziel erreicht werden kann. Das Vorhandensein eines Wunsches blockiert, dass sich der Wunsch erfüllen kann. Oder anders ausgedrückt: Der Umstand, ein Problem zu lösen, erweist sich als das eigentliche Problem. Diese zwangsläufige Form von Scheitern klang bereits in den Beispielen Einschlafproblem und Tinnitus an.

Kennen Sie ähnliche Situationen? Sind Sie schon einmal an Ihren Ambitionen selbst gescheitert? Standen Sie sich bei der Lösung eines Problems schon einmal selbst im Weg? Beispiele wären alle Arten von Prüfungssituationen, in denen sich Ihre Nervosität negativ ausgewirkt hat. Oder Sie wollten in einem Vortrag oder bei einem Vorstellungsgespräch glänzen, doch der Wunsch nach Erfolg und Beifall hat eher zu Befangenheit, Unsicherheit und Verkrampfungen geführt. Oder Sie wollten einfach nur in der Clique „cool" ankommen, was niemals gelingt, wenn man das unbedingt will und somit künstlich betreibt. Stellen Sie sich noch einmal eine solche Situation vor. Versuchen Sie die damit verbundene Frustration einmal beiseitezulassen. Können Sie jetzt im Rückblick erkennen, dass Ihr Bemühen völlig zwecklos war? Dass Sie nicht den Funken einer Chance hatten nicht zu scheitern? Verstehen Sie, dass die Resignation an diesen paradoxen Problemen die einzige Lösung ist, die Ihnen helfen kann?

Natürlich wird Ihnen durch Resignation zunächst nicht der ersehnte Wunsch erfüllt, aber die Resignation kann Sie von dem Wunsch befreien, der Sie so lange gequält hat. Dass es dadurch im Nachhinein vielleicht sogar leichter wird, das ursprüngliche Ziel mit Gelassenheit und Ruhe doch noch zu erreichen, ist dann ein unwichtiger Nebeneffekt, auf den es nicht mehr ankommt.

Scheitern beim Denken
Setzen Sie sich zur Meditation. Versuchen Sie in aller Ruhe, Ihren störenden Gedankenstrom einzudämmen. Denn es sind Gedanken, die Sie an das getrennte Ich, an Ihr Ego, glauben lassen. Mit den Gedanken verschwindet also auch Ihr Ego und alle Probleme sind gelöst. Sitzen Sie jetzt in völliger Gedankenruhe! Überprüfen Sie dabei, ob Ihnen die Aufgabe auch wirklich gelingt. Fragen Sie sich also, ob Sie auch tatsächlich nicht denken! Gelingt es Ihnen? Nein? Sie denken nach über das Denken? Dann sind Sie mal wieder gescheitert. So schnell kann das gehen.

Schlussfolgerung
Scheitern und Resignation werden in unserer Leistungsgesellschaft normalerweise als Niederlagen aufgefasst, die man, wenn möglich, vermeidet. Da die gesuchte Vollkommenheit und Erlösung in einem in die Zukunft gerichteten Streben aber niemals gefunden werden können, sind leistungsbezogene Handlungsansätze in letzter Konsequenz immer zum Scheitern verurteilt. In diesem Scheitern und der dadurch bedingten Resignation liegt jedoch die Chance verborgen, sich von den zielorientierten und in die Zukunft gerichteten Belastungen zu befreien. Anhand alltäglicher Erfahrungen mit kontraproduktiven Lösungsstrategien lässt sich dieser paradoxe Zusammenhang bewusst machen.

Reflexion
Die experimentellen Untersuchungen haben gezeigt, dass im Akt der Resignation eine tiefe Erkenntnis liegen kann, die uns von sinnlosen, in die Zukunft gerichteten Bemühungen erlösen kann. Ein Scheitern ist aber nur dann nützlich, wenn es uns vor Augen führt, dass das Glück nicht in erreichbaren „Objekten" der Welt wie Besitz, Ansehen oder Erfolg verborgen liegt.

Andernfalls verbleibt nach der Resignation immer noch der stille Wunsch, die ursprünglichen Ziele ließen sich verwirklichen, und der Ärger darüber, dass die Umstände dies offensichtlich nicht erlauben. Eine solche Resignation wäre nur ein „Aufgeben" mit allen negativen Folgegefühlen wie Frustration und Trauer. Echte Resignation beinhaltet daher nicht nur das Loslassen jedes persönlichen Zieles, sie führt auch zum Loslassen von Verzweiflung und Depression.

Es liegt außerdem auf der Hand, dass man „Scheitern" nicht als Methode betreiben kann. Scheitern lässt sich nicht künstlich erzeugen, um über einen Umweg doch noch zu bekommen, was man auf direktem Weg nicht erreichen kann. Ein erfolgreiches Scheitern wäre ja dann ein Gelingen, womit man am Scheitern gescheitert wäre. Eine Resignation am Scheitern kann man also nicht aktiv herbeiführen, sondern sie tritt von alleine ein, wenn die Zeit dafür gekommen ist.

Um Resignation und Erkenntnis im Scheitern geht es auch in der spirituellen Praxis des Zens. In schier endlosen Meditationen versucht der sitzende Mönch etwas zu finden, zu erlangen oder zu überwinden. Die Motivation dieses Tuns ist also zunächst in die Zukunft gerichtet, wo er Realisation, Erleuchtung oder die Wahrheit zu finden glaubt. Damit hat er allerdings keinen Erfolg, weil jedes Bemühen von dem wegführt, was er eigentlich sucht. In bestimmten Zen-Schulen wie dem Rinzai-Zen wird dem Mönch zusätzlich ein paradoxes Rätsel (Koan) ohne logische Lösung gestellt, das das paradoxe Tun noch verstärkt. Irgendwann erkennt dann der Mönch in tiefer Resignation, dass es nichts zu finden, zu erlangen oder zu überwinden gibt. Im Bemühen, das Rätsel mit leistungsbezogenen Ansätzen zu lösen, scheitert der Zen-Schüler so lange, bis er aufgibt.

In diesem Scheitern wird fühlbar, dass die Lösung nicht in irgendeinem Bemühen liegt, sondern „jetzt“ schon vorhanden ist. Die Erfüllung, nach der sich der Suchende sehnt, ist in seinem augenblicklichen Handeln schon allgegenwärtig. Das bedeutet nicht, dass von da an Meditationen oder andere spirituelle Übungen vollständig überflüssig werden. Es ändert sich lediglich der Blickwinkel auf dieses Tun. Von da an betrachtet der Mönch die spirituelle Praxis nicht mehr als Mittel zum Erreichen von irgendetwas, sondern als lebendigen Ausdruck und als Realisation des bewussten Seins in jedem Augenblick. So lässt sich zum Beispiel in der Meditation erleben, dass alles schon immer Meditation war.

16. Alles ist gültig und vollständig

In Experiment 14 haben wir den allgegenwärtigen Vermeidungsstrategien nachgespürt und deren Sinnlosigkeit diskutiert. Das Experiment 15 hat uns daraufhin vor Augen geführt, wie diese Strategien in eine tiefe Resignation münden. Beide Betrachtungen können uns helfen, die dahinterliegenden Fehlauffassungen zu erkennen und zu beheben.

Während es relativ leicht ist, sich die weit verbreitete Grundannahme „Ich bin nicht gut genug“ einzugestehen und deren Unsinnigkeit zu durchschauen, fällt es relativ schwer, diese Annahme im Alltag konsequent abzulegen. Zu lange haben die entsprechenden Konditionierungen der Erziehung und Gesellschaft auf uns eingewirkt, um uns die gegenteilige Annahme „Mit mir ist alles o. k.“ jederzeit sinnlich erfahrbar machen zu können. Daher tun sich viele Menschen schwer, das ursprüngliche Problem, nämlich die Vorstellung der eigenen Unvollständigkeit und Mangelhaftigkeit, vollständig zu korrigieren. Selbst wenn sie den Zusammenhang zwischen Trennungsgefühl und

Fluchtinstinkt intellektuell und existentiell verstehen, was von großer Bedeutung ist, bleibt ihnen das gewohnte Gefühl der Trennung und Begrenztheit dennoch in subtiler Weise erhalten, und sei es unbewusst.

Eine weitere Möglichkeit der Vertiefung des Verständnisses besteht nun darin, die ursprüngliche Fehlauffassung der Unvollständigkeit durch direkte Betrachtung der gegenwärtigen Erfahrungen zu enttarnen und mit allen Sinnen als Illusion zu erleben. Dadurch kann auch auf emotionaler Ebene erfasst werden, dass unsere ursprüngliche negative Selbstauffassung nicht gerechtfertigt ist.

Alles ist gültig

Schauen Sie jetzt in diesem Augenblick um sich. Betrachten Sie den Raum, die Möbel und die Gegenstände, die Sie umgeben. Vieles ist Ihnen vertraut und ganz selbstverständlich dort, wo es sein soll. Aber vermutlich finden sich bei näherer Betrachtung auch Details, die Ihren Sinn für Ordnung nicht gerade beflügeln. Vielleicht steht auf Ihrem Schreibtisch eine Kaffeetasse, die dort nicht hingehört und deren eingetrockneter Kaffeesatz davon zeugt, dass sie dort schon lange nicht mehr hingehört. Oder es stapeln sich an anderer Stelle unerledigte Briefe, Rechnungen, die Unterlagen der Steuererklärung oder Ähnliches, auf deren Existenz Sie problemlos verzichten könnten. Und wenn Sie auf den Boden schauen, dann findet sich die eine oder andere Dreckspur, und sei es nur ein völlig belangloser Holzspan oder sonst ein Krümelchen.

Das sind natürlich nur Beispiele. Suchen Sie einfach nach einer Entsprechung. Ich bin sicher, Sie finden irgendein überflüssiges oder unliebsames Detail in Ihrer Umgebung oder gar an Ihrem Körper, dem Sie kurz Aufmerksamkeit schenken können.

Erinnern wir uns jetzt an unser allererstes Experiment 1, in welchem wir den kausalen Zusammenhang aller Bestandteile der Wirklichkeit untersucht haben. Aus der Betrachtung wurde deutlich, dass nichts, auch nicht das kleinste Krümelchen, unabhängig von allem anderen existieren kann. Das bedeutet, dass die für Sie bedeutungsvollen und ordentlichen Bestandteile Ihrer Umgebung, zum Beispiel das neue Smartphone in Ihrer Tasche oder die Erinnerungsfotos an der Wand, nur da sind und auch nur so in dieser Weise existieren können, weil auf Ihrem Boden ein Holzspan liegt oder die Kaffeetasse nicht gespült wurde. Eine Wirklichkeit ohne Holzspan und verschmutzte Kaffeetasse gibt es definitiv nicht. Man könnte auch sagen, dass sich das Universum in der (gedachten) Vergangenheit genau so entwickelt hat, dass in Ihrem Zimmer Smartphone, Holzspan und Steuererklärung zusammentreffen. Aber auch ohne die Annahme einer Vergangenheit präsentiert sich diese Welt offensichtlich in dem ewigen jetzigen Augenblick genau so wie Sie es sehen, und nicht anders.

Möglicherweise beruhigt diese Feststellung Ihren Ärger über den Rechnungsstapel und die Steuererklärung nur bedingt. Das ist verständlich. Aber auch Ihr nicht beruhigter Ärger ist ein Teil der Wirklichkeit, die sich vor Ihnen und um Sie herum entfaltet. Der Holzspan, die dreckige Kaffeetasse, der Papierstapel sind uneingeschränkt gültig und Ihre Gedanken und Urteile, die damit verbunden sind, sind es ebenfalls. Nichts könnte anders sein, auch wenn die Gedanken genau das behaupten. Die falsche Behauptung der Gedanken ist übrigens ebenfalls gültig.

Richten Sie nochmal die Aufmerksamkeit auf ein belangloses oder überflüssiges Detail in Ihrer Umgebung. Bemerken Sie, wie durch Ihre Aufmerksamkeit eine Spannung entsteht, die einen Gedanken oder gar eine Handlung nach sich zieht? Irgendetwas wird passieren, und wenn es nur ein Anflug von Ärger ist.

Bemerken Sie, wie Sie mit dem belanglosen oder überflüssigen Detail in Kontakt treten, wie es Sie selbst bestimmt? Erkennen Sie die ganze verwobene Architektur des Dramas, das sich Leben nennt? Kann irgendetwas tatsächlich belanglos sein, wenn eine solche Wirkung davon auszugehen vermag?

Nichts ist belanglos, weil es nichts Losgelöstes gibt, das für sich alleine von Belang sein könnte. Alles ist gültig, weil nichts für sich alleine gelten kann. Wenn das aber wahr ist, wieso können wir dann von uns annehmen, dass wir auch nur ansatzweise ungültig wären?

Was wir wahrnehmen, ist immer vollständig
Wir meiden den gegenwärtigen Augenblick, weil wir ihn nicht für vollständig und daher für verbesserungswürdig erachten. Im Folgenden wollen wir untersuchen, ob dieser Eindruck der Unfertigkeit und Mangelhaftigkeit gerechtfertigt ist.

a) Spüren: Konzentrieren Sie sich zunächst auf Ihr augenblickliches Körperempfinden. Schließen Sie dabei am besten die Augen. Vermutlich spüren Sie zunächst den ganzen Körper als ein ungleichmäßig pulsierendes Energiefeld. Vielleicht gelingt es Ihnen, den ganzen Körper auf einmal in den Fokus zu nehmen. Oder Sie tasten nacheinander mit Ihrer Aufmerksamkeit den Körper von den Fußzehen bis zu den Haarspitzen ab. Normalerweise wird dadurch das Körpergefühl noch verstärkt. Sammeln Sie dann Ihre Konzentration in der Körpermitte, zum Beispiel in der Magengegend, und unternehmen von dort aus mit der Aufmerksamkeit eine Expedition in irgendeine Richtung.

Ihre Aufgabe ist es, eine Stelle zu finden, wo kein Körperempfinden existiert oder wo das Körperempfinden endet. Sie können immer wieder zur Mitte zurückkehren und dann einen neuen Vorstoß in eine andere Richtung unternehmen. Lassen Sie sich dabei aber nicht durch Ihren Verstand täuschen. Er will Ihnen vielleicht weismachen, dass Ihr Körper selbstverständlich irgendwo endet und Sie diesen Rand spüren können. Aber ist das tatsächlich möglich? Verlassen Sie sich nur auf Ihr Gespür! Gibt es tatsächlich einen Rand? Wenn es einen Rand in Ihrem Spüren gäbe, dann müsste es einen Bereich jenseits des Randes geben, den Sie nicht spüren können. Aber woher sollten Sie dann davon wissen?

b) Hören: Lenken Sie die Aufmerksamkeit jetzt auf das Hören. Lauschen Sie den gegenwärtigen Geräuschen. Einzelne Töne und Tonfolgen erreichen Sie aus unterschiedlichen Richtungen. Vielleicht herrscht zwischendurch so etwas wie Stille, wobei Sie dann vermutlich das Grundrauschen Ihres Blutes im Ohr wahrnehmen. Vielleicht vernehmen Sie auch das Geplapper Ihrer Gedanken. Die Art der Geräusche spielt keine Rolle. Versuchen Sie, sich das subtile Geräuschfeld wie einen Raum vorzustellen, in dem Sie sich mit der Aufmerksamkeit bewegen können ähnlich wie in Ihrem Körper in der Übung zuvor. Loten Sie diesen Hör-Raum aus! Versuchen Sie, in diesem Hör-Raum einen Ort zu finden, an dem nichts wahrgenommen werden kann. Suchen Sie in alle Richtungen. Versuchen Sie den äußeren Rand des Hörraumes zu erhören. Aber ist das tatsächlich möglich? Wenn es eine Unvollständigkeit in Ihrem Hörvermögen gäbe, dann könnten Sie in diesem Bereich nichts hören. Aber woher sollten Sie dann davon wissen?

c) Sehen: Als Drittes überprüfen wir das Sehen. Öffnen Sie die Augen und schauen Sie um sich. Wo Sie auch hinblicken, sehen Sie Helligkeit, Farben und Formen. Die Inhalte wechseln je nach Blickrichtung, aber überall ist etwas zu finden. Oder erblicken Sie einen Ort, an dem nichts (auch nicht Dunkelheit) zu sehen wäre? Natürlich nicht. Die gesehene Welt ist vollständig ausgefüllt mit

Hell-Dunkel-Kontrasten, Farbe und Form. Nirgendwo ist im Sehen Unvollständigkeit oder eine Begrenzung wahrnehmbar.

Natürlich scheint Ihr Gesichtsfeld zum Rand hin eingeschränkt zu sein. Die Kenntnis dieser Begrenzung entstammt allerdings nicht Ihrer direkten Wahrnehmung, sondern Ihrer Vorstellung des Sie umgebenden Raumes. Wenn es tatsächlich eine Unvollständigkeit oder Einschränkung in Ihrem Sehfeld gäbe, dann könnten Sie in diesem Bereich visuell nichts wahrnehmen. Aber woher sollten Sie dann, rein visuell, davon wissen?

d) Sein: Bei genauer Betrachtung geht es in diesem Experiment weder um Spüren noch um Hören oder Sehen, sondern um das Vorhandensein der wissenden Bewusstheit, die das Spüren, Hören und Sehen zur Kenntnis nimmt. Und diese wissende Bewusstheit war und ist immer allgegenwärtig. Alles, was Sie je erlebt haben, haben Sie bewusst erlebt. Erleben ist schließlich nur ein anderer Ausdruck von Bewusstsein. Die Inhalte des bewussten Erlebens mögen mit den verschiedenen Sinnesmodalitäten wechseln oder gar enden, etwa wenn Sie die Augen schließen, aber Ihre aufmerksame Anwesenheit bleibt dabei immer erhalten. Sie ist lücken- und grenzenlos.

Alle Formen der Wahrnehmung kann man als Modulationen Ihrer puren Anwesenheit auffassen. Konzentrieren Sie sich auf die Tatsache, dass Sie jetzt in diesem Moment anwesend sind, und versuchen Sie eine Begrenzung oder einen Mangel in dieser Anwesenheit zu finden. Dies ist ganz offensichtlich nicht möglich, denn alles, was Sie finden können, setzt Ihre uneingeschränkte Anwesenheit bereits voraus. Es ist Ihnen also vollkommen unmöglich, in Ihrem Sein bzw. in Ihrer Existenz eine Lücke, Unvollständigkeit oder gar einen Mangel zu entdecken. Ihre persönliche Auffassung von Unvollständigkeit und Mangel ist demnach lediglich eine mentale Illusion.

Schlussfolgerung
Selbst in der konventionellen, materiellen Weltsicht ist keine Trennung erkennbar, welche auf einen unvollständigen oder mangelhaften Teilbereich der Wirklichkeit hindeuten würde. Alles hängt mit allem zusammen und ist daher in gleicher Weise gültig. Diese Feststellung gilt jedoch nicht nur für die Objekte unserer Wahrnehmung, sondern auch für uns als das Wahrnehmende selbst. In den Experimenten 6 bis 10 wurde bereits gezeigt, dass wir uns selbst als das gegenwärtige Vermögen verstehen können, welches um die Körperempfindungen, geistigen Vorgänge und Sinneswahrnehmungen weiß. Ich bin sozusagen das Wissen von allem, was mir erscheint. In diesem Wissen gibt es keine Lücke, keine Unvollständigkeit und keinen Mangel. Insofern ist auch das „Ich" niemals mangelhaft oder verbesserungswürdig.

Reflexion
Durch die illusionäre Vorstellung von Getrenntheit, Unvollständigkeit und Mangelhaftigkeit wird eine lebenslange Suche ausgelöst, die das Absolute und Untrennbare in den relativen Dingen der Anschauung zu finden versucht. Zunächst werden die Unterschiede in den Objekten und Individuen fälschlicherweise als tatsächliche Trennungen aufgefasst. Und dann werden die Objekte und Individuen hinsichtlich ihrer potentiellen Qualitäten mental bewertet. Nur ein bestimmter Ausschnitt der Welt und des eigenen Wesens wird für interessant oder attraktiv angesehen, anderes wird als hässlich oder langweilig verworfen. So lieben wir einen Menschen dann, wenn er unseren Erwartungen entspricht. Wir bewundern die Rose, während wir ein anderes Blümchen zum Unkraut erklären. Ein Sportwagen bereitet uns Freude, während der Lieferwagen kaum beachtet wird.

Man nennt diese Einstellung auch „relative" Liebe, da sie ihre Energie aus den Kontrasten und Unterschieden zwischen Objekten und Individuen bezieht. Sie erhofft sich die Erfüllung in einzelnen ausgewählten Besitztümern oder Erfahrungen, die typischerweise in die Zukunft projiziert oder nostalgisch verklärt werden. Deshalb könnte man die relative Liebe auch als „Dann-Modus" bezeichnen. Diese Denkweise spiegelt sich in unserer Gesellschaft, im Wirtschaftssystem und in unserer Selbstauffassung. Das Begehren, das Lebensglück in zwangsläufig vergänglichen Formen finden zu wollen, führt unweigerlich zu Leid. Auf diesen Zusammenhang wird vor allem in den buddhistischen Traditionen immer wieder hingewiesen.

Dagegen versteht man unter der „unbedingten" oder „bedingungslosen" Liebe eine Haltung, die das Absolute im Relativen bzw. das Relative als Ausdruck des Absoluten erkennt. In diesem Fall besitzen alle Dinge und Erfahrungen die gleiche Berechtigung und Gültigkeit, einfach weil sie da sind und nicht, weil sie irgendetwas Besonderes darstellen. Natürlich erkennt die absolute Liebe Verschiedenheiten und Eigenheiten an, es geht nicht um Gleichmacherei. Aber sie versteht auch, dass sich in jedem Kontrast, in jeder Einzigartigkeit das Absolute spiegelt. Aus uns allen blickt dasselbe Bewusstsein, auch wenn der gesehene Ausschnitt der Wirklichkeit eine einzigartige Individualität bezeugt.

Die unbedingte Liebe bezieht ihre Energie aus dem gegenwärtigen Sein der Erfahrung. Insofern könnte man sie auch als den mentalen „Jetzt-Modus" charakterisieren. Sie entfaltet sich, wenn das ursprüngliche Gefühl der Trennung und Unvollständigkeit hinterfragt worden ist. Sie hat nichts mit „Akzeptanz" zu tun, wie es manchmal als Methode vorgeschlagen wird. Denn Akzeptanz beinhaltet immer noch ein Gefühl der Mangelhaftigkeit, auch wenn dieser Mangel nicht mehr zum Gegenstand des eigenen Verhaltens gemacht wird. Die unbedingte Liebe kennt dagegen keine Mangelhaftigkeit und braucht daher nichts zu akzeptieren.

17. Alles ist immer durchdrungen von „dem"

Mit den vorangegangenen Experimenten wurde der Eindruck, eine getrennte Person zu sein, als Illusion enttarnt. Es zeigte sich, dass alles, was wir im gegenwärtigen Moment erfahren, seien es Körpergefühle, Gedanken oder der sinnliche Eindruck einer äußeren Welt, im selben ungeteilten und unbegrenzten Bewusstseinsfeld erscheint. Wir sind dieses Bewusstseinsfeld. Wir sind das Wissen aller Erfahrungen. Und dieses Wissen lässt sich nicht in ein Innen und Außen, in ein Vorher und Nachher, in ein Ich und die Welt oder in ein Ich und Du aufteilen. Wie im Traum bezeugen wir den Körper und seine Umgebung zugleich. Alles ist gleichermaßen gültig, alles ist vollständig. Unsere Erfahrung kennt daher keinen Mangel und keine Unvollkommenheit.

Doch mit der Änderung der Perspektive verschwindet nicht der persönliche Eindruck, einen Körper zu haben. Es verschwindet nicht die Welt, und es verschwinden nicht die gedanklichen Reflexionen. Alles scheint zu bleiben, wie es war. Kein Engelschor singt, die negativen Gefühle fallen nicht ab, unschöne Gedanken schwirren weiterhin umher und auch sonst geizt die betrachtete Welt nicht mit leidvollen Eindrücken. Und immer wieder verfallen wir in alte Gewohnheiten und identifizieren uns als die Person, die das Schlamassel nicht nur sieht, sondern auch mit Haut und Haaren drinsteckt.

Und doch sehen wir in allem auch etwas anderes. Die Welt ist nicht nur Welt, Gedanken sind nicht nur Gedanken, Leid ist nicht nur Leid. Egal, was wir betrachten, und sei es das Schlimmste, irgendetwas scheint jetzt durch, das wir nicht greifen können und das alles verändert. Damit möchten wir uns im Folgenden beschäftigen. Auch wenn wir bereits in den vorangegangenen Experimenten einiges über die Natur des Bewusstseins erfahren haben, sollten wir dieses Vorwissen für die folgenden Experimente etwas zur Seite schieben, da es unter Umständen die direkte Erfahrung behindern kann.

Das Licht in allem sehen

Betrachten Sie die Zeilen vor sich in diesem oder einem anderen Buch. Sie sehen Buchstaben, und die Buchstaben ergeben zusammen Worte, die aneinandergereiht eine Geschichte erzählen. Sie befassen sich mit der Geschichte, die Ihnen gefällt oder nicht, die Sie langweilt oder schockiert. Vermutlich interessieren Sie sich nur für diese Inhalte. Und doch strahlt etwas anderes durch und ohne dieses andere könnten Sie von den Inhalten nichts wissen. Was ist das im Falle des Buches? Natürlich das Papier, das Weiß der Seite hinter den Buchstaben, das Buch an sich. Auch wenn Sie es nicht beachten, es ist immer da, Sie können es nicht übersehen.

Konzentrieren Sie sich jetzt auf das Betrachten eines Filmes. Sie sehen Personen, Landschaften, Ereignisse, die Ihre Aufmerksamkeit fesseln. Vielleicht sind Sie durch die Story sogar so gebannt, dass Sie den Film einen Augenblick lang für echt halten. Und doch strahlt etwas anderes durch und ohne dieses Andere könnten Sie von dem Film nichts wissen. Was ist das im Falle des Filmes? Natürlich die Leinwand oder der Bildschirm, worauf der Film projiziert wurde und ohne die es keinen Film geben würde. Auch wenn Sie die Leinwand bzw. den Bildschirm nicht beachten, sie sind immer da, Sie können sie nicht übersehen.

Betrachten Sie nun die Welt um sich herum. Sie sehen einen Raum mit Möbeln, vielleicht ein Fenster, die Welt vor Ihrem Haus. Es regnet in Strömen. Alles hat eine Bedeutung für Sie. Sie befassen sich mit diesen Bedeutungen. Und doch strahlt etwas anderes durch und ohne dieses Andere könnten Sie die Objekte um sich herum nicht erblicken. Was ist das im Falle der gesehenen Welt? Natürlich das Licht, ohne das alles im Dunkeln verbliebe. Auch wenn Sie das Licht nicht beachten, es ist immer da. Sie können es nicht übersehen.

Richten Sie Ihre Aufmerksamkeit auf die Tatsache, dass alles, was Sie sehen, durch Licht beleuchtet ist. Machen Sie sich klar, dass das Licht nicht direkt in Erscheinung tritt. Aber ohne das Licht läge alles im Dunkeln. Übertragen Sie dann die Achtsamkeit, die Sie der visuellen Umwelt entgegenbringen, auch auf Ihre geistigen Bilder. Stellen Sie sich zum Beispiel eine schöne Blume oder einen strahlend blauen Himmel vor und registrieren Sie dabei, wie die „geistige" Blume oder der „geistige" Himmel im Licht leuchtet. Ohne das vorgestellte Licht könnten Sie auch im Geist keine Blume und keinen Himmel betrachten. Sie wären im Geiste blind.

Jede visuelle Erscheinung ist an Licht gebunden. Alles leuchtet. Versuchen Sie die Achtsamkeit auf das Leuchten möglichst lange aufrechtzuerhalten. Vielleicht gelingt es Ihnen, diese Betrachtungsweise auch im Alltag zu erleben. Bekommt die Welt dadurch nicht eine besondere Strahlkraft, einen ganz eigenartigen Glanz?

Betrachten Sie abschließend ein schönes Gemälde, egal welcher Epoche oder Stilrichtung es zuzuordnen wäre, und überlegen Sie sich, was die Schönheit des Bildes ausmacht. Verbirgt sich die Schönheit tatsächlich nur im Motiv, in der besonderen Anordnung von Farben und Formen? Oder möchte der Maler (vielleicht unbewusst) über das Motiv hinaus auf etwas verweisen, was das Gegenständliche transzendiert? Wenn ja, was könnte das sein?

Ist es nicht auch das Licht, das sich in den Farben und Formen verfängt, welches das Gemälde zum Strahlen bringt? Und ist es nicht das Licht, welches das Gemälde für den Betrachter sichtbar macht? Weist das Kunstwerk also nicht gleichzeitig auf denjenigen zurück, der es betrachtet? Dann ist das Licht die scheinbare Brücke zwischen Bewusstsein und Bild, die im Akt des Schauens beides zur Einheit verschmilzt.

Buchseite, Film und Licht sind natürlich nur Metaphern für unsere bewusste Gegenwärtigkeit, ohne die nichts wäre – auch keine Seite, kein Film und kein Licht. Ein Blinder ist nicht weniger gegenwärtig als ein Sehender. Und doch ist insbesondere das Licht eine starke Metapher. Deshalb nennt man Menschen, die „das Licht" in allem beachten, auch „erleuchtet". Allerdings sind alle bewussten Wesen von Natur aus „erleuchtet", wie folgender anschaulicher Vergleich von Rupert Spira verdeutlicht: Drei Menschen sehen den gleichen Film. Der eine sieht die Story, der zweite erkennt, dass es sich um einen Film handelt, der dritte beachtet den Bildschirm. Das scheint einen großen Unterschied auszumachen. Und doch sehen alle drei genau das Gleiche!

Den Raum in allem sehen

Anstelle von Licht können wir auch den puren geometrischen Raum beachten, der alles umfasst, was unsere Sinne wahrnehmen. Schauen Sie um sich und machen Sie sich bewusst: Was auch immer Sie ins Auge fassen, ist von einer räumlichen Form umfangen. Nirgendwo ist etwas erkennbar, was nicht in einem noch größeren Raum eingebunden wäre.

Anstelle der Gegenstände der Umgebung können Sie auch Ihre inneren geistigen Objekte und Körperempfindungen betrachten, die Ihnen ebenfalls räumlich erscheinen. Haben Sie jemals Gedanken, Gefühle oder Körperempfindungen registriert, die nicht in einem räumlichen Kontext eingeflochten waren?

Versuchen Sie nun, die Bedeutung der jeweiligen betrachteten Form, sei sie materieller oder geistiger Art, zu ignorieren und stattdessen den Raum an sich wahrzunehmen, der in und hinter jeder Form vorhanden ist. Bemerken Sie die Allgegenwärtigkeit dieses „reinen" Raumes?

Offensichtlich ist nichts aus diesem Raum ausgeschlossen, nichts kann jemals ausgeschlossen sein. Und doch ist der Raum an sich leicht zu übersehen. Aber auch, wenn wir den Raum nicht beachten, er ist immer präsent, immer die Voraussetzung dafür, dass etwas überhaupt beachtet werden kann.
Der geometrische Raum versteht sich auch hier natürlich nur als Metapher für unsere bewusste Gegenwärtigkeit, ohne die keine räumliche Erfahrung möglich wäre. Der Bewusstseinsraum ist immer weiter gesteckt als der geometrische Raum, da er die geometrische Wahrnehmung mit einschließt (siehe auch Experiment 8). Aber als Bezugsgröße und indirekter Gegenstand unserer Erfahrung besitzt der geometrische Raum die erstaunliche Eigenschaft, uns die darin verborgene Bewusstheit sicht- und fühlbar werden zu lassen.

Das Bleibende in allem sehen
Gehen Sie zum Fenster und betrachten Sie die Umgebung vor Ihrem Haus. Egal ob Sie die Autos auf der Straße beobachten oder die Wolken am Himmel, alles bewegt sich, alles ändert sich. Wir erleben in jedem gegenwärtigen Moment gleichzeitig auch den Wandel. Selbst wenn manche Dinge wie starr

erscheinen, zum Beispiel der gegenüberliegende Berg, so ist die Starrheit ein Trugschluss – wie jede Zeitrafferaufnahme beweist. Alles kommt und geht, lebt auf und wird vergessen. Und doch haben wir den Eindruck, dass irgendetwas existiert, das nicht dem Wandel unterliegt. Dass es etwas gibt, das nicht kommt und nicht vergeht, das immer da ist, egal wohin wir blicken. Können Sie den Eindruck nachvollziehen? Worin besteht der ruhende Pol, um den sich alles zu drehen scheint? Versuchen Sie, hinter den vergänglichen Objekten vor Ihrem Fenster dasjenige zu erfassen, was den Eindruck von Dauerhaftigkeit nährt.

Richten Sie dann Ihre Aufmerksamkeit auf Ihren Gedankenstrom. In jedem Moment erleben Sie einen anderen Gedanken. Die Gedanken lösen einander jederzeit ab, Ihre Gedankenmuster verändern ständig ihre Form. Auch in Ihren Gedanken herrscht ein stetes Kommen und Gehen. Und doch bleibt immer etwas am selben Ort. Konzentrieren Sie sich auf dieses Bleibende in Ihrem Gedankenstrom. Können Sie erkennen, dass dieses Bleibende immer da ist, dass es niemals mit den Gedanken verschwindet? Würde es nichts Bleibendes in der Betrachtung Ihren Gedanken geben, wie könnten Sie je einen Wechsel, eine Veränderung registrieren?

Weiten Sie schließlich Ihre Suche nach dem Bleibenden auf Ihre Körperempfindungen und Gefühle aus. Sie können dabei die obigen Überlegungen und Fragen entsprechend übertragen. Zur Vertiefung der Betrachtung sei außerdem auf das Experiment 6 verwiesen.

Das Bleibende ist natürlich wieder nur eine Metapher für unsere bewusste Gegenwärtigkeit, ohne die keine Veränderung erkennbar wäre. Insbesondere ältere Menschen wundern sich manchmal, dass zwar die Sinnes- und Körperkräfte im Alter schwinden, sich die Gegenwärtigkeit des Erlebens aber noch so jung anfühlt wie in der frühen Kindheit. Das ist notwendigerweise so, da dasjenige, was wir wirklich sind, die bewusste Gegenwärtigkeit hinter aller Veränderung, keinem Alterungsprozess unterliegt.

Schlussfolgerung

Bewusstsein besitzt keine objektiven Qualitäten. Es kann sich daher nicht in den Objekten und Zuständen der eigenen Anschauung finden lassen. Stattdessen verliert es sich scheinbar auf der Suche nach sich selbst. Es gibt aber auch objektiv wahrnehmbare Bestandteile der Wirklichkeit, die direkt auf das Vorhandensein von Bewusstsein zurückdeuten, die seine Allgegenwärtigkeit ohne Umwege sinnlich zu machen vermögen. So lässt sich Bewusstsein in der strahlenden Präsenz des Lichtes, im allesumschließenden geometrischen Raum und in der bleibenden Essenz hinter aller Veränderung mehr als erahnen. Natürlich sind Licht, Raum und Konstanz nur Metaphern für die bewusste Gegenwärtigkeit, aber sie bieten einen starken Spiegel, ein mächtiges Analogon, für etwas, das zwar immer um sich selbst weiß, das sich selbst aber als Objekt für immer verborgen bleiben muss.

Reflexion

Wir können dieser Welt nicht entfliehen. Selbst wenn wir erkannt haben, dass die Welt gleich einem Traum eine Projektion des gegenwärtigen Bewusstseins darstellt, bleibt die Illusion trotzdem hartnäckig bestehen. Nach wie vor bedrängen uns Gedanken, verfallen wir in den Glauben, eine getrennte Person zu sein. Der Eindruck einer Welt aus Form und Gestalt löst sich nicht auf.

Bewusstsein erkennt sich nicht ständig als Bewusstsein, missachtet seine eigene absolute Gültigkeit. Es verliert sich in den selbst geschaffenen Formen. Das wird manchmal auch als „Ignoranz" bezeichnet. Doch selbst in der größten Ignoranz bleibt Bewusstsein, was es ist. Selbst wenn wir es nicht ahnen, auch in unserer einsamsten Stunde sind wir mit allem verbunden. Das gegenwärtige Bewusstsein, das Wissen um alle Form und Gestalt, um Gedanken, Körperempfindungen und Gefühle, liegt in allem verborgen. Alles besteht aus Bewusstsein, und Bewusstsein strahlt in allem, auch wenn es nicht ständig als Bewusstsein wahrgenommen wird.

Das Bewusstsein taucht alle Objekte in das goldene Licht seiner Gegenwärtigkeit. Das heißt aber nicht, dass die illuminierten Bilder und Formen selbst in jeder Hinsicht makellos und mustergültig wären. So sind zum Beispiel unsere Gedanken manchmal schlichtweg fehlerbehaftet und voller Irrtümer. Gedanken sind nicht immer konsistent, sie halten einer Überprüfung durch genauere Betrachtung oftmals nicht stand. Das wissen wir aus eigener leidvoller Erfahrung. Der Gedanke, dass das „Ich" ein getrenntes Selbst sei, lässt sich durch keine direkte Erfahrung rechtfertigen. Und doch ist der Gedanke da, und er wird ebenso vom Bewusstsein beleuchtet wie die erhabene Erkenntnis von der Einheit der Welt. Das Leid der getrennten Person ist ebenso von Bewusstsein durchdrungen wie die gleichmütige Freude des erwachten Buddhas. Alle „Zustände" sind Inhalte des Bewusstseins und alle in gleichem Maße gültig.

Da die Vorstellung des getrennten Selbst in Gedanken und durch die Identifikation mit Gedanken entsteht, wird in vielen spirituellen Traditionen das Denken als Hindernis auf dem Weg zum Erwachen angesehen. Entsprechend wird durch Übungen versucht, den Gedankenfluss zu unterbrechen oder ganz zu beenden. Dies aber führt zu inneren Spannungen und Konflikten, die die Vorstellung des getrennten Selbst bzw. des nach Erwachen strebenden Egos mehr fördern als abschwächen. Diese Praxis der Gedankenkontrolle gleicht dem Versuch, die Filme von einem Bildschirm zu wischen, um den Bildschirm besser sehen zu können.

Um den Bildschirm zu erkennen, müssen die Filme aber nicht verschwinden. Der Bildschirm ist auch beim Betrachten der Filme immer vorhanden. Ohne ihn gäbe es ja keinen einzigen Film. Anstatt Gedanken zu kontrollieren, erscheint es daher klüger, sich der eigenen bewussten Anwesenheit in allen Gedanken zu vergewissern und bescheiden anzuerkennen, dass sich die Aufmerksamkeit nicht ständig mit dieser Tatsache beschäftigen wird.

18. Von Ethik und Verantwortung

Was also sollen wir tun? Das ist am Ende natürlich auch eine ethische Frage. Allerdings haben wir in 17 Experimenten festgestellt, dass es kein separates Selbst, keine eigenständige Person, keinen Ich-Entscheider gibt, also niemanden, der verantwortlich wäre und damit ethisch handeln könnte. Damit ließe sich die Frage nach der Lehre vom richtigen Handeln endgültig ad acta legen. Genau diese potentiell unethische, amoralische, anarchistische oder gar nihilistische Haltung wird nicht selten angeklagt, wenn aus der direkten Anschauung heraus gegen das Vorhandensein einer autonomen und schuldfähigen Ich-Identität argumentiert wird. Allerdings beruht diese vorschnelle Verurteilung auf einer Fehlauffassung. Sie übersieht, dass die Einsicht in die Substanzlosigkeit des Egos nicht Hindernis, sondern Voraussetzung für ein tiefgreifendes ethisches Handeln darstellt. Um die ethische Dimension der bisherigen Erkenntnisse erfahrbar zu machen, seien hier am Schluss noch einige Betrachtungen angefügt, die sich mit dem Thema Verantwortung in direkter Weise auseinandersetzen.

Gibt es persönliche Verantwortung?

Um ethisches Handeln zu erreichen, wird üblicherweise die persönliche Verantwortung des Menschen eingefordert. Demnach ist der Mensch in der Lage, zwischen Gut und Böse zu wählen und sich entsprechend seiner Wahl auch schuldig zu machen. Nehmen wir einmal an, ein Mensch hat eine böse Tat begangen, die wir hier nicht näher zu beschreiben brauchen. Gemäß dem Konzept der persönlichen Verantwortung hat er sich aus freien Stücken zu dieser bösen Tat entscheiden. Er ist seiner Verantwortung nicht nachgekommen. Fragen Sie sich jetzt, warum er wohl so, also böse, und nicht anders gehandelt hat? Sie wissen es nicht, weil Sie den konkreten Fall nicht kennen? Dann denken Sie abstrakt über die verschiedenen Möglichkeiten nach und fragen Sie sich jedes Mal, worin wohl jeweils die persönliche Verantwortung bestand.

Möglichkeit 1: Er hat aus Unwissenheit bzw. Zufall so gehandelt, weil die Konsequenz der Tat zum Zeitpunkt der Tat nicht absehbar war.
Möglichkeit 2: Die Konsequenz der Tat war zwar zum Zeitpunkt der Tat absehbar, aber es gab einen dringenden, nicht abwendbaren Grund, die Tat trotzdem durchzuführen.
Möglichkeit 3: Die Tat wurde aus Gedankenlosigkeit, Achtlosigkeit, Leichtsinnigkeit, also wegen einer persönlichen Schwäche, oder gar aufgrund einer zur Bösartigkeit neigenden persönlichen Disposition heraus begangen.

Worin bestand also jeweils die Verantwortung? Sie werden sicher zustimmen, dass in den Fällen 1 und 2 kaum von einer persönlichen Verantwortung gesprochen werden kann. Der Fall 3 ist dagegen kniffelig. Er führt zu der Frage, ob persönliche Dispositionen wie der eigene Charakter zu verantworten sind. An dieser Stelle muss man sich fragen, durch welche zu verantwortende Handlung die entsprechende Disposition bzw. der Charakter ursprünglich zustandegekommen ist. Was hat zu der Gedankenlosigkeit, dem Leichtsinn bzw. der Destruktivität geführt? Hierfür gibt es wieder die drei genannten Möglichkeiten. Auch die Handlungen, die zu der persönlichen Disposition bzw. dem Charakter geführt haben, können aus (1.) Zufall, aus (2.) einem triftigen Grund oder aus (3.) einer anderen Schwäche heraus entstanden sein. Wie bereits oben diskutiert, lässt sich auch hier lediglich Fall 3 mit Verantwortung in Verbindung bringen. Allerdings verweist der dritte Fall jetzt auf sich selbst, was einen unlogischen unendlichen Regress zur Folge hat. Die Idee der persönlichen Verantwortung widerspricht also dem Prinzip der Kausalität, wonach für jede Handlung ein Grund eingefordert wird (siehe Experiment 1).

Da es keine losgelösten Handlungsketten gibt, deutet ein jedes Geschehen immer über das Individuum hinaus auf den Gesamtzusammenhang. Die Frage nach der persönlichen Verantwortung ist also immer mit der Frage nach der eigenen Identität verbunden, die sich jedoch nicht auf relativer, persönlicher Ebene beantworten lässt. Kann es also eine persönliche Verantwortung geben?

Wem die obigen Betrachtungen zu theoretisch erscheinen, dem sei folgende Situation ans Herz gelegt: Sie liegen mit anderen Personen zusammen auf einer Matte im Meditationszentrum und üben sich in Selbstbetrachtung. Die Trainerin sagt: „Ihr seid für Eure Gedanken und Gefühle selbst verantwortlich. Man muss nicht Opfer sein. Zumindest die eigenen inneren Vorgänge und Einstellungen kann man selbst steuern." Das hört sich zunächst logisch an. Doch dann kommt Ihnen folgendes Problem in den Sinn: Wenn die Trainerin recht hat, muss es also etwas geben, das Sie sind und das Ihre Gedanken und Gefühle verantwortet. Aber wenn dieses Etwas für Ihre Gedanken verantwortlich ist, wer verantwortet dann, wenn sich dieses Etwas der Verantwortung entzieht? Welche Ich-Instanz ist verantwortlich für die andere Ich-Instanz? Wie viele Ich-Instanzen gibt es überhaupt und mit wem spricht eigentlich die Trainerin? Meditieren Sie eine Weile über dieses Problem und Sie werden am Ende das Thema Selbstkontrolle und persönliche Verantwortung endgültig begraben.

Wie wird verantwortliches Handeln gefördert?

Selbst wenn man bei der Auffassung bleibt, dass es so etwas wie persönliche Verantwortung gibt, dann ist diese in jedem Fall eine unsichere Angelegenheit. Denn wenn etwas nur von einem vermeintlich freien Willen abhängt, was gibt uns die Sicherheit, dass dieser freie Wille sich auch wirklich für ein verantwortungsvolles Handeln entscheidet? Wenn Sie darüber nachdenken, dann werden Sie feststellen, dass sich im Grunde niemand auf diese Art von freier Verantwortung verlässt. Stattdessen wird deutlich, dass Verantwortung selten freiwillig übernommen wird. Es bedarf entweder drastischer Strafandrohungen oder eines ausgefeilten Belohnungssystems, um ein bestimmtes Handeln zu erzwingen. Die berüchtigte „Schuldkeule" stellt dabei lediglich eine besonders wirksame Bestrafung durch soziale Ächtung dar. Mit verantwortungsvollem Handeln hat das alles sicher wenig zu tun.

Wie aber kann nun ein verantwortungsvolles Handeln gefördert werden, ohne auf komplizierte Schuldandrohungen, Strafen, Dogmen und Belobigungen zurückgreifen zu müssen? Überlegen Sie sich eine Situation, in der Sie freiwillig verantwortungsvoll gehandelt haben. Vielleicht standen Sie einmal vor der Versuchung, in einem unbeobachteten Moment die Papierhülle Ihrer Eiscreme auf die Wiese zu werfen, statt sie zum Mülleimer zu tragen. Was hat Sie dazu bewogen, nicht so zu handeln? Sie fühlten sich dadurch einfach besser? Aber warum war das so?

Vermutlich gefallen Ihnen Papiertüten auf Wiesen nicht sonderlich. Sie haben also etwas getan bzw. unterlassen zu tun, um sich selbst vor einer unangenehmen Erfahrung zu bewahren. Sie haben es also für sich selbst getan. Wenn Sie genau darüber nachdenken, werden Sie feststellen, dass wir immer dann verantwortungsvoll handeln, wenn wir etwas zumindest indirekt für uns selbst tun. Dabei ist dieses „selbst" meistens auf unsere Person und unser persönliches Umfeld beschränkt. So achten wir besonders auf Umstände, die unsere Familie, unsere Freunde und Bekannte betreffen. Auch im Tierreich sorgt die Tiermutter akribisch für ihre eigenen Nachkommen, interessiert sich aber eher wenig für andere Lebewesen.

Aber der Fokus unserer Verantwortung kann auch weiter gefasst sein und die ganze Kommune oder den Staat betreffen. Das hängt immer davon ab, mit welcher Gruppe wir uns im Einzelnen identifizieren. Das Selbst, um das wir uns kümmern, wird also auf alles übertragen, mit dem wir uns identifizieren. Da jede Identifizierung aber eine mehr oder weniger große Einschränkung darstellt, ist auch unsere Bereitschaft zum verantwortlichen Handeln immer begrenzt.

Wie kann man nun diesem Dilemma entkommen? Wie lässt sich die Bereitschaft zu einer uneingeschränkten Verantwortung herstellen? In der Logik der obigen Feststellung wäre die Voraussetzung dann erfüllt, wenn sich die eigene Identität auf die Gesamtheit, auf alles, was ist, ausdehnt. In dem Moment, in dem das persönliche getrennte Ich mit all seinen Identifizierungen wegfällt, steht das Tor zu einer allumfassenden Identität mit einem unbegrenzten Verantwortungsbereich offen. Wenn erkannt wird, dass aus jedem Lebewesen die eigene Identität herausschaut, dass sich in allen Erfahrungen das eigene Wesen spiegelt, erübrigt sich jede Diskussion über Verantwortung und Schuld. Der Begriff der Verantwortung verweist daher nicht auf eine persönliche, sondern auf eine spirituelle Dimension.

Umgang mit anderen Ichs

Natürlich ist es im Alltag den wenigsten Menschen möglich, die oben angedeutete universelle Weltsicht in ihrem Handeln voll zu integrieren. Dennoch weisen schon einfache Korrekturen in der Betrachtungsweise in eine weniger konfliktreiche Richtung. Nehmen wir einmal an, Sie werden von einem Arbeitskollegen oder einer Kollegin direkt verbal angegriffen oder zumindest indirekt gekränkt. Versuchen Sie zu ergründen, worauf Sie sich in der Konfliktsituation fixieren, was Sie als besonders wichtig erleben. Vermutlich ärgert Sie nicht nur die verbale Attacke an sich, sondern Sie nehmen dem anderen seine feindselige oder selbstgerechte Gesinnung übel, für die er sich offensichtlich aus freien Stücken entschieden hat. Sie sehen in ihm also ein getrenntes Ich. Vielleicht fühlen Sie sich in diesem Moment zwar als Opfer einer Attacke, aber gleichzeitig auch moralisch im Recht. Das wiederum weckt in Ihnen selbst Gefühle der Empörung, Kränkung, Wut und Rache. Daher setzt sich Ihr provoziertes Ich heftig zur Wehr oder es leidet still im Kämmerlein. In beiden Fällen wird das ichbezogene Verhalten insgesamt verstärkt bzw. dem Ego weiteren Raum gegeben.

Was aber wäre eine alternative Handlungsstrategie, die die Situation entschärft, statt sie weiter anzuheizen? Versuchen Sie jetzt zu ergründen, was Ihrer Aufmerksamkeit in der Konfliktsituation in der Regel entgeht. Können Sie erkennen, dass hinter dem vordergründigen Kampf der Ich-Akteure ein Handlungshintergrund existiert, aus dem sich das Geschehen speist? Ist im Hintergrund nicht alles Geschehen verbunden, sind nicht sämtliche Handlungsstränge miteinander verflochten? Nutzt es uns wirklich etwas, wenn wir im anderen einen eigenständigen Akteur sehen, den wir vehement zur Verantwortung aufrufen oder wegen seiner Verantwortungslosigkeit den Kampf ansagen? Oder ist es nicht vielleicht besser, dem anderen tiefere Gründe für sein Handeln zuzugestehen und sich stattdessen mit diesen Gründen auseinanderzusetzen?

Sehen wir uns diese Gründe doch einmal genauer an. Beruhen nicht die Handlungsmotive der meisten Menschen auf verborgenen bzw. unausgesprochenen Ich-Konzepten? Ist nicht jedes dieser Ich-Motive im Grunde das Eingeständnis der eigenen Schwäche? Spiegelt sich nicht in jedem Machtkampf der Wunsch, die eigenen Trennungs- und Mangelgefühle zu kompensieren? Was könnte es bewirken, wenn man in heftigen Reaktionen eines Menschen den Ausdruck der Schwäche und nicht der Stärke erkennt? Sie werden sicher zustimmen, dass sich unter diesem Gesichtspunkt einiges ändert. Ist es nicht wahrscheinlich, dass sich dadurch der eigene Ärger mildert und Raum für ein besonneneres und weniger feindschaftlicheres Handeln entsteht?

Wird also der Fokus auf den Gesamtzusammenhang gelegt statt auf das wilde, emotional angeheizte, vordergründige Agieren, kann trotz allen Ärgers über das andere „Ich" ansatzweise ein Gefühl der Verbundenheit eintreten. Was hindert uns daran, Entsprechendes im Alltag wahrzunehmen? Ist es nicht unsere antrainierte Gewohnheit, im anderen (und in uns selbst) den Ausdruck einer getrennten und eigenständigen Persönlichkeit zu sehen, die zu verantworten hat, was sie tut, und die wir entsprechend zur Verantwortung ziehen müssen? Ist damit nicht auch unsere falsche Vorstellung von Verantwortung „schuld", dass wir in Konfliktsituation so feindselig agieren?

Natürlich lassen sich in Konfliktsituationen durch die Realisation des größeren Bezugsrahmens noch keine eindeutigen Handlungsempfehlungen ableiten. Wir wissen im Voraus nicht, welche Reaktionen im Einzelfall geboten sind. Werden aber die Konsequenzen unserer falschen Vorstellungen vom getrennten Selbst zumindest in Erwägung gezogen, dann öffnen sich neue Spielräume, die ansonsten ungenutzt bleiben.

Schlussfolgerung

Echte Verantwortung entsteht aus einem Gefühl der Verbundenheit und nicht der Trennung. Verantwortung ist Verbundenheit. Der Vorwurf der Unmoralität ich-loser, ganzheitlicher Weltsichten lässt sich daher nicht rechtfertigen. Dagegen beinhaltet die Rückführung von Verantwortung auf eine persönliche „freie" Willensentscheidung ein großes Willkürpotential.

Ohne getrenntes Individuum kann es auch keine persönliche Schuld geben. Hinter jeder Handlung steht ein Handlungshintergrund, der über die Person hinausweist. Durch Erfassen des Handlungshintergrundes wird das Individuum entlastet. Dies ist die Basis für mögliche Vergebung.

Reflexion

Aus den Betrachtungen wird deutlich, dass unser ethisches Verhalten stark von unserer eigenen Identitätsauffassung abhängt. Die Frage nach dem richtigen Handeln verweist daher direkt auf die Frage nach dem eigenen Sein. Wenn erkannt wird, dass es keine Trennung gibt, und dass aus jedem Lebewesen dieselbe unbegrenzte Identität blickt, erübrigen sich alle weiteren moralischen Überlegungen. Alles Weitere ergibt sich wortwörtlich „von selbst".

Die Tatsache, dass es keinen Handelnden, keinen individuellen Ich-Entscheider gibt, heißt nicht, dass keine Handlung und keine Entscheidung stattfindet. Es ist nur niemand da, der sich für eine besonders gelungene Handlung oder geniale Entscheidung brüsten könnte oder sich für deren Gegenteil grämen müsste. Das narzisstische Moment, das in jeder separaten Ich-Auffassung mitschwingt, besitzt keine Berechtigung. Trotzdem finden Handlungen statt, werden Entscheidungen getroffen und Verantwortungen übernommen. Es gibt zwar die Tat, aber es gibt keinen Täter, wie schon Buddha gelehrt haben soll. Und je klarer das so gesehen wird, desto weniger ich-bezogen werden die Entscheidungen und umso konstruktiver und weitsichtiger die Handlungs- und Lösungsansätze.

Wenn gesagt wird, dass es keinen Handelnden gibt, dann ist damit gemeint, dass kein getrenntes Ich existiert, welches handeln könnte. Das getrennte Ich ist kein Subjekt mit Handlungsspielraum, sondern selbst Gegenstand der subjektiven Betrachtung. Die Traumfigur im Traum kann zwar als Täter in Erscheinung treten, ein Verbrechen begehen und schuldig gesprochen werden, aber sie hat das Geschehen nicht verursacht. Und sie besitzt auch keinen subjektiven Kern, dem dies alles widerfährt.

Trotzdem werden die Handlungen von einer Ich-Identität durchdrungen, und es existiert eine echte Betroffenheit. Die Handlungen existieren nicht nur, sie werden tatsächlich auch begangen. Aber eben nicht von einem getrennten Ich, sondern von dem in jeder Ich-Identität wirkenden Bewusstsein, aus dem alles hervorgeht und welches von allem berührt wird. Das Bewusstsein ist auch von dem Umstand betroffen, dass es sich selbst manchmal nicht erkennt, dass es sich verwechselt mit seiner eigenen Traumfigur, die kämpft und leidet, die sich bemüht und schuldig macht.

Und so ist alles gleichzeitig wahr und nicht wahr. Wahr, weil die erträumte Realität tatsächlich existiert, weil das Leid gefühlt wird, weil die Schuld schmerzt. Unwahr, weil die Bezugsperson von Leid und Schmerz nicht wirklich vorhanden ist.

Was aber, wenn dieser Zusammenhang einfach nicht gesehen wird? Wenn wir uns immer noch als getrennte Personen mit Verantwortung und Schuld auffassen? Dann ist auch das ein Ausdruck dessen, was ist. Dann ist der Traum eben besonders intensiv. Dann lenkt uns der Film zu sehr ab, als dass wir die zugrunde liegende Leinwand erkennen könnten. Aber das ändert nichts an der Tatsache, dass wir auch in diesem Moment der tiefsten Unwissenheit nichts anderes sind als das, was wir sind, nämlich der Ausdruck eines unbeschreiblichen und unendlich unbegrenzten Bewusstseins, das immer um alles weiß, was immer es zu sein scheint. Das versteht man unter der kosmischen Gerechtigkeit und keine moralische Instanz der Welt kann sie jemals brechen.

WER ALSO IST ICH?

Vom Ende der Suche

Die 18 vorausgehenden Experimente dienten dazu, unserem Wesen nachzuspüren, nach dem zu fahnden, was wir wirklich sind. Es hat sich gezeigt, dass unsere Identität als gegenwärtiges unbegrenztes Bewusstsein nicht irgendwo im Verborgenen liegt, sondern in jedem Moment der direkten Erfahrung unmittelbar zugänglich und nachvollziehbar ist. Die Tore zum Geheimnis unserer selbst stehen völlig offen. In unserer direkten Wahrnehmung existiert keine Trennung. Sie ist nirgendwo auffindbar. Wir erleben uns selbst jederzeit durch das Bewusstsein als Bewusstsein. Bewusstsein ist alles, es strahlt in allem und es weiß um sich als alles. Es bedarf keiner besonderen

Begabung, keiner Anstrengung und keiner ausgeklügelten Lehre, um dies zu erkennen. In jedem Moment erfahren wir nur Bewusstsein und es gab niemals einen Moment, an dem es nicht so war.

Und doch ist dieses Wissen in gewisser Weise verschleiert. Wie Wolken vor die Sonne schieben sich die Gedanken, dass es eine Trennung gebe zwischen Welt und Ich, zwischen den Lebewesen und zwischen den Objekten der Erfahrung. Ist es nicht so? Versuchen Sie die Überlagerung der direkten Erfahrung durch das Denken zu entdecken. Berühren Sie zum Beispiel einen Gegenstand und realisieren Sie gemäß Experiment 10, dass es nur eine Tastempfindung gibt, die sich weder dem Gegenstand noch Ihnen allein zuschreiben lässt. Und dennoch ordnet Ihr Denken dem Vorgang unmittelbar ein Subjekt (Sie) und ein Objekt (Gegenstand) zu. Können Sie diesen Vorgang der gedanklichen Überlagerung, der Interpretation, aufspüren? Auch diese nebelartigen Gedanken und Interpretationen sind Ausdruck des Bewusstseins, führen aber zu einer folgenschweren Fehlauffassung. Bewusstsein (Sie!) erlebt in diesen Gedanken die Geschichte des getrennten Ich, das an seine individuelle Persönlichkeit und Handlungsfähigkeit glaubt und an der unangenehmen Erfahrung von Unvollkommenheit und Endlichkeit leidet.

Mit dieser Auffassung entsteht auch die Frage, ob das getrennte Ich etwas tun kann, um sich von der bedrückenden Vorstellung der Trennung zu befreien. Nun liegt es auf der Hand, dass ein erträumtes Wesen, das es als eigenständiges Individuum nicht gibt, auch nichts tun kann, um sich selbst zu finden. Wir können uns nicht näherkommen, indem wir aufstehen und irgendwohin gehen, so wie es für uns unmöglich ist, uns von uns selbst zu entfernen. Versuchen Sie doch mal, vor sich selbst wegzurennen. Das geht nicht? Natürlich nicht! Wir sind immer in allem, in jeder Handlung und in jedem Schritt. Wir können nicht werden, was wir schon sind. Ja, die zielgerichtete und anstrengende Suche nach Erlösung nährt in gewisser Weise die Vorstellung, dass es uns als handlungsfähige Wesen tatsächlich gebe. Sie verschärft dadurch den Irrtum und verstärkt die Fehlauffassung, die uns, das Bewusstsein, daran hindert, unsere wahre Natur zu erkennen.

Allerdings hilft es wenig, aus dieser Situation die Empfehlung abzuleiten, nichts mehr zu tun, also jegliches Handeln aufzugeben, denn auch Nichthandeln ist eine Form von Aktivität, bedarf einer individuellen Entscheidung. Solange die Vorstellung eines getrennten Ich existiert, existiert auch der Wille zum Handeln. Und schließlich haben wir in den Experimenten selbst erfahren, dass wir durch bestimmte Aktivitäten, zum Beispiel durch die aufmerksame Betrachtung unserer Wahrnehmungen, unserer wahren Natur nähergekommen sind.

Die direkte Erfahrung beweist, dass eine Veränderung der Selbstwahrnehmung möglich ist. Die Traumfigur vermag sich also unter bestimmten Umständen von ihrer engen Traumsicht zu lösen und sich als das Träumende zu realisieren. Das klingt seltsam? Wenn wir im Auge behalten, dass ohnehin immer nur träumendes Bewusstsein vorhanden ist, dann verliert eine solche „scheinbare" Verwandlung ihre Paradoxie.

Wir können Bewusstsein nicht objektiv beschreiben, aber wir können seiner Natur und seinen Eigenschaften nachforschen und finden: Bewusstsein ist weder zeitlich noch räumlich begrenzt, es ist vollkommen offen für alle seine Erfahrungen bzw. Formen und es umfasst ausnahmslos alles in gleichmütiger Weise ohne den geringsten Widerstand. Und wir können uns ganz sicher sein, dass wir genau dasjenige ungetrennte offene Bewusstsein sind, das wir selbst, Bewusstsein, suchen.

Mit dieser Selbsterkenntnis könnte nun diese Suche endgültig enden, wir könnten zurückkehren in den Garten Eden, aus dem wir uns durch ein Missverständnis unserer selbst herauskatapultiert haben. Aber so einfach läuft es leider meistens nicht. Oder haben Sie nach der pflicht- und ordnungsgemäßen Durchführung der 18 Experimente jetzt tatsächlich den unumstößlichen Eindruck, keine Person mehr zu sein?

Unsere Auffassung, ein getrenntes Ich zu sein, ist die wohl tiefste Konditionierung, die wir kennen. Schicht für Schicht hat sich in vielen Jahren der Mehltau der Missdeutungen auf uns gelegt, haben sich die Ranken des Irrtums um uns geschlungen. Ein rein intellektuelles Verständnis der Paradoxie jeglicher Suche reicht auf jeden Fall kaum aus, dass sich an dieser gewohnten Sicht- und Verhaltensweise Wesentliches ändert.

Die vorausgegangenen Experimente setzen zwar nicht nur auf intellektueller Ebene an. Durch die Betrachtung unserer Wahrnehmung vor aller gedanklichen Interpretation wird naturgemäß eine Seinsebene angesprochen, die jenseits des Denkens liegt. Trotzdem wird sich in vielen Fällen zunächst ein eher intellektuelles Verständnis dessen einstellen, was wir wirklich sind. Bevor wir unser „Sein" richtig spüren, werden wir erkennen, wo es zu finden ist. Und das ist völlig in Ordnung so. Die vorgeschlagenen Experimente können nicht mehr sein als Wegweiser, die den Blick versuchen dorthin zurückzulenken, wo er herkommt. Der Leser vermag selbst nachzusehen, was dort zu finden ist. Die unmittelbare Erfahrung, das gegenwärtige Erleben lässt sich nicht lehren, und auch die persönlichen Konsequenzen sind nicht vorhersagbar.

Und doch darf auch ein eher konzeptionelles Verständnis der eigenen Natur nicht völlig abgewertet werden. Obgleich es sich vermutlich nicht sofort in einem allumfassenden Lebensglück äußert, ist es doch von außerordentlicher Bedeutung. Denn es vermag unserer Sehnsucht eine neue Richtung zu geben. Wurde zuvor Glück und Freude ausschließlich in Beziehungen und Gegenständen, Praktiken und Fähigkeiten, also in den Objekten unserer Anschauung gesucht, dann kehrt sich der Blick nun um und richtet sich auf uns selbst. Wir beachten nicht mehr nur die Gegenstände unserer Aufmerksamkeit, sondern wir suchen nach dem Ausgangspunkt der Aufmerksamkeit selbst. Wir sinken zurück in uns selbst und erforschen unsere gegenwärtige Wachheit, von der alles seinen Ausgang nimmt. Auch wenn dies weiterhin eine Art Suche darstellt, so bedeutet sie nun eine nie endende Vertiefung unserer Einsicht in uns selbst. Idealerweise löst sie die Fesseln der alten objekthaften und begrenzten Selbstauffassung zwar langsam, aber unaufhörlich auf.

Zum Schluss sei hier ein letztes Experiment gewagt, das in gewisser Weise alle bisherigen Experimente zusammenfasst. Vielleicht vermag es die intellektuelle Ebene des Verständnisses durch eine unmittelbare Aha-Erfahrung zu ergänzen. Vielleicht befördert es das spontane Verständnis dessen, was wir tatsächlich sind. Doch niemand muss sich grämen, wenn es nicht wirkt. Ehrgeiz ist die Geißel des separaten Ich.

Ein letztes Experiment

Beginnen wir nochmal mit unserer Zeitauffassung. Machen Sie sich klar, dass es nur diesen Augenblick, den Sie jetzt gerade erfahren, gibt. Sie können immer nur Gegenwart erleben. All Ihr Wissen über Vergangenheit und Zukunft erscheint Ihnen jetzt in dieser zeitlosen Präsenz. Selbst Ihr Wissen über den scheinbar eben noch erlebten Moment ist Ihnen in diesem Moment gegeben. Die Welt entfaltet sich vor Ihnen mit ihrer gesamten scheinbaren Geschichte als ein untrennbares Ganzes.

Es existiert nur jetzt. Versuchen Sie diese Tatsache, es handelt sich definitiv um eine Tatsache, nicht nur mit dem Verstand, sondern mit Ihrem ganzen Wesen zu erfassen. Sie und die Welt existieren nur in diesem Moment.

Was passiert in diesem Moment? Es sind zweifellos verschiedene Erfahrungen gegenwärtig: Sinneswahrnehmungen einer (scheinbar) äußeren Welt, Körperempfindungen, Gedanken und Gefühle. Alle diese Erfahrungen strömen in vergleichbarer Weise auf Sie ein. Überprüfen Sie, was Sie in diesem Augenblick alles erfahren! Worauf richtet sich Ihre Aufmerksamkeit? Egal worauf sich die Aufmerksamkeit richtet, auf einen Gedanken, auf ein Geräusch, auf eine Körperempfindung, es ist immer dieselbe Aufmerksamkeit, oder nicht? Versuchen Sie nachzuempfinden, dass diese Aufmerksamkeit von Ihnen selbst ausgeht. Sie, als die Quelle der Aufmerksamkeit, sind die Wahrnehmung von allem, was in diesem Moment wahrgenommen wird.

Konzentrieren Sie sich jetzt auf Ihr Identitätsgefühl! Es ist nicht wirklich ein Gefühl, sondern Ihre ureigene Gewissheit, aber das spielt keine große Rolle. Machen Sie sich klar, dass es Sie jetzt in diesem Augenblick gibt. Sagen Sie zu sich selbst: „Ich bin". Spüren Sie dann nach, dass dieses „Ich bin" die Tendenz besitzt, sich mit einem Teil der augenblicklichen Erfahrungen zu verbinden. Normalerweise koppelt es sich mit den Erfahrungen Ihres Körpers, Ihrer Gedanken und Gefühle, wohingegen die Sinneseindrücke wie Sehen, Hören und Riechen einer äußeren Welt zugeschrieben werden, die Sie nicht sind. Versuchen Sie die Willkürlichkeit einer solchen Trennung zu erfassen! Worin besteht der Unterschied zwischen der einen Art von Wahrnehmung und der anderen? Sind es nicht alles in gleicher Weise Ihre Wahrnehmungen? Sind Sie tatsächlich ein bestimmtes Körperempfinden, zum Beispiel das Spüren Ihrer Zunge, mehr als das Hören eines Geräusches oder das Sehen eines Gegenstandes? Ist Ihnen ein Gedanke tatsächlich näher als das Wärmeempfinden auf Ihrer Haut?

Auch wenn es Ihnen theoretisch schon lange klar ist, dann nehmen Sie es jetzt als bewiesene Tatsache: Sie sind nicht ein Körper, der Erfahrungen macht. Sie sind dasjenige, was den Körper erfährt. Wenn Sie sich diese Situation mit letzter Konsequenz klarmachen, dann werden Sie irgendwann unweigerlich zustimmen, dass Sie der direkte Zeuge der Gesamtheit sämtlicher Erfahrungen sind und nicht nur von einem Teil.

Erfahrungsgemäß ist es verhältnismäßig einfach, sich als dieses Zeugenbewusstsein, als das Wissen sämtlicher Erfahrungen zu begreifen. Doch in diesem Zeugenbewusstsein ist immer noch ein Funke von Trennung, sind das Bezeugen und das Bezeugte noch nicht vollständig verschmolzen. Doch auch diese Trennung hält einer genaueren Betrachtung nicht stand. Um das zu verstehen, wenden Sie sich nochmals einer Empfindung zu, spüren Sie zum Beispiel in Ihren Körper. Was immer Sie spüren, ein Pulsieren, ein Kribbeln, ein Strömen, Sie spüren es, weil Sie als die erfahrende Instanz anwesend sind. Aber gibt es wirklich eine Trennung zwischen Ihnen, dem Erfahrenden und dem Gegenstand der Erfahrung? Ist außer dem Pulsieren, Kribbeln und Strömen noch etwas anderes anwesend? Sind da tatsächlich zwei verschiedene Vorgänge auszumachen, die Empfindung und Ihre persönliche Erfahrung der Empfindung?

Erinnern Sie sich an das Experiment 10, in dem wir der Bindung von Welt und Ich nachgespürt haben. Gibt es tatsächlich zwei Instanzen, das Wahrgenommene und das Wahrnehmende? Nein, natürlich nicht. Sie werden hier niemals eine Trennung finden. Das Pulsieren, Kribbeln und Strömen ist bereits Ihr Wissen, Ihre Erfahrung. Das Sehen eines Gegenstandes ist bereits Ihre Erfahrung des Gesehenen. Es gibt keinen Sehenden und nichts Gesehenes, es gibt nur Sehen. Es gibt nur Hören. Es gibt nur Spüren. Und da Sie sich unleugbar als dasjenige erkannt haben, das sieht, hört, spürt, sind sie gleichzeitig dasjenige, was gesehen, gehört und gespürt wird. Sie sind sozusagen die Leinwand und der Film gleichzeitig. Diese Übereinstimmung, diese Verschmelzung ist nicht so ungewöhnlich, wie es vielleicht zunächst erscheint. Tatsächlich sind Sie diese Art von Identifizierung Zeit Ihres Lebens gewohnt. Schließlich haben Sie sich lange für den gespürten Körper, ein Gefühl oder einen Gedanken gehalten. Allerdings gibt es keinen Grund, diese Identifizierung auf einen Teil der Wahrnehmungen zu beschränken.

Sie sind also nicht nur ein neutraler außenstehender Beobachter. Ihr Identitätsgefühl, „etwas zu sein", ist nicht falsch und es löst sich nicht auf. Stattdessen weitet es sich aus, ja es platzt regelrecht auf wie eine eingeschlossene Wasserblase und benetzt mit seiner „Ichheit" die ganze Umgebung. Das Ich überträgt sich auf das ganze Bild und durchtränkt sämtliche Erfahrungen. In diesem Moment wird offensichtlich erlebt, dass Sie nicht nur ein Teil Ihrer Erfahrungen sind, sondern die Gesamtheit sämtlicher Erfahrungen, die in diesem Augenblick gemacht werden. Blitzartig sehen Sie klar, dass Sie mit Ihrem scheinbaren Gegenüber, was auch immer es ist, identisch sind. Sie sind all das, was als Totalität in der gegenwärtigen Präsenz vorhanden ist. Sie sind diese Totalität des Augenblicks.

Und Sie sind noch mehr. Sie sind die bezeugende Präsenz, in der Sie als Totalität sämtlicher Erfahrungen stattfinden. Sie als Zeuge und Sie als Bezeugtes verbinden sich darin zu einer Einheit, die Sie jetzt als Ihre wahre Identität erfassen. Gleichzeitig erkennen Sie, dass die bisherige Identifizierung mit einem Teil der Totalität, nämlich mit den ausschließlich körperlich-geistigen Erfahrungen, eine bizarre Einschränkung war.

Vermutlich werden Sie mit Verblüffung feststellen, dass sich durch diese erweiterte Sichtweise nichts, aber rein gar nichts verändert hat. Alles ist genauso wie unter der eingeschränkten Sichtweise, die den Körper-Geist im Zentrum hat. Keine neuen Erfahrungen sind hinzugekommen, nichts ist weggefallen. Und Ihr Verstand sagt jetzt wahrscheinlich: „Hey, das war doch schon immer so", womit er ausnahmsweise recht hat. Gemeint ist eigentlich, dass Ihnen der Eindruck sehr vertraut vorkommt, denn es gibt nur diesen einen zeitlosen Eindruck. Er ist und war schon immer Ihr natürliches Wesen, Ihre ewige Natur. Nie haben Sie die Welt und sich selbst anders gesehen.

Und auch die alte Sichtweise mit Ihrem Körper-Geist als Zentrum ist noch da. Sie ist eingebettet in das umfassende Identitätsgefühl, und Sie erkennen sie quasi als Teilsicht einer übergeordneten Wahrheit. Und Sie verstehen plötzlich, wie es dazu kommt, dass Sie sich in der Teilsicht, in der Konzentration auf das Körperliche und Geistige vergessen können, ohne sich dabei jemals wirklich zu verlieren. Sie realisieren, dass Sie niemals etwas anderes sein können als „das", auch wenn es manchmal so erscheint.

Gibt es eine Antwort?

Die meisten Menschen besitzen eine gewisse Vorstellung von sich selbst. Sie können ausdrücken, was sie damit meinen, wenn sie von sich in der ersten Person sprechen. Auch wenn sich die dargestellten Selbstbilder stark unterscheiden, dann haben sie doch alle gemein, dass unter der eigenen Person normalerweise zunächst etwas Gegenständliches verstanden wird. Diese Auffassung könnte man als „Ich bin *etwas*" charakterisieren.

Forscht man allerdings weiter nach, was sich hinter der Person verbirgt bzw. was unter „Ich" tatsächlich gemeint sein könnte, dann wird die Sache relativ schnell diffus. Sind wir unser Körper? Oder doch unsere Gefühle und Gedanken? Unsere persönliche Geschichte? Bei näherer Betrachtung hält keine dieser Zuschreibungen einer Überprüfung stand. Körper, Gedanken und Gefühle sind alles Gegenstände unserer Wahrnehmung, sie können selbst nichts wahrnehmen.

Wir spüren unseren Körper und unsere Gefühle, hören und sehen unsere Gedanken, wissen um unsere persönliche Geschichte. Aber eine Empfindung kann selbst nichts empfinden, sie besteht weder aus „mir" noch eindeutig aus „nicht mir". Wenn wir uns also für einen Körper, ein Gefühl oder einen Gedanken halten, dann bedeutet das lediglich eine gedankliche Zuschreibung. Egal mit was wir uns identifizieren, wir können uns in den Gegenständen unserer Anschauung bzw. unserer Aufmerksamkeit alleine nicht finden. Und wir erkennen, dass unsere ursprüngliche Auffassung „Ich bin *etwas*" falsch sein muss.

Aber wenn wir nichts Gegenständliches, nichts Dinghaftes sind, was bleibt dann übrig? An dieser Stelle der Nachforschungen könnte man die eigene Identität als eine Art „Leere" beschreiben, die keine objekthafte Qualität in sich enthält. Man könnte also mit einer gewissen Berechtigung sagen: „Ich bin *nichts*", was allerdings durchaus negative Assoziationen zur Folge hat und irgendwie nicht recht zur unserem doch sehr lebendigen Ich-Gefühl passen will.

Bei weiterer Nachforschung wird schnell klar, dass dieses „nichts" kein „Fehlen von etwas" darstellt, sondern die erstaunliche Fähigkeit beinhaltet, die Welt in all ihren Facetten zu bezeugen und um all die Formen zu wissen, die in diesem Nichts erscheinen. Das Nichts ist also keine leere dunkle Wüste, sondern angefüllt mit dem gegenwärtigen Wissen um alles Sein. Somit erscheint die Identität als der immerwährende, gleichbleibende „wissende" Hintergrund vor der Kulisse der sich ständig ändernden Sinnes- und Körpereindrücke. Oder wir empfinden unsere Identität als eine Art bewussten Behälter, in dem die Erscheinungen der Welt auftauchen, bezeugt werden und wieder untergehen. In diesem Sinne würden wir uns vielleicht als „Ich bin der allgegenwärtige *Zeuge*" verstehen.

Aber auch das ist noch nicht korrekt. Bei dieser Auffassung verbleibt eine Spaltung zwischen Zeuge und Bezeugtem, zwischen dem Wissen um etwas und einer Sache selbst, um die gewusst wird. Noch immer herrscht die Ansicht, es gebe so etwas wie eine materielle Welt, die von mir, diesem seltsamen Bewusstsein, betrachtet wird. Doch auch diese Spaltung ist bei weiterer Nachforschung nirgendwo auffindbar.

In der direkten Wahrnehmung gibt es keine Trennung zwischen dem Erfahrenen und dem Erfahrenden. Es gibt nur Erfahrung. Das, was wir als „Welt" bezeichnen, besteht von der Substanz her nicht aus Materie, sondern ebenfalls aus Bewusstsein. Ich, Bewusstsein, bin also nicht nur ein neutraler Zeuge, sondern ich bin auch die Substanz dessen, was mir bisher als „Welt" erschien. Die unzähligen Farben und Formen, die mir gegenwärtig begegnen, sind keine fremde Landschaft, die ich durch meine Augenfenster beobachte, sondern sie sind „mein" ureigenes Erzeugnis. Die Welt ist mein Werk, komplexer und kreativer als alles, was die besten Künstler in Form irdischer Kunstwerke je hervorgebracht haben. Und diese verlockende Einsicht gipfelt schließlich in einem selbstbewussten: „Ich bin *alles*!".

Und doch bleibt das intuitive Gefühl, dass auch das noch nicht die letzte Wahrheit darstellt. Schließlich ist dieses „Alles" immer noch sehr konkret. Von welchem Standpunkt aus könnte man „alles" als „alles" bewerten? Und wie kann ich, Bewusstsein, dieses „Alles" sein und dasselbe gleichzeitig bezeugen?

Die Antworten sind gar nicht so schwer zu finden. Wir haben experimentell eindeutig festgestellt, dass Bewusstsein immer und unabhängig von objekthaften Erfahrungen um sich selbst weiß. Bewusstsein *ist* das Wissen um sich selbst. Im Prozess der Wahrnehmung nimmt Bewusstsein objekthafte Formen an, so wie eine neutrale Bildschirmfläche die Bilder eines Films annehmen kann. Da Bewusstsein um sich selbst weiß, erkennt es sich selbst auch als Form bzw. Bild. Bewusstsein erfährt daher Formen und Bilder, indem es diese Formen und Bilder „wird". Wir erkennen eine Welt, indem wir diese Welt „werden".

Die Welt ist also nicht unser Erzeugnis, sondern wir „sind" diese Welt. Sie ist unsere Identität. „Sein" ist aber immer vollständig und gleichzeitig unbegrenzt. Wir sind also in jedem Augenblick komplett das, was wir sind, ohne dass ein Zweites möglich und denkbar wäre. Als dieses vollständige „Sein" bin ich niemals relativ zu etwas, niemals auf Abstand zu etwas, niemals vergleichbar mit etwas. So wird manchmal gesagt: „Ich bin *nicht zwei*", was allerdings auch nicht gerade organisch klingt.

Hier hören Denken und Sprache endgültig auf. „Sein" ist gedanklich und sprachlich nicht erfassbar. Die objekthafte Darstellung der nicht objekthaften Natur des Seins gelangt an ihre natürliche Grenze. Wirklich „erfassen" kann man die eigene Identität nur jenseits des Verstandes, jenseits des Denkens. Aber wir dürfen uns hier nicht vergaloppieren. „Ich bin das *Unbenennbare*" ist zwar eine wohl richtige Aussage, aber sie führt sehr schnell zu einem abgehobenen, transzendenten Selbstgefühl.

Was ich bin, ist aber mitnichten transzendent, sondern absolut real und gegenwärtig. Es ist sogar das, Konkreteste, was uns im Leben je begegnet ist. Mehr noch, das was ich bin, ist die Konkretheit an sich, immerwährend und immer da. Jedes Mal, wenn wir „Ich" sagen, beziehen wir uns darauf. Die Tatsache, dass wir uns selbst nicht erreichen und auch nicht in Worte kleiden können, ist kein Nachteil, sondern der denkbar größte Vorteil. Denn dadurch bleibt das Ich für immer unantastbar, unverletzbar, unveränderbar und unverbrauchbar. Es kann nicht verbessert, aber auch nicht geschädigt werden. Es kann niemals verloren gehen. Das Ich ist nicht begrenzbar, kann nicht eingeschränkt werden, es lässt sich nicht manipulieren. Es bleibt immer frei und offen für alles, was ihm durch sich selbst begegnet, was durch seine offenen Arme in Erscheinung tritt.

Das Ich ist das Paradies, das keine Limitierung kennt. Ein Paradies, das sich objekthaft beschreiben ließe, wäre kein Paradies, selbst wenn es die besten irdischen Wohltaten bereithielte, die der menschliche Verstand sich vorstellen kann. Und er ist in dieser Beziehung sehr kreativ! Aber jede Begrenzung macht das Paradies auf Dauer zur Hölle. Uneingeschränktes Glück, Liebe und Frieden sind nur dort möglich, wo jede Einschränkung endet, wo kein angstvoller Gedanke an Verlust heranreicht – im Ich. Es gibt keinen anderen Ort des Glücks, der Liebe und des Friedens.

Wir können also keine Antwort finden auf die Frage: „Wer ist Ich?". Das ist die bestmögliche Antwort. Im Blick in uns selbst, in das Unsagbare unserer Existenz, ja in die absolute Gewissheit der Unsagbarkeit unserer Existenz, öffnet sich die Weite des Paradieses und der absoluten Freude. Wem das zu esoterisch, zu verführerisch klingt, der möge sich nochmal die Fakten vor Augen halten: Wir wissen alle, dass wir sind. Unser Ich existiert, zweifellos. Dieses Ich ist nicht in der gegenständlichen Welt auffindbar. Es bleibt sich selbst verborgen. Es wird durch die Formen und Farben, die es einnimmt, niemals verbogen, niemals befleckt. Es war immer heil und es wird immer heil bleiben. Immer. Wir sind schon gerettet. Ist das nicht wunderbar?

ANMERKUNGEN ZUM HOCHSCHULSEMINAR

Entstehung des Kurses

Seit vielen Jahren beschäftige ich mich mit östlicher Philosophie und der spirituellen Lehre des Advaita, wobei mich insbesondere die Verbindung zwischen mystischer Erfahrung und wissenschaftlicher Denkweise fasziniert hat. Vorausgegangen war unter anderem eine jahrelange freud- und leidvolle Selbsterfahrung auf der Theaterbühne und als vortragender Dozent, die mich mit den Abgründen und Paradoxien der Ich-Auffassung mehr als vertraut gemacht hat. 2009 bündelte ich die Auseinandersetzung mit dem eigenen Ich auf humorvolle Weise in dem Buch „Die Entdeckung der Ichlosigkeit"[35]. In der Folge ergaben sich verschiedene Möglichkeiten, die Inhalte des

Buches in Seminaren vor interessiertem Publikum zu präsentieren und zu diskutieren. Doch trotz dieser für mich sehr inspirierenden Veranstaltungen blieb zunächst eine direkte Verbindung zu meiner sonstigen Tätigkeit als Professor an der Hochschule Coburg aus.

Dies änderte sich dann 2013. Seit dem Wintersemester 2013/2014 bietet die Hochschule Coburg im Rahmen ihres Studienprogrammes „Coburger Weg" Seminare zur Persönlichkeitsbildung an, die für die Studierenden verschiedener Studiengänge im ersten Semester Verpflichtung sind. Einem entsprechenden Aufruf folgend entschloss ich mich damals, ein Experiment zu wagen und im Rahmen dieser Seminare das Thema unter dem Titel „Wer ist Ich?" aufzugreifen. Dies war insofern ein Wagnis, da keinerlei Erfahrung bestand, ob an einer Hochschule ganzheitliche, ja bis ins Spirituelle reichende Themen angenommen werden würden. Schließlich behandeln Hochschulen normalerweise nur wissenschaftlich eingeführte und gesellschaftlich anerkannte Disziplinen. Trotzdem schien es mir eine gute Möglichkeit zu sein, Fragen der Nicht-Dualität, der östlichen Philosophie und der Selbsterforschung direkt in die Mitte der Gesellschaft hinein zu platzieren und die Themen damit aus dem Nischendasein zwischen Räucherstäbchen und Mantra-Gesängen zu befreien.

Das Seminar mit etwa 20 Teilnehmerinnen und Teilnehmern bestand aus 30 Unterrichtseinheiten, die teilweise geblockt abgehalten wurden und sich zunächst auf die obligatorische PowerPoint-Präsentation mit Diskussionen beschränkte. Trotz des anfänglich etwas einseitigen Frontalunterrichts kam es zu einem recht lebendigen Austausch, und die Veranstaltung wurde insgesamt sehr positiv aufgenommen. Entsprechend ermutigt entschloss ich mich, die Veranstaltung im Folgejahr erneut anzubieten, wobei ich diesmal die Studierenden in Form von Vorträgen und anderen Vorbereitungen stärker aktivierte. Außerdem begann ich, die Inhalte mehr und mehr durch Experimente und Wahrnehmungsübungen direkt zu vermitteln. Die Reaktionen der Studierenden zeigten eindeutig, dass dies der richtige Weg war.

In der dritten Runde stellte ich dann das didaktische Konzept vollständig auf den Kopf. Ich formulierte eine ausführliche Anleitung zu den Experimenten und Wahrnehmungsübungen und überließ den Studierenden die selbstständige Vorbereitung und Durchführung der Übungen im Rahmen des Seminars. Ich zog mich also weitgehend zurück, beobachtete das Geschehen aus dem Hintergrund und moderierte lediglich die anschließenden Reflexionen. Die Ergebnisse dieser Vorgehensweise waren teilweise verblüffend. Natürlich wurde von den Studierenden nicht immer genau das dargestellt und vorgeführt, was ich ursprünglich intendiert hatte, manches war regelrecht skurril oder abschweifend, aber alles war kreativ, lebendig und sehr authentisch. Und viele der Übungen erhielten eine Tiefe, die ich so nicht erwartet hatte. Aus den Reflexionen der Studierenden ging hervor, dass auch teilweise schwer zugängliche Inhalte wie die Selbstverborgenheit des Ich größtenteils verstanden wurden. Zum ersten Mal hatte ich den Eindruck, dass mein ursprüngliches Ziel, Fragen der Nicht-Dualität auf sachlicher Ebene an Menschen ohne entsprechendes Vorwissen und mit einschlägigem Interesse zu vermitteln, uneingeschränkt aufgegangen war. Die Teilnehmerinnen und Teilnehmer fühlten sich durch das Seminar fast ausnahmslos bereichert, und mehr kann sich ein Dozent nicht wünschen.

Auf der Basis der gesammelten Erfahrungen mit den unterschiedlichen Experimenten überarbeitete und konkretisierte ich daraufhin die schriftlichen Anleitungen, um für die vierte Runde noch besser gewappnet zu sein. Dabei kam mir der Gedanke, dass diese Art der Vermittlung des Themas auch über den Vorlesungsraum der Hochschule hinaus interessant sein könnte. Die Idee zu diesem Buch war geboren.

Aus den Reflexionen der Teilnehmer und Teilnehmerinnen

Am Ende der beiden letzten Kurse beschrieben sämtliche Teilnehmer und Teilnehmerinnen ihre Erfahrungen mit dem Kurs und mit bestimmten ausgewählten Inhalten in mehrseitigen Reflexionsberichten und Essays. Die folgenden Auszüge veranschaulichen die persönlichen Wahrnehmungen des Kurses und die verschiedenen Zugangsweisen. Sie zeigen, wie das Thema von Studierenden mit völlig unterschiedlichem Hintergrund durchdrungen wurde.

1. Studentin der Innenarchitektur

Als der Druck abfiel, irgendwie sein zu müssen, besser sein zu müssen, anders sein zu müssen, war es wie ein Gefühl, dass ein kleines Zahnrädchen in eine Maschine aus allem bisher Gelernten und Erfahrenen eingesetzt wurde, und nun machte alles einen Sinn. Ich verstand! (...) Aber erst mal der Reihe nach: Der Kurs startete mit zwei Vorlesungen, bei denen der Seminarleiter die Einführungsveranstaltungen führte. (...) Es folgten zwei Reihen von Experimenten und Präsentationen durch die Teilnehmer/-innen. Die erste eher rational begreifbar, die zweite eher spürbar.

Es wurde klar, was wir Tag für Tag fehlinterpretieren und dass wir uns zum Beispiel getrennt von der Umwelt fühlen und uns mit Zuständen identifizieren, die kommen und gehen. Es wurde erst mal erkennbar, was wir nicht sind. Wie etwa Gedanken oder Emotionen auftauchen und wieder verschwinden, als wären sie vorbeiziehende Luftballons. Es wurde auf das Gefühl der Trennung von der Umwelt eingegangen und man konnte erleben, dass diese Trennung nicht existiert. Dazu genügten Kleinigkeiten, wie etwa das Auflegen des Fingers oder der Hand auf verschiedene Oberflächen und gezieltes Fühlen dieser Berührung. Das Ich ist eben kein freistehendes Objekt. Die Subjekt-Objekt-Relation, die besonders durch unsere Sprache präsent ist, wurde gewissermaßen aufgelöst. Um das zu erfahren, war zum Beispiel eine Rolle aus Papier genug. Eine Metapher mit dem Bewusstsein und der Welt als Leinwand und Film finde ich sehr treffend und gut verständlich.

Im Verlauf stellte sich dann die Frage: Was/Wer sind wir dann? Und bald erfuhr man, dass das Bewusstsein oder Sein einfach da ist und Punkt. Das war dann durch weitere Experimente immer wieder spürbar, zum Beispiel mit Imagination und Traummetaphern. (...) Es war gut für mich zu üben, es war wie ein Trainingslager für das Fühlen des Seins. (...) Deshalb war der „Wer ist Ich?"-Kurs für mich interessant und wertvoll. Gerade in der Zeit, in der ich mich auf der Hochschule, mit allem was dazugehört, einlebte, konnte ich mich fast jede Woche auf mich und das Sein einspüren und das eben nicht nur mit Worten. Ich halte besonders die praktischen Experimente für die Verständlichkeit des Seminars unerlässlich, denn Verbales kann hier nicht viel erreichen.

2. Studentin der Integrativen Gesundheitsförderung

Ich bin mit der Auffassung an das Seminar herangetreten, mittlerweile schon ziemlich viel über mein „Ich" zu wissen. Der erste neue Gedanke war jedoch der Gedanke der Trennung. Bin ich meine innere Stimme oder bin ich mein Körper? Bin ich von ihm getrennt, da ich ihn mit dem Ausdruck „mein Körper" offensichtlich als mein Eigentum ansehe? Bin ich überhaupt auf eine Weise mit der Welt und anderen Menschen verbunden oder bin ich von ihnen getrennt? All diese Fragen begannen in meinem Kopf umherzuschweben. Mit Beginn der Experimente kam dann langsam Licht ins Dunkel. Mein Eindruck, dazusein und die Welt anzuschauen, statt zu ihr zu gehören, veränderte sich. Mir begann bewusst zu werden, dass ich in einer Form mit der Welt verbunden bin. (...) Doch was ist mit dem Ich? Was ist das nun? Was ist mit meinem Körper? Die schlussendliche Erkenntnis darüber erlangte ich in dem Experiment „Die Unpersönlichkeit des Ich". In diesem Experiment vergleicht man das Bewusstsein mit einer inneren Leinwand. Dadurch stellt man fest, dass die Leinwand immer gleich bleibt, egal was auf ihr gezeigt wird oder welche Emotion vorherrscht. Genau diese Leinwand besitzen wir alle, und sie ist bei jedem gleich. Den Unterschied macht die Ausformung unserer Persönlichkeit, unsere Sichtweise auf die Dinge, welche durch unsere persönlichen Erfahrungen geprägt ist, und nicht zuletzt unser äußeres Erscheinungsbild. Wenn man nun die innere Leinwand, das Bewusstsein, mit dem Ich gleichsetzt, besitzen wir alle das gleiche Ich. (...) Manche suchen ihr „Ich" mit Hilfe von Yoga oder Meditation, andere indem sie um die Welt reisen. Dabei haben wir alle unser Ich stets bei uns, denn wir sind das „Ich". Das Ich ist das Bewusstsein. Das Ich ist das, was sucht. Anhand der Durchführung der Selbstfindungsexperimente unter Leitung von Prof. Pfrommer bin ich zu diesen Erkenntnissen gelangt.

3. Studentin der Integrativen Gesundheitsförderung
Geben wir die Wertungen und Teilung auf, bleibt der gegenwärtige (Seins-)Zustand. Im großen Ganzen sind wir Bewusstsein, welches sich selbst im gegenwärtigen Moment wahrnimmt. Dieser Kurs hat mit sehr geholfen klarer zu sehen, dass ich richtig bin, wie und wo ich bin. Es bringt nicht viel, mich durch Eigenschaften und Gewohnheiten zu definieren. Ich bin Teil eines Ganzen, und dennoch kann ich entscheiden, wie und was

ich auf der Bühne spiele, sehen oder machen möchte. Dies, indem ich mir bewusst bin, dass ich Akteur und gleichzeitig Zuschauer bin. Der Kurs hat mich erinnert, dass ich bereits das volle Leben und das Sein in mir trage. Die Trennung in Gut und Böse wird überflüssig, und ich brauche keine Angst vor etwas zu haben. Wir sind Bewusstsein, und dem kann schwer etwas weggenommen werden.

4. Studentin der Innenarchitektur
Natürlich konnten innerhalb eines Semesters nicht alle Problemstellungen komplett aus dem Weg geräumt werden, und noch immer zweifele ich an einigen Blickwinkeln und Prozeduren, aber trotz allem gehe ich inzwischen ruhiger mit meinen eigenen „Fehlern" um und zeige mehr Akzeptanz mir selbst gegenüber. Das Seminar hat mir vor allem gezeigt, dass man mit Problemen, Zweifel, Unzufriedenheit und Ratlosigkeit gegenüber der Zukunft niemals alleine steht, sondern – ganz im Gegenteil – im Hier und Jetzt, also dem, was wirklich zählt, niemals wirklich getrennt und damit auch niemals allein ist.

5. Studentin der Integrativen Gesundheitsförderung
Durch die Teilnahme am Seminar „Wer ist ‚Ich'?" wurde mir zum ersten Mal deutlich, dass ich kein unabhängiges Subjekt sein kann und mein „Ich" nicht frei ist, vielmehr diese Ansicht zu Paradoxien führt. War ich vor einigen Monaten noch der Meinung, dass ich als Individuum meine Umwelt unabhängig und frei erlebe, ist mir nun klar geworden, dass nichts autark geschieht und permanent das gesamte Universum, und somit auch Ich, in einer Wechselwirkung zueinander steht und sich gegenseitig beeinflusst.

6. Student des Bauingenieurwesens

Durch die Identifizierung des „Ich" mit Gegenständen und Fähigkeiten grenzen wir uns von unserer umgebenden Welt ab. Worin aber ergründet sich das Bestreben nach der Abgrenzung? Oft ist es die eigene Unzufriedenheit gegenüber sich selbst mit der Welt. Dieser Unzufriedenheit möchte man etwas entgegensetzen und sie verdrängen beziehungsweise bekämpfen. (...) Durch den Versuch, das „Ich" immer wieder neu abzugrenzen, überträgt man sein „Ich" immer wieder auf neue Gegenstände oder Fähigkeiten. Somit würde man sein „altes Ich" immer wieder wegwerfen und ein „neues Ich" erschaffen. Also kann ich das „Ich" nicht in Gegenständen oder Fähigkeiten finden, denn das „Ich" ist unweigerlich mit mir verbunden und man kann das „Ich" auch nicht einfach wegwerfen oder neu erschaffen.

7. Studentin der Sozialen Arbeit

Ist man überhaupt in der Lage, selbst Entscheidungen zu treffen, oder werden wir alle von unserer Umwelt oder von anderen Instanzen gelenkt? Um dieser Frage auf den Grund gehen zu können, muss man erst einmal herausfinden, wo die eigenen Entscheidungen herkommen. Von wem oder was werden sie zum Vorschein gebracht? Dieser Frage sind wir auch in dem Experiment „Den Denker finden" nachgegangen. Hierzu wurde ein kurzer Ausschnitt aus dem Kinofilm „Alles steht Kopf" gezeigt. In dem Film lenken kleine Männchen im Kopf das ganze Geschehen und treffen alle Entscheidungen. Dies ist natürlich erst mal eine sehr einfache Erklärung. Jedoch stellten wir bei dem Experiment fest, dass es so einfach nicht ist, denn diese kleinen Männchen müssten wiederum kleine Männchen in ihrem Kopf haben, die Entscheidungen treffen usw. Dadurch wurde mir erst klar, dass jeder Mensch überzeugt davon ist, selbstbestimmt sein eigenes Leben zu gestalten. Den Ursprung der Gedanken, Entscheidungen und Handlungen hingegen hinterfragt dabei niemand. Möglicherweise sind wir nicht so unabhängig, wie wir denken, dass wir es sind, denn den Beginn der Gedankenketten werden wir wohl nie entdecken können. (...)

In einem Teil des Seminars schauten wir uns den Aspekt der Trennung von Welt und Ich an. Durch die Experimente „Tasten", „Hören" und „Sehen" wurde festgestellt, dass solch eine Trennung in der direkten Wahrnehmung nicht möglich ist. So ist es auf das „Ich" bezogen auch nicht möglich, in dieser Welt ohne Einwirkungen der Außenwelt zu agieren. Jeder Mensch ist kontinuierlich im Kontakt mit seiner Umgebung und es entsteht ein beständiger, nicht sichtbarer Austausch. Dadurch ist das „Ich" auch dauerhaft unterschiedlichen Wünschen, Erwartungen etc. anderer ausgesetzt, die die eigenen Gedanken, Entscheidungen und Handlungen beeinflussen.

8. Studentin der Sozialen Arbeit

In den Experimenten zur Substanz des Ich wurde anschaulich und leicht verständlich dargestellt, was uns ausmacht, und das ist auch genau das, was mich so fasziniert hat. Ohne fremde Hilfe wäre ich nie auf die Idee gekommen, dass mein Ich etwas anderes sein könnte als die Attribute, die sich mit der Zeit entwickelt und auch wieder verändert haben. Dass diese nicht dauerhaft sind, mein Ich dies aber dennoch ist, und egal wie sehr sie sich verändern, ich immer noch ich bin, habe ich mir bisher nie vor Augen geführt. Diese Erkenntnis ist für mich persönlich gewinnbringend und hat für einen kurzen Moment Licht ins Dunkel gebracht.

9. Studentin der Integrativen Gesundheitsförderung

Schlussfolgernd möchte ich sagen, dass sich für mich durch diesen Kurs völlig neue Gedanken und Vorstellungen entwickelt haben, in Bereichen, die mich zwar schon vorher interessierten, die ich jetzt jedoch nochmal neu überdacht und erweitert habe. Hierbei half mir nicht nur dieser Kurs, sondern auch Bücher wie „Siddhartha" von Hermann Hesse sowie Texte des Künstlers und Musikers „Käpt'n Peng", der sich ebenfalls mit der Frage „Wer ist Ich?" beschäftigt. Zudem fand ich die ausgewählten Experimente anschaulich und ebenfalls eine schöne Art, dem Thema gemeinsam miteinander auf den Grund zu gehen.

10. Student des Bauingenieurwesens

Ein weiteres sehr spannendes konventionelles Experiment war die Subjekt-Objekt-Trennung. Mit diversen Beispielen sollte klargemacht werden, dass, auch wenn man in der Wissenschaft Subjekt und Objekt trennt, um das Ergebnis nicht zu verfälschen, es keine strikte Trennung von Subjekt und Objekt geben kann. Allein durch die Anwesenheit des Subjekts wird das Ergebnis, auch wenn man es sich schwer vorstellen kann, verfälscht. Es wurde eine Metapher der östlichen Philosophie genannt, welche sich damit beschäftigt, ob es, wenn beispielsweise ein Baum umfällt, auch Schallwellen gibt, wenn niemand da ist, der sie hören oder wahrnehmen kann. Diese Aussage war und ist sehr schwierig zu verstehen und strapaziert das Gehirn, ist aber auch sehr interessant und einprägsam. (...)

Dadurch, dass die Studenten alle Experimente selbst durchgeführt haben und der Dozent die Zügel mehr oder weniger komplett abgegeben hat, war die Atmosphäre des kompletten Kurses sehr entspannt und man hat sich selbst ein bisschen gefühlt, als wäre man auch ein Dozent. Das wurde ebenfalls als sehr positiv empfunden und sollte auch in Zukunft in diesem

Kurs so beibehalten werden. Ein weiterer Pluspunkt war, dass der Dozent zu nahezu jedem Experiment Material zur Hand hatte, mit dem man alle Teile des Experimentes perfekt veranschaulichen konnte und es somit auch nicht langweilig wurde und alles gut verstanden wurde. (...) Abschließend lässt sich sagen, dass der Kurs eine wirkliche Bereicherung für mich war und er durchaus genauso fortgeführt werden sollte, um weitere Studenten damit faszinieren zu können.

11. Studentin der Innenarchitektur

Meiner Meinung nach war das Seminar „Wer ist Ich?" nicht nur enorm informativ, sondern auch wahnsinnig interessant. Durch die Experimente, die Studenten für Studenten machten, hatte man die Möglichkeit, ein schwer zu verstehendes Thema in einem für einen selbst vertrauten „Fachjargon" erklärt zu bekommen. Die Beispiele waren aus dem Leben gegriffen, und man konnte sich oft selbst wiedererkennen. Außerdem durfte man meist an den Experimenten teilhaben und nicht nur zuschauen, was auch die Verständlichkeit des Themas gut unterstützte. Hatte man etwas nicht ganz verstanden oder wurde ein Thema nicht zur vollkommenen Zufriedenheit von Herrn Prof. Dr. Pfrommer bearbeitet, hat er immer wieder helfen und etwas dazu beitragen können. Auch durch diese Dynamik im Seminar fiel es leicht, am Ball zu bleiben und den Rednern zu folgen. War man selbst Redner, hat man sich nie allein gelassen gefühlt. Mein einziges Problem war die Antwort auf die Frage, wie ich zum ganzheitlichen Ich komme. Die Frage, wie es möglich ist, dieses scheinbar getrennte Ich mit mir selbst zusammenzuführen, um nur noch von „mir selbst" zu sprechen, muss ich mir selbst beantworten, doch habe ich nun die besten Voraussetzungen. Vielen Dank dafür, Herr Dr. Pfrommer! Meiner Meinung nach das interessanteste Seminar seit ganz langer Zeit!

12. Studentin der Sozialen Arbeit

Nach den Durchführungen der Experimente bei Prof. Dr. Pfrommer wurde mir bewusst, dass die Ausgangssituation, nämlich das getrennte „Ich", nicht Realität sein kann, sondern nur eine Konstruktion unseres Bewusstseins ist. Die Ergebnisse sind spannend. Wir sind kein getrenntes Individuum, sondern ein Teil eines großen Ganzen. Alles wirkt zusammen. Es gibt nicht einmal eine Unterscheidung von innen und außen.

13. Studentin der Sozialen Arbeit

Es ist zu jeder Zeit ein Teil von uns, man könnte sogar sagen, es ist das, was uns ausmacht. Doch nur selten sind wir uns dessen bewusst. Selten ist uns bewusst, dass unser Bewusstsein ein ganz zentraler Teil dessen ist, was wir „Ich" nennen. Im Rahmen des Coburger Weg Projektes „Wer ist Ich?" habe ich einige Wege und Werkzeuge an die Hand bekommen, um „mein Ich" und das Bewusstsein zumindest zu einem gewissen Teil objektiv zu betrachten und zu versuchen zu verstehen, welche Prozesse da eigentlich in jedem von uns ablaufen. (...) In vielen Situationen des Lebens sind sich meiner Auffassung nach viele Menschen ihrer selbst nicht so bewusst, wie sie es vielleicht sein sollten. Gerade in der heutigen Zeit, im aufkommenden Stress, verbunden mit Leistungsdruck und Hektik, fällt es sehr schwer, in diesem immer schneller werdenden Lebensstil auf sich selbst zu achten. (...) Wichtig für uns ist es, soweit es möglich ist, bewusst durch unser Leben zu gehen und das Geschenk wertzuschätzen, welches uns mit unserem Bewusstsein gegeben ist.

14. Studentin der Sozialen Arbeit

Wie finde ich zu mir? Wie kann ich mein „Ich" finden? Um mir diese Fragen zu beantworten, habe ich eine Reise nach Thailand gemacht. Thailand schien mir für diesen Anlass ein hervorragendes Ziel zu sein, da man sagt, die Mönche, die dort tagein und tagaus in ihrem Tempel verbringen, seien im Einklang mit sich selbst und der Welt. Ich hatte den Wunsch nach Selbstverbesserung und das Ziel, mich selbst besser kennenzulernen. Durchaus naiv, aber voller Tatendrang habe ich mich in dieses Abenteuer gestürzt. Eine Woche lang habe ich mit den Mönchen meditiert, in der Annahme, es würde mich näher zu mir selbst bringen. Ich musste schnell feststellen, dass das „nicht wollen zu wollen" mir einfach nicht gelingen wollte. Es war absolut paradox. Je mehr ich mich bemühte, desto verschlossener war ich. Es war, als hätte man eine Wand zwischen mir und meinem „Ich" aufgestellt. Bei diesem Gedanken ertappte ich mich dabei, wie ich mein „Ich" von mir getrennt hatte. Aber ist das überhaupt möglich? Bin nicht ich mein „Ich"? Und wenn nicht ich mein „Ich" bin, wer ist es dann? Durch die Erfahrung bei den Mönchen hatte ich also herausgefunden, dass durch den Versuch, mich selbst zu verbessern, „Ich-Paradoxien" entstanden waren. Man denkt zum Beispiel Dinge wie: „Ich möchte in Zukunft mehr im Jetzt leben", obwohl man immer im Jetzt lebt.

In dem Kurs von Herrn Pfrommer haben wir gelernt, dass das Ziel vieler spiritueller Übungen ist, sein eigenes Ego zu überwinden, um einen höheren spirituellen Status zu erlangen. Ich musste mir im Nachhinein also eingestehen, dass ich den gleichen Denkfehler gemacht hatte. Nachdem ich also erkannt hatte, dass es weder durch materielle Dinge noch durch spirituelle Übungen möglich ist, mein „Ich" kennenzulernen, wusste ich nicht, wo und wie ich noch weiter danach suchen sollte.

Um diese Fragen zu beantworten, haben wir in unserem Kurs einige spannende Experimente durchgeführt. Besonders angesprochen hat mich dabei „die Metapher der Kinoleinwand." (...) Nach diesem Experiment erinnerte ich mich an meinen

Aufenthalt in Thailand. An einem Morgen hatte ich beschlossen, den kommenden Tag einfach mit mir selbst zu verbringen. Ich hatte mir ein ruhiges Plätzchen am Strand gesucht und verbrachte dort, ohne zu merken, wie schnell die Zeit verging, den ganzen Tag. In diesem Moment war ich einfach nur glücklich! Ich versuchte nicht, irgendjemand, mich selbst eingeschlossen, etwas zu beweisen oder etwas zu erreichen, ich war einfach nur da! Beobachtete das Meer, lauschte den Wellen und den Vögeln, fühlte die Sonne auf meiner Haut. In diesem Moment gab es keine Trennung zwischen mir und der Welt, es gab nur Bewusstsein. „Ich" bin Bewusstsein.

Zusammenfassend lässt sich also Folgendes festhalten: Menschen sind ständig auf der Suche nach etwas, das in der realen Welt nicht existiert. Sie sind auf der Suche nach dem individuellen „Ich-Objekt" und nach Glück. Außerdem trennen sie das „Ich" und die „Welt" voneinander, obwohl diese Trennung nicht vorhanden ist. Dieses Suchen führt aufgrund von Misserfolgen allerdings häufig nicht zu dem erhofften Ziel, sondern eher zu einer Infragestellung des Selbst. Nach dem Ausführen zahlreicher Experimente in unserem Kurs ist die Antwort auf die Anfangsfrage „Wer ist „Ich"?" um einiges einfacher als zu Beginn vermutet: „Ich bin Bewusstsein!"

15. Studentin des Bauingenieurwesens
Meine Gedanken. Oder doch nicht? Ich denke – oder lieber es denkt mich? Durch wen werden meine Gedanken kontrolliert? Die Gedanken. So unergründlich wie das Meer. Sie kommen und gehen und ich bleibe und beobachte. Schließlich sind es meine eigenen Gedanken. Ich bin ich – und das ist gut so.

ANMERKUNGEN UND REFERENZEN

[1] http://worterbuchdeutsch.com/de/ich am 19.07.2016

[2] Gerhard Roth: „Aus Sicht des Gehirns", suhrkamp 2003

[3] Schnabel Ulrich: „Mein wahres Gesicht", DIE ZEIT Nr. 34/2014, 14. August 2014

[4] Spitzer Martin: „Sie SIND ihr Gehirn", Beitrag zur Serie Geist&Gehirn, BR α, 06.09.2013

[5] Wolf Singer (geb. 1943 in München) ist einer der bekanntesten Neurophysiologen und Hirnforscher Deutschlands. Seine auch in zahlreichen Presseartikeln gedruckten kompromisslosen Aussagen zur Willensfreiheit haben in den letzten Jahren zu kontroversen Stellungnahmen angeregt. Eine Sammlung von seinen Texten zu den kognitiven Prozessen im Gehirn und eine Stellungnahme zur Entstehung des Subjekts als kulturelles Konstrukt enthält der Band: „Der Beobachter im Gehirn", suhrkamp 2002

[6] Eine intensive und subtile Auseinandersetzung mit frühkindlichen Verletzungen und deren Folgen für die Persönlichkeit finden sich z.B. in Miller Alice: „Das Drama des begabten Kindes", suhrkamp taschenbuch 2012

[7] Bekannte Abhandlungen zum Thema Narzissmus finden sich im Werk des Psychoanalytikers und Sozialpsychologen Erich Fromm (1900 – 1980). Eine aktuelle Auseinandersetzung mit dem Narzissmus in der westlichen Gesellschaft behandelt z.B. Hans-Joachim Maaz in „Die narzisstische Gesellschaft", dtv 2014

[8] Stephen Levine, weltbekannter Dichter und Meditationslehrer, beschäftigte sich u.a. mit der Frage, was Heilung eigentlich bedeutet. Er arbeitete in den USA an verschiedenen Sterbeprojekten mit und wurde von Krankenhäusern als Berater hinzugezogen. Zahlreiche seiner Bücher berichten von seinen Erfahrungen aus dieser Zeit, z.B. Steven Levine „Sein lassen", J. Kamphausen 1987

[9] In dem Buch „Ich bleib so scheiße wie ich bin", Piper 2013, argumentiert die deutsch-israelisch-iranische Autorin und Journalistin Niazi-Shahabi Rebecca gegen den Selbstoptimierungswahn unserer Gesellschaft.

[10] Nathan Gill nennt das Durchschauen des Ich bzw. das Erkennen des Gewahrseinsaspektes unserer wahren Natur „direktes Wissen". Es wird verstanden, dass das „Ich" und alle anderen Gedanken lediglich als Teil der Szenerie auftauchen. Gewahrsein und Inhalt des Gewahrseins sind dasselbe. Dieses direkte Wissen kann nicht erlangt werden, aber es kann je nach Konfiguration des Spieles als Klarheit in das Spiel einsickern, siehe z.B. Nathan Gill: „schon wach", Kruse Verlag 2008

[11] Hartong Leo: „Zum Traum erwachen", Edition Spuren 2001

[12] Tony Parsons (geb. 1933 in England) vertritt die Botschaft des Nicht-Dualismus in einfacher, radikaler und kompromissloser Weise. Er hält Vorträge und Retreats in Europa und Amerika, auszugsweise z.B. in Tony Parsons: „Das ist es – vom Ende der Illusion des Getrenntseins", J. Kamphausen 2005

[13] Eugen Herrigel: „Zen in der Kunst des Bogenschießens", Fischer Taschenbuch 2005 (©1951)

[14] Allan Watts (1915 – 1988), geboren in England, lebte nach 1938 als Autor, Moderator und anglikanischer Priester in den USA. International bekannt wurde er mit Zen-Studien, Abhandlungen und Tonbandaufnahmen über westliche und östliche Spiritualität. Viele Tonbandaufnahmen sind auf YouTube erhalten. Der dargestellte Dialog orientiert sich an Beispielen typischer „Ich-Aussagen" in dem Buch: „Die Illusion des Ich – On the Taboo Against Knowing Who You Are", Goldmann Arkana 2005 (©1966)

[15] Advaita: Der Begriff stammt aus dem Sanskrit und bedeutet „Nicht-Dualität" bzw. „ohne ein Zweites". Advaita führt die Welt auf ein einziges Prinzip zurück, in dem „Ich" und die „Welt" nicht mehr getrennt sind. Jedes Wesen ist in seiner Essenz mit diesem Einen identisch. Der Begriff Advaita wird häufig mit dem Zusatz „Vedanta" verwendet. Vedanta bedeutet so viel wie „Vollendung" und bezieht sich auf die frühindischen Textüberlieferungen der „Veden" bzw. „Upanishaden". Eine umfassende Einführung in die Geschichte, Lehre und Praxis des Advaita bietet das Buch von Christian Salvesen: „Advaita – Vom Glück, mit sich und der Welt eins zu sein", O. W. Barth 2003

[16] Das „Ich bin" ist die Kernaussage der Botschaft von Sri Nisargadatta Maharaj (1897 – 1981), einem international bekannten indischen Guru des Advaita Vedanta. Er stammte aus einfachen Verhältnissen, führte einen kleinen Zigarettenladen in einem Rotlichtbezirk von Bombay und empfing spirituelle Suchende aus aller Welt in seinem Haus. Die mit dem Tonband aufgezeichneten Gespräche wurden auch im Westen bekannt und als Bücher verlegt, z.B. in: „ICH BIN" Teile 1-3, J. Kamphausen 1998/2001/2003

[17] Der Physiker und Systemtheoretiker Fritjof Capra (geb. 1939) beschäftigte sich über 30 Jahre intensiv mit den philosophischen und gesellschaftlichen Konsequenzen der modernen Naturwissenschaft. Er ergründete dabei die Parallelen und Übereinstimmungen zwischen mystischer Erfahrung und wissenschaftlicher Denkweise. Die Konvergenz von westlicher Wissenschaft und östlicher Philosophie beschreibt er in dem bekannten Buch: „Das Tao der Physik", Fischer Taschenbuch Verlag 2010 (©1975)

[18] Russell Peter: „Quarks, Quanten und Satori", J. Kamphausen 2002

[19] Greg Goode: „The direct path", Non-Duality Press 2012

[20] Hinsichtlich des Zusammenhangs zwischen Massenträgheit und Gravitation und dessen philosophischer Konsequenz siehe z.B. Steven Weinberg: „Der Traum von der Einheit des Universums", Bertelsmann 1993

[21] Die aufgezeigte Schwierigkeit der Subjekt-Objekt-Trennung ist insbesondere in der modernen Physik ein allgegenwärtiges Problem. Sie machte bereits Anfang des 20. Jahrhunderts den Quantenphysikern (z.B. Werner Heisenberg und Niels Bohr) schwer zu schaffen, als sie ein bestimmtes Quantenphänomen, den sog. Welle-Teilchen-Dualismus, diskutierten. Dieser besagt, dass jedes physikalische Objekt (z. B. Elementarteilchen oder Lichtquanten) entweder als Partikel oder als Welle erscheint, je nachdem, mit welchem Versuchsstand man das Experiment führt. Dabei schließt der Nachweis eines Objektes als Welle seinen Zustand als Teilchen aus und umgekehrt. Andererseits lassen sich z.B. Ort und Impuls eines Mikroteilchens nicht gleichzeitig beliebig genau bestimmen (sog. Unschärferelation). Unter der Annahme, dass die Eigenschaft eines Teilchens tatsächlich bestimmt ist (es hat einen bestimmten Ort und eine bestimmte Geschwindigkeit), dann kann dieses Teilchen nicht gleichzeitig durch ein Messgerät beeinflusst sein (sonst würde es von seiner „bestimmten" Bahn abgelenkt). Bestimmtheit ist damit ausschließlich in Abwesenheit eines Beobachters möglich. Aber ohne Beobachter macht der Begriff „Bestimmtheit" gar keinen Sinn, da ja keine Bestimmung stattfindet. Ein Widerspruch.

[22] Determinismus: Der Determinismus besagt, dass jede Wirkung eine Ursache haben muss. Die moderne Quantenphysik schränkt diese Aussage ein. Demnach stehen bestimmte Messgrößen eines Mikroteilchens (etwa sein Ort und Impuls) nicht gleichzeitig beliebig scharf zur Verfügung und deren Bestimmung beruht auch auf Zufälligkeiten. Diese Aussage bedeutet eine grundsätzliche Einschränkung der Kausalität in den Naturgesetzen und führt zu dem in der modernen Wissenschaft verbreiteten indeterministischen Weltbild.

[23] Albert Einstein (1879 – 1955) in einem Briefausschnitt, 1972 veröffentlicht in den New York Times: „Wie alle Wesen ist der Mensch Teil des Ganzen, das wir ‚Universum' nennen, und rein äußerlich betrachtet von Raum und Zeit begrenzt. Er erfährt sich, seine Gedanken und Gefühle als etwas, das ihn von den anderen trennt, aber dies ist eine Art optischer Täuschung des gewöhnlichen Bewusstseins. Diese Täuschung ist wie ein Gefängnis, das unsere persönlichen Wünsche und unsere Zuneigung auf einige wenige Menschen beschränkt, mit denen wir es näher zu tun haben ..."

[24] Albert Einstein über den freien Willen: „Ich weiß ehrlich nicht, was die Leute meinen, wenn sie von der Freiheit des menschlichen Willens sprechen. Ich habe zum Beispiel das Gefühl, dass ich irgendetwas will; aber was das mit Freiheit zu tun hat, kann ich überhaupt nicht verstehen. Ich spüre, dass ich meine Pfeife anzünden will und tue das auch; aber wie kann ich das mit der Idee der Freiheit verbinden? Was liegt hinter dem Willensakt, dass ich meine Pfeife anzünden will? Ein anderer Willensakt? Schopenhauer hat einmal gesagt: Der Mensch kann was er will; er kann aber nicht wollen was er will." Zitat aus Abraham Pais, „Ich vertraue auf Intuition. Der andere Albert Einstein", Spektrum Akademischer Verlag 1995

[25] In dem Disney-Pixar Film „Alles steht Kopf" (2015) regeln kleine Menschlein das Geschehen im Kontrollzentrum des Gehirns der Hauptperson Riley. Sie stehen für die Basisemotionen Freude, Kummer, Angst, Wut und Ekel.

[26] Siehe z.B. auch Paul Watzlawick „Wie wirklich ist die Wirklichkeit", Piper 2005 (14. Auflage)

[27] Rupert Spira (Jahrgang 1960) lebt in England und hält als spiritueller Lehrer regelmäßig Seminare ab, die ausschnittweise auf YouTube veröffentlicht sind. Er beruft sich vor allem auf Francis Lucille, Jean Klein, Parmenides und Krishnamenon. Sein experimenteller Ansatz zur Erforschung der eigenen Natur unter Anwendung rückbezüglicher Fragen wie „Bin ich bewusst?" hat sich in den Hochschulseminaren zu „Ich – wer ist das?" sehr bewährt, so dass diese Methode auch in diesem Buch an verschiedenen Stellen Anwendung findet. Von seinen zahlreichen Büchern ist in Deutsch erhältlich: „Bewusstsein ist alles", VAK Verlags GMBH 2011. In englischer Sprache erschienen sind u.a.: „Presence" Volume I und II, Non-Duality Press 2011; weitere Informationen unter www.rupertspira.com

[28] Douglas Harding (1909 – 2007) war ein britischer Philosoph und Mystiker. Inspiriert durch ein Selbstportrait von dem Physiker und Philosophen Ernst Mach erkannte er seine eigene „kopflose" Identität als grenzenlose Offenheit, die alle Dinge enthält. Er entwickelte daraufhin eine Methode der Selbst-Erforschung, die als „Der Kopflose Weg" bekannt wurde und z.B. unter www.headless.org vermittelt wird. Eine Übersicht über die Methode findet sich z.B. auch in Douglas Harding: „Die Entdeckung der Kopflosigkeit", Omega-Verlag 2013

[29] Eine ausführliche Beschreibung und Diskussion des Experimentes zur Bindung von Welt und Ich enthält auch Peter Pfrommer: „Kein Riss durch die Welt – über die Bindung von Welt und Ich" in „Bindungen", Band 5 der Reihe „Zwischen den Welten", Cuvillier Verlag Göttingen 2016

[30] Mit der Metapher des cartesianischen Theaters versucht der US-amerikanische Philosoph Daniel Dennett (geb. 1942) aufzuzeigen, dass die Zusammenführung von Informationen im Gehirn, z.B. als inneres Auge, die Annahme eines Homunculus (eines Menschlein im Menschen) voraussetzt.

[31] „Matrix" ist ein Science-Fiktion-Film aus dem Jahr 1999, in dem Menschen durch Maschinen in die Computersimulation der Matrix versetzt werden, um sie bewusstlos unter Kontrolle zu halten.

[32] Zahlreiche spirituelle Lehrer verkünden einen Zugang zur Transzendenz des separierten Ich, der im gegenwärtigen Augenblick, im „Jetzt", zu finden ist. In den letzten Jahren wurden in diesem Zusammenhang insbesondere in den Vereinigten Staaten die Bücher von Eckhart Tolle bekannt, z.B. Eckhart Tolle: „Jetzt! Die Kraft der Gegenwart", J. Kamphausen 2000

[33] Die Physik definiert Vergangenheit und Zukunft durch den thermodynamischen Zeitpfeil, der immer von einem Zustand kleiner Entropie (Unordnung) zu einem Zustand größerer Entropie gerichtet ist (2. Hauptsatz der Thermodynamik).

[34] Jiddu Krishnamurti: „Das Wesentliche ist einfach", Herder 2010

[35] Peter Pfrommer: „Die Entdeckung der Ichlosigkeit – Ein Streifzug durch Sein und Nichtsein", Kruse Verlag 2009

LITERATUR ZUM THEMA - EINE AUSWAHL

Balsekar Ramesh S.
„Pointers – Wegweisende Gespräche
mit Sri Nisargadatta Maharaj"
J. Kamphausen 1999

Capra Fritjof
„Das Tao der Physik",
Fischer Taschenbuch Verlag 2010 (©1975)

Gill Nathan
„schon wach"
Kruse Verlag 2008

Gill Nathan
„Sein – sonst nichts"
Kruse Verlag 2006

Good Greg
„The Direct Path"
Non-Duality Press 2012

Goswami Amit
„Das bewusste Universum – Wie Bewusstsein
die materielle Welt erschafft"
Lüchow 1997

Harding Douglas E.
„Die Entdeckung der Kopflosigkeit"
Omega 2013

Hartong Leo
„Zum Traum erwachen"
Edition Spuren 2001

Herrigel Eugen
„ZEN in der Kunst des Bogenschießens"
2005 (©1951)

Hofstadter u. Dennett
„Einsicht ins Ich"
Klett-Cotta 2002 (5. Auflage)

Kersschot Jan
„Niemand zu Hause"
J. Kamphausen 2003

Kastrup Bernardo
„Brief Peeks Beyond"
iff Books 2015

Klein Jean
„Nichts als Gegenwart"
Noumenon-Verlag 2012

Krishnamurti Jiddu
„Über die Liebe"
Aquamarin Verlag 2009

Krishnamurti Jiddu
„Das Wesentliche ist einfach"
Herder 2010

Kruse Dittmar
„Glück ohne Schmied"
Kruse Verlag 2008

Kruse Dittmar
„Problemzone Universum –
Vorhang auf für die Ich-Vorstellung"
Kruse Verlag 2010

Levine Steven
„Sein lassen"
J. Kamphausen 1987

Lucille Francis
„Ewigkeit jetzt – Dialoge über das Glück"
J. Kamphausen 2001

Maaz Hans-Joachim
„Die narzisstische Gesellschaft"
dtv 2014

Maharaj Sri Nisargadatta:
„ICH BIN" Teile 1-3
J. Kamphausen 1998/2001/2003

Maharshi Shri Ramana
„Die Botschaft des Ramana Maharshi –
Antworten von Shri Ramana Maharshi an seine Schüler"
Lüchow Verlag 2001

Metzinger Thomas
„Der EGO Tunnel"
Berlin Verlag 2009

Miller Alice
„Das Drama des begabten Kindes"
suhrkamp taschenbuch 2012

Niazi-Shahabi Rebecca
„Ich bleib so scheiße wie ich bin"
Piper 2013

Osho
„Das Buch vom Ego"
Ullstein Taschenbuch 2004

Parsons Tony
„Das ist es – vom Ende der Illusion des Getrenntseins"
J. Kamphausen 2005

Parson Tony
„Einfach nur Dies"
J. Kamphausen 2008

Pfrommer Peter
„Die Entdeckung der Ichlosigkeit"
Kruse Verlag 2009

Renz Karl
„Das Buch Karl – Erleuchtung und andere Irrtümmer"
J. Kamphausen 2005 (3. Auflage)

Roth Gerhard
„Aus Sicht des Gehirns"
suhrkamp 2003

Russell Peter
„Quarks, Quanten und Satori"
J. Kamphausen 2002

Salvesen Christian
„Advaita – Vom Glück, mit sich und der Welt eins zu sein"
O. W. Barth 2003

Schumacher Stephan
„Zen"
Hugendubel Verlag 2001

Segal Suzanne
„Kollision mit der Unendlichkeit"
rororo 1997

Singer Wolf
„Der Beobachter im Gehirn"
suhrkamp 2002

Singer und Ricard
„Hirnforschung und Meditation – ein Dialog"
suhrkamp edition unseld 2008

Sylvester Richard
„Erleuchtet – und was jetzt?"
Lotos 2007

Sylvester Richard
„Das Buch Niemand"
Lotos 2009

Spira Rupert
„Bewusstsein ist alles"
VAK Verlags GmbH 2011

Spira Rupert
„Presence – The Art of Peace and Happiness", Volume I und II
Non-Duality Press 2011

Spira Rupert
„The Nature of Consciousness"
SAHAJA publications 2017

Tolle Eckhart
„Jetzt! Die Kraft der Gegenwart"
J. Kamphausen 2000 (15. Auflage)

Tolle Eckhart
„Eine neue Welt"
Goldmann Arkana 2005

Watts Allan
„Die Illusion des Ich"
Goldmann Arkana 2005 (©1966)

Watzlawick Paul
„Wie wirklich ist die Wirklichkeit"
Piper 2005 (14. Auflage)

ZUM AUTOR

Peter Pfrommer, geb. 1966, studierte in Stuttgart und promovierte im Bereich der Gebäudeklimatik, die sich mit den verschiedenen Umwelteinwirkungen auf den Menschen auseinandersetzt. Daneben engagierte er sich im semi-professionellen Askalun-Theater Pforzheim und sammelte Bühnenerfahrung in Schauspiel, Rezitation und Tanz. Die freud- und leidvolle Selbsterfahrung auf der Bühne und als vortragender Dozent machten ihn mit den Abgründen und Paradoxien der Ich-Auffassung mehr als vertraut und veranlassten ihn zur intensiven Beschäftigung mit östlichen Weisheitslehren und der Philosophie der Nicht-Dualität. Seit 1998 lehrt er als Professor an der Hochschule Coburg an der Fakultät Design im Spannungsfeld von Wissenschaft und Kunst. Seine Erfahrungen in Fragen der Selbsterforschung vermittelt er u.a. seit 2013 im Hochschulseminar „Wer ist Ich?".

DEIN ONLINE-SEMINAR
INHALT: DEIN CODE ZUR TEILNAHME AM ONLINE-SEMINAR
PETER PFROMMER
ICH-WER IST DAS?
EINE EXPEDITION ZUM SELBST
PETER PFROMMER ICH-WER IST DAS? EINE EXPEDITION ZUM SELBST
DAS ONLINE-SEMINAR ZUM BUCH!